第四册 唐紀

綱鑑易知録

卷四十二至
卷五十二

唐高祖武德三年（公元六二〇年）起
唐代宗大曆十三年（公元七七八年）止

中華書局

綱鑑易知錄卷四二

唐紀

高祖神堯皇帝

姓李名淵字叔德，成紀人，凉李暠之後。祖虎，事後周，封唐公；父昞襲封。帝仕隋爲太原留守，進爵爲王，尋卽皇帝位，都長安，在位九年，壽七十一歲。帝舉兵晉陽，席卷長驅，奄有關中，掃除亂略，六年之中，海內咸服，成功之速，蓋由太宗也。

綱 庚辰，（六二〇）唐武德三年，是歲并楚、夏、定楊、梁師都、梁銑、鄭、梁法興、吳凡九國，定楊、梁法興亡。

春二月，唐以封德彝爲中書令。

綱 夏四月，唐秦王世民擊宋金剛，破之，定楊可汗武周及金剛皆走死。

秦王得尉遲敬德

目 宋金剛將尉遲敬德、尋相戰屢敗。四月，金剛食盡；北走。秦王世民追及尋相於呂州，（治霍邑縣，在今山西洪洞縣北。）大破之，乘勝逐北，一晝夜行二百餘里，戰數十合。追及金剛於雀鼠谷，（在今山西介休縣西南。）一日八戰，皆破之。引兵趣介休，（卽今山西介休縣。）金剛大敗。敬德、尋相舉介休及永安降。（永安卽霍邑縣，見上呂州。）世民得敬德，喜甚，使將其舊衆八千，與諸營相參。屈突通慮其爲變，驟以爲言，世民不聽。劉武周聞金剛敗，大懼，棄并州走突厥。去年八月劉武周取并州。（治太原縣，在今山西太原市太原鎭東北。）金剛亦走突厥，皆死。世民入并州，武周所得州縣皆入於唐。

綱　五月，唐立老子廟。

唐立老子廟

目　晉州人吉善行自言於羊角山見白衣老父曰：（晉州治臨汾縣，即今山西臨汾縣。羊角山，在今山西臨汾縣東。）「爲吾語唐天子：『吾爲老君，吾，而祖也。』」而，汝也。詔於其地立廟。

綱　秋七月，唐遣秦王世民督諸軍伐鄭。

伐鄭

目　唐詔秦王世民督諸軍擊世充。屈突通二子在洛陽，唐主謂通曰：「今欲使卿東征，如卿二兒何？」通曰：「臣爲陛下盡節，但恐不獲死所耳。今得備先驅，二兒何足顧乎！」唐主歎曰：「徇義之士，一至此乎！」

綱　九月，唐攻鄭轘轅，（山名，在今河南鄍師縣東，鞏縣西南。）拔之。

目　秦王世民遣王君廓攻轘轅，拔之。於是河南州縣相繼降唐。劉武周降將尋相等多叛去。諸將疑尉遲敬德，囚之。屈突通、殷開山言於世民曰：「敬德驍勇絕倫，留之恐爲後患，不如殺之。」世民曰：「敬德若叛，豈在尋相之後邪！」遽命釋之，引入臥內，賜之金，曰：「丈夫意氣相期，勿以小嫌介意，吾終不信讒言以害忠良，公宜體之。必欲去者，以此金相資，表一時共事之情也。」已而世民以五百騎行戰地，行，巡視也。世充帥步騎萬餘猝至，圍之，單雄信引槊直趣世民，槊，矛屬。敬德躍馬大呼，横刺雄信墜馬，翼世民出圍。更帥騎兵還戰，屈突通引大兵繼至，世充大敗，僅以身免。世民謂敬德曰：「公何相報之速也！」自是

梁王死

秦王歎隋宮殿

行開元通寶錢

劉黑闥起兵

寵遇日隆。

綱　冬十二月，吳主子通敗梁兵，取京口。（在今江蘇鎮江市東南。）杜伏威擊之，子通敗走。襲梁，梁王法興走死。

綱　辛巳，（六二一）唐武德四年。是歲夏、鄭、梁銑、吳亡，幷楚、梁師都凡三國。春二月，唐秦王世民敗鄭主世充於穀水，（出今河南陝縣，至洛陽東南入洛水。）進圍洛陽。

目　三月，夏王建德將兵救鄭。夏五月，唐秦王世民大破擒之，鄭主世充降。

目　世民入洛陽宮城，觀隋宮殿，歎曰：「逞侈心，窮人欲，無亡得乎！」命撤端門樓，焚乾陽殿，毀則天門闕，廢諸道場。

綱　秋七月，唐秦王世民至長安，獻俘太廟。赦王世充，斬竇建德。

目　秦王世民至長安，唐都。俘王世充、竇建德獻於太廟。詔赦世充爲庶人，徙蜀；（蜀郡，即益州，今四川成都市。）斬建德於市。以天下略定，大赦百姓，給復一年。復，除也，謂復除其賦役。世充未行，定州刺史獨孤脩德矯敕殺之；（定州治安喜縣，即今河北定縣。）免脩德官。

綱　唐初行開元通寶錢。此後世錢文用「寶」字始此。

目　隋末錢幣濫薄，至裁皮糊紙爲之，民間不勝其弊。至是，初行開元通寶錢，徑八分，積十錢重一兩，輕重大小最爲折衷，遠近便之。

綱　竇建德故將劉黑闥起兵漳南。

徐圓朗稱魯王

綱　八月，劉黑闥據鄃縣，（屬貝州，即今山東夏津縣。）唐遣兵擊之。

綱　唐徐圓朗舉兵應劉黑闥。圓朗先附李密，密敗歸竇建德。洛陽既平，圓朗降唐，拜兗州總管，至是舉兵反，自稱魯王。

唐以秦王爲天策上將

綱　冬十月，唐以秦王世民爲天策上將。

秦王開館延士

目　唐主以秦王世民功大，前代官皆不足以稱之，特置天策上將，位在王公上，以世民爲之，開府置屬。世民以海內浸平，乃開館以延文學之士，杜如晦、房玄齡、虞世南、褚亮、姚思廉、李玄道、蔡允恭、薛元敬、顏相時、蘇勖、于志寧、蘇世長、薛收、李守素、陸德明、孔穎達、蓋文達、許敬宗爲文學館學士，分爲三番，更日直宿。世民暇日輒至館中，討論文籍，或至夜分。使庫直閻立本圖像，褚亮爲贊，號十八學士。士大夫得預其選者，時人謂之「登瀛州」。瀛州，神山名，仙人所居。

十八學士

房玄齡薦杜如晦

時府僚多補外官，如晦亦出爲陝州長史。（陝州治陝縣，即今河南陝縣。）房玄齡曰：「餘人不足惜，杜如晦王佐之才，大王欲經營四方，非如晦不可。」世民驚曰：「微公言，幾失之。」即奏留之。使參謀帷幄，軍中多事，如晦剖決如流。

房玄齡獨收采人物

世民每克城，諸將爭取寶貨，玄齡獨收采人物，致之幕府。幕府，古者出征以幕帳爲府署，故稱。每令入奏事，唐主曰：「玄齡爲吾兒陳事，雖隔千里，皆如面談」。

綱　唐遣趙郡王孝恭、李靖伐梁，孝恭，唐高祖從兄子。（趙郡即趙州，治平棘，在今河北寧晉縣西北。）

梁主銑降。

目 唐發巴、蜀兵，（巴、蜀，指今四川成都以東及重慶以東，陝西漢中市以南地。）以孝恭、李靖統之，自夔州東擊蕭銑。（夔州治人復縣，後改名奉節縣，在今四川奉節縣東北。）時銑以罷兵營農，宿衛纔數千人，聞唐兵至，倉猝徵兵，未集，乃悉見兵出拒戰。李靖縱兵奮擊，大破之，乘勝直抵江陵，（今湖北江陵縣。）入其外郭。大獲舟艦，艦，戰船。靖使散之江中。諸將皆曰：「破敵所獲，當籍其用，奈何棄以資敵？」靖曰：「吾懸軍深入，若攻城未拔，援兵四集，吾表裏受敵，進退不獲，雖有舟楫，將安用之？今棄舟艦，使塞江而下，援兵見之，必謂江陵已破，未敢輕進，往來覘伺，動淹旬月，吾必取之矣。」援兵見之，果疑不進，遂圍江陵。

銑內外阻絕，問策於岑文本，文本勸銑降。銑謂羣臣曰：「天不祚梁，不可復支矣。必待力屈，則百姓蒙患，奈何以我之故，陷百姓於塗炭乎！」以太牢告廟，下令出降。

孝恭入城，禁止殺掠。諸將言：「梁將帥拒鬬死者，請籍其家，以賞將士。」靖曰：「王者之師，宜使義聲先路。彼爲其主鬬死，乃忠臣也，豈可同之叛逆之科乎！」於是城中安堵，言安然如堵，不驚動也。秋毫無犯。南方州縣聞之，皆望風款附。孝恭送銑長安，斬於都市。以孝恭爲荊州總管；靖爲上柱國，安撫嶺南。（謂今廣東、廣西地，在大庾嶺之南。後爲嶺南道。）

綱 十一月，唐杜伏威擊李子通，執送長安。

綱 劉黑闥取唐定州，總管李玄通死之。

梁主降

李靖散艦江中

執李子通

【目】劉黑闥執玄通，愛其才，欲以爲大將，玄通不可。故吏有以酒肉饋之者，玄通飲醉，謂守者曰：「吾能劍舞，願假吾刀。」守者與之，玄通舞竟，太息曰：「大丈夫受國厚恩，鎭撫方面，不能保全所守，亦何面目視息世閒哉！」引刀自刺而死。

劉黑闥稱漢東王

【綱】壬午，（六二二）唐武德五年，漢東王劉黑闥天造元年。是歲楚亡，幷梁凡三國。春正月，劉黑闥自稱漢東王。都洺州。（治永年縣，在今河北永年縣東南。劉黑闥改元天造。）

【綱】唐秦王世民破劉黑闥於洺水，（卽南易水，出河北邯鄲縣西北太行山，經武安、邯鄲、永年至舊永年縣城北，此指舊永年城北洺水。）黑闥奔突厥。

【綱】夏六月，劉黑闥引突厥寇山東，又寇定州。

【綱】冬十月，唐遣齊王元吉擊劉黑闥，淮陽王道玄與黑闥戰，（齊，齊州，治歷城縣，卽今山東濟南市。淮陽卽陳州，治宛丘縣，在今河南淮陽縣東南。）敗沒。

楚王卒

【綱】楚王林士弘卒，其衆遂散。

【綱】十一月，唐遣太子建成擊劉黑闥。

【目】淮陽王道玄之敗也，山東震駭。劉黑闥盡復故地，進據洺州。齊王元吉不敢進，而太子建成請行，故遣之。

初，唐主之起兵晉陽也，皆秦王世民之謀，唐主謂世民曰：「事成，當以汝爲太子。」將佐亦以爲請，世民固辭而止。太子喜酒色，遊畋；齊王多過失；皆無寵。世民功名日盛，建

建成元吉共傾世民

王魏說太子擊劉黑闥

斬劉黑闥

成內不自安，乃與元吉協謀共傾世民。曲意事妃嬪，諂諛賂遺，無所不至，以求媚於上。世民獨不事之，由是諸妃嬪爭譽建成、元吉而短世民。時世民、元吉皆居別殿，與上臺、東宮晝夜通行，無復禁限。相遇如家人禮。太子令秦、齊王教與詔敕並行，有司莫知所從，唯據得之先後爲定。世民以淮安王神通有功，神通，高祖從弟。（淮安卽顯州，治泌陽縣，卽今河南泌陽縣。）給田數十頃。張婕妤求之，婕妤，婦官。婕言接幸於上；妤，美稱也。手敕賜之，神通以教給在先，不與。婕妤訴於唐主，唐主怒，以責世民，復謂裴寂曰：「此兒久典兵在外，爲書生所教，非復昔日子也。」

秦王每侍宴宮中，思太穆皇后早終，高祖后竇氏。不得見唐主有天下，或歔欷流涕，歔欷，悲泣氣咽而抽息也。唐主不樂。諸妃嬪曰：「陛下春秋高，宜相娛樂，而秦王如此，正是憎疾妾等，陛下萬歲後，妾子母必無孑遺矣！皇太子仁孝，陛下以妾子母屬之，必能保全。」唐主爲之愴然。由是無易太子意，待世民浸疏，而建成、元吉日親矣。

太子中允王珪、洗馬魏徵亦說太子曰：「秦王功蓋天下，中外歸心；殿下但以年長居東宮，無大功以鎭服海內。今劉黑闥散亡之餘，衆不滿萬，以大軍臨之，勢如拉朽，殿下宜自擊之以取功名，因結納山東豪傑，庶可自安。」於是太子請行。

綱 十二月，唐太子建成兵至昌樂，（在今河南南樂縣西北。）劉黑闥亡走。

綱 癸未，（六二三）唐武德六年。是歲漢東亡，幷梁凡三國。春正月，漢東將諸葛德威執其君黑闥降唐，唐斬之。

目　時太子遣騎將劉弘基追黑闥，黑闥奔走不得休息，至饒陽，從者纔百餘人，餒甚。黑闥所署刺史諸葛德威出迎，饋之食，未畢，勒兵執之，送詣太子，斬於洺州。黑闥臨刑歎曰：「我幸在家鉏菜，爲高雅賢輩所誤至此！」武德四年唐斬竇建德，建德故將高雅賢等詣劉黑闥，謀爲建德報仇。黑闥方種蔬，即殺耕牛與之飲食，定計起兵漳南。

綱　二月，徐圓朗走死，其地皆入於唐。

綱　唐廢參旗等十二軍。參旗，軍名。（十二軍，見卷三十一武德二年「唐置十二軍」注。）

綱　夏，高開道寇唐幽州，高開道，武德四年稱燕王。（幽州治薊縣，即今河北薊縣。）敗走。

綱　秋八月，唐淮南道行臺僕射輔公祏反。（淮南道，在淮水之南，領揚、楚、和、滁、濠、壽、廬、舒、蘄、黃、光、沔、安、申等州。）

綱　甲申，唐高祖神堯皇帝武德七年，（六二四）是歲高開道、輔公祏皆敗死，唯梁師都至貞觀二年乃亡。春正月，置大中正。

目　依周、齊舊制，州置中正一人，掌知州內人物，品量望第，以門望高者領之，無品秩。

綱　二月，置州、縣、鄉學。

目　詔州、縣、鄉皆置學，有明一經以上者，咸以名聞。

徐圓朗死
唐廢十二軍
置大中正
置州縣鄉學

釋奠先聖先師

【綱】帝詣國子學，釋奠于先聖、先師。禮文王世子：「凡始立學者，必釋奠于先聖、先師。」謂但奠置所祭之物，而無尸及食飲酬酢等事，以其主於行禮，非報功也。

改總管爲都督

【目】詔王公子弟各就學。

【綱】改大總管府爲大都督府。

【綱】三月，初定官制。

【綱】夏四月，頒新律令。

定均田租庸調法

【綱】初定均田租、庸、調法。（租庸調，見卷三十九魏大統十六年「身租調庸」注。）

【目】丁、中之民，給田一頃，百畝爲頃。篤疾減什之六，寡妻妾減七，皆以什之二爲世業，八爲口分。人八十畝。每丁歲入租，粟二石。調隨土地所宜，綾、絹、絁、布。絲經枲緯曰絁。歲役二旬；不役則收其傭，通作「庸」。日三尺；或綾、或絹、或絁、或布，是之謂庸也。有事而加役者，旬有五日，免其調；三旬，租、調俱免。水、旱、蟲、霜爲災，什損四以上免租，損六以上免調，損七以上課役俱免。凡民貲業分九等，百戶爲里，五里爲鄉，四家爲鄰，四鄰爲保。在城邑者爲坊，田野者爲村。食祿之家，無得與民爭利；工商雜類，無預士伍。男女始生爲黃，四歲爲小，十六爲中，二十爲丁，六十爲老。歲造計帳，三年造戶籍。

突厥入寇

【綱】秋閏七月，突厥入寇，遣秦王世民將兵禦之。

【目】或說上曰：「突厥所以屢寇關中者，以子女玉帛皆在長安故也。若焚長安而不都，陛下以聖武龍興，所征無敵，奈何爲此以貽四海之羞，爲百世之笑乎！願假數年之期，臣請繫頡利之頸致之闕下。頡利，突厥可汗號。若其不効，遷都未晚。」上曰：「善。」建成與妃嬪共譖世民曰：「突厥犯邊，得賂則退。秦王外託禦寇之名，內欲總兵權，成其篡奪之謀！」上大怒，召世民責之；會有司奏突厥入寇，上乃改容勞勉。詔世民、元吉將兵出豳州以禦之。（豳州治新平縣，即今陝西邠縣。）上每有寇盜，輒命世民討之，事平之後，猜嫌益甚。則胡寇自息矣。」上欲從之，秦王世民諫曰：「戎狄爲患，自古有之。

（綱）八月，突厥受盟而還。

張鎮周治舒州

（綱）乙酉，八年，（六二五）春正月，以張鎮周爲舒州都督。（舒州治懷寧縣，在今安徽潛山縣東。）

（目）鎮周，舒州人也，到州就故宅，召親故，酣宴十日。贈以金帛，泣，與之別，曰：「今日張鎮周猶得與故人歡飲，明日之後，則舒州都督治百姓耳。」自是犯法者一無所縱，境內肅然。

復置十二軍

（綱）夏四月，復置十二軍。（武德六年二月廢十二軍。）

詔定雅樂

（綱）丙戌，九年，（六二六）春正月，詔太常少卿祖孝孫定雅樂。

（綱）二月，初令州、縣、里閈各祀社稷。閈音翰，里門。

（綱）夏，沙汰僧、道。沙汰，言選擇之有所棄斥也。晉孫綽與習鑿齒並行，綽在前謂鑿齒曰：「沙之汰之，瓦礫在後。」鑿齒曰：「簸之揚之，糠粃在前。」

綱　六月，太白經天。太白，陰星，上公、大將之軍象，出東當伏東，出西當伏西，過午爲經天；謂晝見午上，

目　太史令傅奕上疏曰：「佛在西域，言妖路遠，漢譯胡書，以漢語翻譯西域經論。恣其假託。使不忠不孝削髮而揖君親，遊手遊食易服以逃租賦。僞啓三途，天途色慾，人途愛慾，地途貪慾。謬張六道。天道、人道、魔道、地獄道、餓鬼道、畜生道。遂使愚迷，妄求功德，不憚科禁，輕犯憲章。且生死壽夭，由於自然，刑德威福，關之人主，貧富貴賤，功業所招，而愚僧矯詐，皆云由佛。竊人主之權，擅造化之力，其爲害政，良可悲矣！自漢以前，初無佛法，君明臣忠，祚長年久。自立胡神，羌、戎亂華，主庸臣佞，政虐祚短，梁武、齊襄，梁武，南北朝梁武帝。齊襄，南北朝齊竟陵王子良，篤好釋氏，武帝殂，中書郎王融謀立子良不遂，太孫昭業立，誅王融，子良以憂卒。足爲明鏡。今天下僧尼，數盈十萬。請令匹配，即成十餘萬戶，產育男女，十年長養，一紀教訓，可以足兵。」詔百官議之，惟太僕卿張道源是奕言。僕射蕭瑀曰：「佛，聖人也，而奕非之。非聖人者無法，當治其罪。」奕曰：「人之大倫，莫如君父。佛以世嫡而叛其父，以匹夫而抗天子。蕭瑀不生於空桑，城名，帝王世紀云：「伊尹生於空桑。」郡志：「伊尹母既孕，夢神告曰：『臼若出水即東走。』明日，臼果出水，乃東走十餘里，顧其邑盡爲水，遂化爲空桑。有莘氏女採桑，得嬰兒於空桑中，即此。」乃遵無父之教。非孝者無親，瑀之謂矣！」瑀不能對，但合手曰：「地獄之設，正爲是人！」上亦惡沙門、道士，沙門，僧也。苟避征徭，不守戒律。詔：「命有司沙汰天下僧、尼、道士、女冠，冠亦作「官」，謂女爲道家者流。其精勤練行者，遷大寺觀；庸猥麤穢者，勒還鄉里。」

傅奕請除佛法疏

地獄之設正爲是人

秦王殺太子建成

爲不臣兵起也。秦王世民殺太子建成、齊王元吉。立世民爲皇太子，決軍國事。

目　世民既與建成、元吉有隙，建成夜召世民，飲酒而酖之，世民暴心痛，吐血數升。上謂世民曰：「首建大謀，削平海內，皆汝之功。吾欲立汝爲嗣，汝固辭；且建成爲嗣日久，吾不忍奪也。觀汝兄弟，似不相容，不可同處，當遣汝居洛陽，自陝以東皆主之。（時秦王爲陝東道大行臺，故云陝以東皆主之。陝，陝州。）仍建天子旌旗，如梁孝王故事。」（梁孝王事見卷十二漢景帝三年。謂賜天子旌旗，出蹕入警。）世民泣辭，不許。將行，建成、元吉相與謀曰：「秦王若至洛陽，不可復制；不如留之長安，則一匹夫，取之易矣。」乃密令數人上封事，言「秦王左右聞往洛陽，無不喜躍，觀其志趣，恐不復來。」上乃止。

元吉密請殺世民，秦府僚佐皆惶懼不知所出。行臺郎中房玄齡謂長孫無忌曰：「今嫌隙已成，一旦禍機竊發，豈惟府朝塗地，乃實社稷之憂；莫若勸王行周公之事以安家國。（謂周公誅管、蔡。）存亡之機，正在今日！」無忌以告。世民召杜如晦謀之，亦勸世民如玄齡言。建成、元吉以秦府多驍將，欲誘之使爲己用，密以金銀器一車贈尉遲敬德。敬德辭不受，以告世民。世民曰：「公心如山嶽，雖積金至斗，知公不移。」元吉乃譖敬德於上，將殺之，世民固請，得免。

會突厥入塞，建成薦元吉將兵擊之。率更丞王晊密告世民曰：晊音質。「太子語齊王：『吾與秦王餞汝於昆明池，使壯士拉殺之。因遣人說上，授我以國而立汝爲太弟。』」世民以

張公謹取龜投地

伏兵玄武門

告長孫無忌，無忌等告世民先事圖之。世民歎曰：「骨肉相殘，古今大惡。吾誠知禍在朝夕，欲俟其發，然後以義討之，不亦可乎！」衆曰：「大王以舜爲何如人？」曰：「聖人也。」衆曰：「使舜浚井而不出，塗廩而不下，則井中之泥，廩上之灰耳，安能澤被天下，法施後世乎！是以小杖則受，大杖則走，蓋所存者大也。」世民命卜之，幕僚張公謹自外來，幕僚，幕府僚屬。見之，取龜投地，曰：「卜以決疑；不疑何卜！卜而不吉，庸得已乎！」世民意乃決。

於是太白再經天。傅奕密奏：「太白見秦分，秦王當有天下。」上以其狀授世民，於是世民密奏建成、元吉淫亂後宮，且曰：「兄弟專欲殺臣，似爲世充、建德報讎。王世充、竇建德。臣今永違君親，亦實恥見諸賊於地下！」上驚，報曰：「明當鞫問，鞫音菊，推窮罪也。汝宜早參。」

明日，世民帥長孫無忌等入，伏兵於玄武門。建成、元吉俱入參，至臨湖殿，覺有變，欲還。世民追射建成，殺之。尉遲敬德射殺元吉。上謂裴寂等曰：「不圖今日，乃見此事，當如之何？」蕭瑀、陳叔達曰：「建成、元吉本不豫義謀，又無功於天下，疾秦王功高望重，共爲奸謀。今秦王已討而誅之，陛下若處以元良，委之國務，無復事矣！」上曰：「此吾之夙心也。」遂立世民爲皇太子。軍國庶事，悉委太子處決，然後奏聞。建成、元吉諸子皆坐誅。

綱 罷沙汰僧、道。

綱 以魏徵、王珪爲諫議大夫。

目 初，洗馬魏徵常勸建成早除秦王，及建成敗，太子召徵謂曰：「汝何爲離間我兄弟！」徵舉止自若，對曰：「先太子早從徵言，必無今日之禍。」太子改容禮之，引爲詹事主簿。詹事，東宮官名。亦召王珪、韋挺於巂州，巂音雖，上聲。武德七年，高祖責建成以兄弟不睦，歸罪於王珪、韋挺、杜淹，並流巂州。（巂州治越巂縣，即今四川西昌縣。）皆以爲諫議大夫。

綱　帝自稱太上皇。秋八月，太子即位。

目　詔傳位於太子；太子固辭，不許，乃即位。

綱　放宮女三千餘人。

放宮女三千餘人

綱　立妃長孫氏爲皇后。

目　后少好讀書，造次必循禮法。上爲秦王，后奉事高祖，承順妃嬪，甚有內助。及爲后，務崇節儉，服御取給而已。上深重之，嘗與之議賞罰，后辭曰：「『牝雞之晨，惟家之索』，晨謂報曉，索，蕭索也。周書牧誓篇：「牝雞無晨，牝雞之晨，惟家之索。」以喩紂惟婦言是用也。妾婦人，安敢預聞政事！」固問之，終不對。

綱　突厥入寇，至便橋，（在今陝西西安市西北長安故城便門外，即西渭橋，漢武帝造以通茂陵。）帝出禦之。突厥請盟而退。

突厥至便橋

目　梁師都所部離叛，國寖衰弱，乃朝於突厥，勸令入寇。於是頡利、突利二可汗合兵十餘萬騎寇涇州。（治保定縣，在今甘肅涇川縣北。）頡利進至渭水便橋之北，遣其腹心執矢思力入見，執矢，複姓。以觀虛實。思力盛稱「二可汗將兵百萬，今至矣。」上讓其背盟入寇，欲先斬思力。思力懼，乃囚之。

上乃自與高士廉、房玄齡等六騎徑詣渭水上，與頡利隔水而語，責以負約。突厥大驚，皆下馬羅拜。俄而諸軍繼至，旌甲蔽野，頡利見思力不返，而上輕出，軍容甚盛，有懼色。上麾諸軍使卻而布陳，獨留與頡利語。蕭瑀叩馬固諫，叩同扣。上曰：「突厥所以敢傾國而來者，以我國內有難，朕新卽位，謂我不能抗禦也。我若示之以弱，虜必放兵大掠，不可復制。故朕輕騎獨出，示若輕之；震曜軍容，使知必戰；虜既深入，必有懼心，與戰則克，與和則固。制服突厥，在此舉矣！」是日，頡利來請和，詔許之。斬白馬，與盟於便橋之上。突厥引兵退。蕭瑀請曰：「突厥未和之時，諸將爭欲戰，陛下不許，而虜自退，其策安在？」上曰：「突厥之衆，多而不整，君臣之志惟賄是求，昨其達官皆來謁我，我若醉而縛之，因擊其衆，伏兵邀其前，大軍躡其後，覆之如反掌耳。然吾卽位日淺，國家未安。一與虜戰，結怨既深，彼或懼而脩備，則吾未可以得志也。故卷甲韜戈，啗以金帛，啗，餌之也。彼既得所欲，志必驕惰，然後養威俟釁，一舉可滅也。將欲取之，必固與之，此之謂也。」瑀謝不及。

綱 九月，引諸衛將卒習射於顯德殿。

引諸軍習射殿庭

目 上日引諸衛將卒數百人習射殿庭，諭之曰：「朕不使汝曹穿池築苑，專習弓矢，居閑無事，則爲汝師，突厥入寇，則爲汝將，庶幾中國之民可以少安！」羣臣多諫曰：「於律，以兵刃至御在所者絞。今使將卒習射殿庭，萬一狂夫竊發，出於不意，非所以重社稷也。」上曰：「王者視四海爲一家，封域之內，皆朕赤子，朕一一推心置其腹中，奈何宿衞之士亦加猜忌乎！」由是人思自勵，數年之閒，悉爲精銳。

定勳臣爵邑

綱　定勳臣爵邑。

目　上面定勳臣爵邑，命陳叔達唱名示之，且曰：「所敍未當，宜各自言。」於是諸將爭功，紛紜不已。淮安王神通曰：「臣舉兵關西，首應義旗，今房玄齡、杜如晦等專弄刀筆，功居臣上，臣竊不服。」上曰：「叔父雖首唱舉兵，蓋亦自營脫禍。及竇建德吞噬山東，叔父全軍覆沒；劉黑闥再合餘燼，叔父望風奔北。玄齡等運籌帷幄，坐安社稷，論功行賞，固宜居叔父之先。叔父，國之至親，朕誠無所愛，但不可以私恩濫與勳臣同賞耳！」諸將乃相謂曰：「陛下至公，淮安王尙無所私，吾儕何敢不安其分。」儕，輩也。遂皆悅服。

賞功不私親

房玄齡嘗言秦府舊人未遷官者皆嗟怨。上曰：「王者至公無私，故能服天下之心。設官分職，以爲民也，當擇賢才而用之，豈以新舊爲先後哉！必也新而賢，舊而不肖，安可捨新而取舊乎！今不論其賢不肖而直言嗟怨，直，但也。豈爲政之體乎！」

遷官不私舊

綱　禁淫祀雜占。

綱　置弘文館。

置弘文館

目　上於弘文殿聚四庫書二十餘萬卷。置弘文館於殿側，選天下文學之士虞世南、褚亮、姚思廉、歐陽詢、蔡允恭、蕭德言等，以本官兼學士，令更日宿直，聽朝之隙，引入內殿，講論前言往行，商搉政事，或至夜分乃罷。又取三品以上子孫充弘文館學生。

上謂侍臣曰：「朕觀煬帝文辭奧博，亦知是堯、舜而非桀、紂；然行事何其相反也。」魏徵對曰：「人君雖聖哲，猶當虛己以受人，故智者獻其謀，勇者竭其力。煬帝恃其俊才，驕矜自用，故口誦堯、舜之言而身爲桀、紂之行，曾不自知，以至覆亡也。」上曰：「前事不遠，吾屬之師也。」

上問給事中孔穎達曰：「論語：『以能問於不能，以多問於寡，有若無，實若虛。』（論語泰伯篇文。）何謂也？」穎達具釋其義以對，且曰：「非獨匹夫如是，帝王內蘊神明，外當玄默；若位居尊極，炫燿聰明，以才陵人，飾非拒諫，則下情不通，取亡之道也。」

發言三思

上曰：「朕每臨朝，欲發一言，未嘗不三思，恐爲民害，是以不多言。」知起居事杜正倫曰：「臣職在記言，陛下之言失，臣必書之。豈徒有害於今，亦恐貽譏於後。」

上謂侍臣曰：「梁武帝惟談苦空，（說佛教也。）侯景之亂，百官不能乘馬；（見卷三十八梁太清二年「東魏求成於梁」目。）元帝爲周師所圍，猶講老子，百官戎服以聽，（見卷三十九梁承聖三年「魏于瑾伐梁」目。）此深足爲戒！朕所學者，惟堯、舜、周、孔之道，如鳥之有翼，魚之有水，失之則死，不可暫無耳。」

黏書屋壁

上謂裴寂曰：「比多上書言事者，朕皆黏之屋壁，（黏同粘。）得出入省覽。數思治道，或深夜方寢；公輩亦當恪勤職事，副朕此意。」

君源臣流

有上書請去佞臣者，上問佞臣爲誰？對曰：「願陛下與羣臣言，或陽怒以試之。彼執理不屈者，直臣也；畏威順旨者，佞臣也。」上曰：「君，源也；臣，流也；濁其源而求其流之清，不可得矣！君自爲詐，何以責臣下之直乎！朕方以至誠治天下，見前世帝王好以權譎小數接其臣下者，常竊恥之。卿策雖善，朕不取也。」

論止盜

上與羣臣論止盜，或請重法以禁之。上曰：「朕當去奢省費，輕徭薄賦，選用廉吏，使民衣食有餘則自不爲盜，安用重法邪！」自是數年之後，海內升平，路不拾遺，外戶不閉，商旅野宿焉。

上嘗曰：「君依於國，國依於民。刻民以奉君，猶割肉以充腹，腹飽而身斃，君富而國亡矣。朕常以此思之，不敢縱欲也！」

上謂公卿曰：「昔禹鑿山治水，而民無謗讟者，讟音讀，怨謗也。與人同利故也。秦始皇營宮室而民怨叛者，病人以利己故也。夫美麗珍奇，固人之所欲，若縱之不已，則危亡立至。朕欲營一殿，材用已具，鑒秦而止，王公已下宜體朕此意。」由是二十年閒，風俗素樸，衣無錦繡，公私富給。

剖身藏珠

上謂侍臣曰：「吾聞西域賈胡，賈音古。得美珠剖身以藏之，有諸？」侍臣曰：「有之。」上曰：「人皆知笑彼之愛珠而不愛其身也；吏受賕抵法，賕音求。以財枉法相謝曰賕。與帝王徇奢欲而亡國者，何以異於胡之可笑邪！」

徙宅忘妻

魏徵曰：「昔魯哀公謂孔子曰：『人有好忘者，徙宅而忘其妻！』孔子曰：『又有甚者，桀、紂乃忘其身。』亦猶是也。」上曰：「然。朕與公輩宜戮力相輔，戮力，幷力也。庶免爲人笑也。」上患吏多受賕，密使左右試賂之。有司門令史受絹一匹，司門令史，主通籍出入禁門。上欲殺之，民部尙書裴矩諫曰：「爲吏受賂，罪誠當死。但陛下使人遺之而受，乃陷人於法也，恐非所謂道之以德，齊之以禮。」上悅，告羣臣曰：「裴矩能當官力爭，不爲面從；儻每事皆然，何憂不治！」

綱 冬十月，詔追封故太子爲息隱王，（故太子建成。息，息州，治新息縣，即今河南息縣。隱，謚號。）齊王爲海陵刺王，（齊王元吉。海陵，即今江蘇泰州縣。刺，謚號。）改葬之。

目 後詔復息隱王爲隱太子，海陵刺王號巢刺王。（巢，即今安徽巢縣。）

綱 立子承乾爲皇太子。承乾生八年矣。

綱 詔民遭突厥暴踐者，計口給絹。

綱 十二月，遣使點兵。

目 上厲精求治，數引魏徵入卧內，訪以得失；徵知無不言，上皆欣然嘉納。上遣使點兵，封德彝奏：「中男雖未十八，其壯大者，亦可幷點。」上從之，敕出，徵固執以爲不可。上怒，召而讓之，對曰：「夫兵在御之得其道耳，何必多取細弱以增虛數乎！且陛下每云：『吾以誠信御天下，』今卽位未幾，失信者數矣！」上愕然曰：「何也？」對曰：「陛下初詔：『悉免負逋官物。』有司以爲負秦府國司者，非官物，徵督如故。陛下以秦王升爲天子，國司之物，非官物而何！又曰：『關中免二年租調，關外給復一年。』既而繼有敕云：『已役已輸者，以來年爲始。』散還之後，方復更徵，百姓固已不能無怪。今復點兵，何謂來年爲始乎！又陛下所與共治天下者在於守宰；至於點兵，獨疑其詐，豈所謂以誠信爲治乎！」上悅，從之。

張玄素請擇臣分任

綱　以張玄素爲侍御史。

目　上聞景州錄事參軍張玄素名，（景州治弓高縣，在今河北吳橋縣東北。）召見，問以政道。對曰：「隋主自專庶務，不任羣臣。以一人之智決天下之務，借使得失相半，乖謬已多，下諛上蔽，不亡何待！陛下誠能擇羣臣而分任以事，高拱穆清而考其成敗，何憂不治！」上善其言，擢爲侍御史。

張蘊古上大寶箴

綱　以張蘊古爲大理丞。

目　前幽州記室張蘊古上大寶箴，易繫辭下傳：「聖人之大寶曰位。」此箴爲有位之誠，故名。（幽州治薊縣，即今河北薊縣。）其略曰：「聖人受命，拯溺亨屯，拯溺，拯救溺沒。亨屯，亨通屯難。故以一人治天下，不以天下奉一人。」又曰：「壯九重於內，楚辭九辯：「君之門以九重。」所居不過容膝；彼昏不知，瑤其臺而瓊其室。桀作瑤臺，紂作瓊室。羅八珍於前，八珍見禮記內則。（珍謂淳熬、淳毋、炮豚、炮牂、擣珍、漬、熬、肝膋，見內則注。）所食不過適口；惟狂罔念，丘其糟而池其酒。」桀作酒池，糟隄十里。紂爲酒池，回盤糟丘。又曰：「勿沒沒而闇，勿察察而明，雖冕旒蔽目，旒以絲繩貫玉，垂之。冕前有垂旒，所以蔽目，示不邪視也。而視於未形，雖黈纊塞耳，黈音偷，黃色。纊音曠，綿也。以黃綿爲圜，用組挂之於冕，當兩耳旁，卽所謂充纊。冕旁有充纊，所以塞耳，示不聽讒也。而聽於無聲。」上嘉之，賜以束帛，除大理丞。

太宗文武皇帝

名世民，高祖次子。方四歲，有書生見之曰：「龍鳳之姿，天日之表，其年幾冠，必能濟世安民。」書生辭去，乃採其語名世民。年十八，舉義兵，高祖得天下，皆其功也。初封秦王，太子、齊王每欲殺之，乃爲所殺，高祖因傳位焉。在位二十三年，壽五十三歲而崩。帝除隋之亂，比迹湯、武；致治之美，庶幾成、康；自古功德兼隆，由漢已來，未之有也。惜其好尚功名而不及禮樂，父子、兄弟之閒慙德多矣。

秦王破陳樂

綱 丁亥，太宗文武皇帝貞觀元年，（六二七）春正月，宴羣臣。

目 上宴羣臣，奏秦王破陳樂，太宗爲秦王時破劉武周，軍中作此樂曲。舞用樂工百二十八人，披銀甲，執戟而舞，後更號神功破陳樂，貞觀七年更名七德舞。上曰：「朕昔受委專征，民閒遂有此曲，雖非文德之雍容，然功業所由，不敢忘也。」封德彝曰：「陛下以神武平海內，文德豈足比乎！」上曰：「戡亂以武，守成以文，文武之用，各隨其時。卿謂文不及武，斯言過矣！」

諫官入閤議事

綱 制諫官隨宰相入閤議事。

更定律令

綱 更定律令。

加役流

目 命吏部尚書長孫無忌與法官更議定律令，寬絞刑五十條爲斷右趾。上曰：「肉刑廢已久，（漢文帝十三年除肉刑。）宜有以易之。」於是有司請改爲加役流，流配而加以役作。流三千里，居作三年，所謂加役流也。從之。

戴胄爲大理少卿

忍小忿而存大信

分天下爲十道

綱　以戴胄爲大理少卿。

目　上以選人多詐冒資蔭，敕令自首，不首者死。未幾，有詐冒事覺者，上欲殺之。胄奏：「據法應流。」上怒曰：「卿欲守法而使朕失信乎？」對曰：「敕者出於一時之喜怒，法者國家所以布大信於天下也。陛下忿選人之多詐，故欲殺之，既而知其不可，復斷之以法，此乃忍小忿而存大信也。」上曰：「卿能執法，朕復何憂！」胄前後犯顔執法，言如涌泉，上皆從之，天下無冤獄。將軍長孫順德受人餽絹，事覺，上於殿庭賜絹數十匹。大理少卿胡演以爲不可。上曰：「彼有人性，得絹之辱甚於受刑；如不知愧，一禽獸耳，殺之何益！」

綱　二月，分天下爲十道。

目　隋末豪傑據地，自相雄長；唐興，相帥來歸，上皇割置州、縣以寵禄之。上以民少吏多，悉併省之，因山川形便，分爲十道：曰關内，（關内道管雍、華、同、宜、岐、隴、豳、涇、寧、鄜、坊、延、原、靈、丹、夏、銀、鹽、勝、綏、慶、豐等二十二州。）河南，（河南道管虢、陜、穀、唐、兗、陳、潁、徐、滑、泗、譙、豫、亳、密、青、濟、濮、萊、齊、淄、宋、鄆、許、戴、曹、海、沂、洛、鄭、汴、汝等三十一州。）河東，（河東道管蒲、虞、汾、絳、泰、晉、隰、慈、吕、石、潞、沁、韓、澤、代、忻、朔、蔚、雲、并、箕、嵐等二十二州。）河北，（河北道管黎、魏、相、懷、衞、洺、邢、貝、博、冀、德、觀、深、瀛、滄、定、恒、井、幽、易、嬀、檀、平、趙、營、燕、師、昌、崇、慎、威等三十一州。）山南，（山南道管襄、夔、萬、開、隨、硤、蓬、鳳、忠、渠、通、集、興、利、温、復、合、鄧、歸、荆、梁、静、金、巴、商、洋、渝、房、壁、均等三十州。）隴右，（隴右道管秦、成、武、渭、蘭、河、鄯、廓、儒、岷、洮、宕、臺、橋、涼、肅、甘、瓜、沙、伊、芳、文、松、扶、嵣、巖、奉、雅、叢、遠、其、生、諸、直、都、闊、出、嶢、懿、可、溱、般、鐘、匐、厥、器、調、流、邇、率、序、淳、軌、嶂、肆、位、玉、彭、祐、蛾、疊、龍、會等六十三州。）淮南，（淮南道管陽、光、蘄、申、壽、昌、豪、廬、沔、舒、揚、滁、楚、和、黃、安等十六州。）江南，（江南道管潭、費、江、涪、鄂、澧、潤、施、朗、岳、黔、睦、括、常、撫、郴、台、饒、虔、衡、永、邵、連、婺、道、吉、越、洪、袁、杭、宣、湖、蘇、歙、辰、巫、南、夷、應、琰、莊、牂、充、播、牢、思等四十六州。）劍南，（劍南道管隆、始、梓、資、嘉、陵、果、遂、益、炎、綿、榮、眉、雅、普、翼、茂、簡、向、塗、戎、瀘、嶲、冉、窄、維、撤、穹、郎、協、曲、褒、靡、徽、姚、縈、邛、匡、宗、尹、曾、槃、鈞、昆等四十四州。）嶺南。（嶺南道管高、循、建、振、昭、韶、廣、羅、崖、邕、繡、辯、端、新、春、潘、竇、富、潮、賀、梧、蒙、柳、瀧、桂、廉、賓、藥、泉、欽、横、貴、藤、象、交、儋、雷、峯、融、愛、驩、蔦、演、白、景、林、義、智、驩、瓊等五十二州。）

皇后親蠶

綱 三月，皇后帥內外命婦親蠶。（內命婦，宮內女官，自貴妃至侍巾，分九品。外命婦，王公母妻及五品以上官母妻有封者，分六等。）

京官更宿內省

綱 閏月，命京官五品以上更宿中書內省。

目 上謂太子少師蕭瑀曰：「朕少得良弓十數，自謂無以加，近以示弓工，乃曰『皆非良材。木心不正則脈理皆邪，弓雖勁而發矢不直。』朕以弓矢定四方，識之猶未能盡，況天下之務乎！」乃命京官五品以上更宿中書內省，數延見，問民疾苦，政事得失。

綱 夏六月，封德彝卒。

目 初，上令封德彝舉賢，久無所舉。上詰之，對曰：「非不盡心，但於今未有奇才耳。」上曰：「君子用人如器，各取所長；古之致治者豈借才於異代哉！正患己不能知，安可誣一世之人。」德彝慙而退。

綱　以蕭瑀爲左僕射。

目　上與侍臣論周、秦脩短，修，長也。蕭瑀對曰：「紂爲不道，武王征之。周及六國無罪，始皇滅之。得天下雖同，立心則異。」上曰：「公知其一，未知其二。周得天下，增脩仁義；秦得天下，益尚詐力；此脩短之所以殊也。蓋取之或可以逆，而守之不可以不順故也。」瑀謝不及。

綱　山東旱。詔所在賑卹，蠲其租賦。

綱　秋七月，以長孫無忌爲右僕射。長孫無忌，皇后兄。

目　無忌與上爲布衣交，加以外戚，有安命功，上委以腹心，欲相者數矣。皇后固請曰：「妾備位椒房，椒房，皇后所居，以椒和泥塗壁，取其溫暖而香，辟惡氣也。貴寵極矣，誠不願兄弟執國政。呂、霍、上官，漢高后時呂產、呂祿，昭帝時上官桀、上官安，宣帝時霍山、霍禹等，皆以外戚謀反伏誅。可爲切骨之戒！」上不聽，卒用之。

綱　九月，宇文士及罷。時爲中書令。御史大夫杜淹參預朝政。他官參預政事自此始。

綱　冬十月，嶺南酋長馮盎遣子入朝。（嶺南謂大庾嶺以南，今廣東、廣西地，非嶺南道。）

目　初，盎與諸酋長迭相攻擊，諸州皆奏盎反。上欲發兵討之，魏徵諫曰：「嶺南瘴癘險遠，不可以宿大兵。且告者已數年，而盎兵未嘗出境，此不反明矣。若遣信臣示以至誠，

一言勝十萬師

崔仁師按獄

孫伏伽諫好騎射

見形必資明鏡

可不煩兵而服。」上乃遣使諭之，盎遣其子智戴隨使者入朝。上曰：「魏徵一言，勝十萬之師，不可不賞。」乃賜絹五百匹。

綱 十二月，詔殿中侍御史崔仁師按獄青州。（治益都縣，即山東益都縣。）

目 青州有謀反者，逮捕滿獄，詔崔仁師等覆按之。仁師至，悉去杻械，與飲食湯沐，止坐其魁首十餘人。孫伏伽謂仁師曰：「足下平反者多，平反謂平其不平，而反罪人辭使從輕也。恐人情貪生，見其徒侶得免，未肯甘心耳。」仁師曰：「凡治獄當以仁恕爲本，豈可自規免罪，規，圖也。知其寃而不爲伸邪！萬一誤有所縱，以一身易十囚之死，亦所願也。」及敕使至，更訊諸囚，皆曰：「崔公平恕，無枉，請速就死。」無一人異辭者。

綱 以孫伏伽爲諫議大夫。

目 上好騎射，孫伏伽諫，以爲：「天子居則九門，行則警蹕，天子出則稱警，示戒肅。入則言蹕，止行人也。非欲苟自尊嚴，乃爲社稷生民之計也。夫走馬射的，乃少年諸王所爲，非今日天子事業也。既非所以安養聖躬，又非所以儀刑後世，臣竊爲陛下不取。」上悅。以伏伽爲諫議大夫。

上神采英毅，羣臣進見，皆失舉措。上知之，每假以辭色。嘗謂公卿曰：「人欲自見其形，必資明鏡；君欲自知其過，必待忠臣。苟其君愎諫自賢，愎音闢，戾也。其臣阿諛順旨，君既失國，臣豈能獨全！如隋煬帝、虞世基者，宇文化及弑煬帝又殺虞世基等，世基弟世南抱世基號泣，請以身代，化及不許。亦足以觀矣。公輩宜用此爲戒，事有得失，無惜盡言也。」

綱　令吏部四時選集，併省吏員。（令四時選集併省吏員）

目　隋世選人，十一月集，至春而罷，人患其期促。至是，吏部侍郎劉林甫奏「四時聽選，隨闕注擬」，人以爲便。唐初，士大夫以亂離之後，不樂仕進，官員不充，州府多以赤牒補官。至是，皆勒赴省選，集者七千餘人，林甫隨才銓敍，各得其所，時人稱之。上謂房玄齡曰：「官在得人，不在員多。」遂併省之，留文武總六百四十三員。

綱　徵隋祕書監劉子翼，不至。（劉子翼）

目　子翼有學行，性剛直，朋友有過，常面責之。李百藥常稱：「劉四雖復罵人，人終不恨。」是歲，有詔徵之；辭以母老，不至。

綱　以李乾祐爲侍御史。

目　鄃令裴仁軌私役門夫，上怒，欲斬之，殿中侍御史李乾祐諫曰：「法者，陛下所與天下共也。今仁軌坐輕罪而抵極刑，臣恐人無所措手足矣！」上悅，從之。以乾祐爲侍御史。

上嘗語及關中、山東人，意有同異。殿中侍御史張行成曰：「天子以四海爲家，令有東、西之異，（東謂山東，西謂關中。）示人以隘。」上善其言，厚賜之。

綱　鴻臚卿鄭元璹還自突厥。璹音孰。

敕勒十五部

目 初，突厥既彊，敕勒諸部分散，元魏時號高車部，後號敕勒，又號鐵勒。（敕勒其先爲匈奴苗裔，後屬突厥，居今青海以東。隋大業中叛攻突厥，突厥破之，遂分散。）有薛延陀、回紇、都播、骨利幹、多濫葛、同羅、僕固、拔野古、思結、渾、斛薛、奚結、阿跌、契苾、白霫等十五部，回紇，後號回鶻。都播，一曰都波。多濫葛，濫或作「覽」。拔野古，一作拔野固，或作拔曳固。阿跌，一曰訶咥，或曰跌跌。契苾，一曰契苾羽。白霫，霫音習。皆居磧北。沙漠曰磧。頡利政亂，薛延陀、回紇等叛之，頡利不能制。會大雪，羊馬多死，民大飢，鴻臚卿鄭元璹使還，言於上曰：「戎狄興衰，專以羊馬爲候。今突厥民飢畜瘦，將亡之兆也。」羣臣多勸上乘間擊之，上曰：「背盟不信，利災不仁，乘危不武。縱其種落盡叛，六畜無餘，六畜，牛、羊、馬、犬、雞、豕。朕終不擊，必待有罪，然後討之。」

令大辟兩省尚書議

赦有罪則賊良民

綱鑑易知錄卷四三

唐紀

太宗文武皇帝

綱　戊子，二年，（六二八）春正月，長孫無忌罷。無忌自懼滿盈，固求遜位，皇后又內爲之請，上乃許之。

綱　三月，詔自今大辟，大辟，死刑也。並令兩省、四品及尚書議之。（兩省，中書及門下省。）

目　大理進每月囚帳；上命自今大辟，皆令中書、門下四品已上及尚書議之，庶無冤濫。既而引囚至岐州刺史鄭善果，（岐州治鳳翔縣，在今陝西鳳翔縣南。）上曰：「善果官品不卑，豈可使與諸囚爲伍。自今三品以上犯罪，聽於朝堂俟進止。」

綱　關內旱饑，赦天下。

目　關內旱饑，民多賣子；詔出御府金帛贖以還之。上嘗謂侍臣曰：「古語有之：『赦者，小人之幸，君子之不幸；一歲再赦，善人喑噁。』喑音因，去聲。喑噁，懷怒氣。夫養稂莠者害嘉穀，稂音郎。稂、莠，俱害苗草。赦有罪者賊良民。故朕即位以來，不欲數赦，恐小人恃之，輕犯憲章故也。」至是，以連年水、旱赦天下，且曰：「使年豐穀稔，天下乂安，移災朕身，是所願

突利請入朝

祖孝孫奏唐雅樂

呑蝗

也。」所在有雨，民大悦。

綱　夏四月，突厥突利可汗請入朝。

目　初，突厥頡利可汗以薛延陁、回紇等叛，（俱敕勒部，見卷四十二貞觀元年。）遣突利討之。敗還，拘而撻之，突利由是怨，表請入朝。上謂侍臣曰：「嚮者突厥方彊，憑陵中夏，用是驕恣以失其民。今困窮如是！朕聞之，且喜且懼。何則？突厥衰則邊境安，故喜。然朕或失道，亦將如此！卿曹不惜苦諫，以輔不逮。」

綱　六月，祖孝孫奏唐雅樂。

目　初，上皇命祖孝孫定雅樂，（武德七年，命太常少卿祖孝孫定雅樂。）孝孫以爲梁、陳之音多吳、楚，周、齊之音多胡、夷，於是考古聲，作唐雅樂。至是，奏之。上曰：「禮樂者，聖人緣物以設教，治之隆替，豈由於此？」杜淹曰：「齊之將亡，作伴侶曲，陳之將亡，作玉樹後庭花，其聲哀思，思，悲也。禮樂記：「亡國之音哀以思。」聞者悲泣，豈可謂治不在樂乎！」上曰：「悲喜在心，非由樂也。將亡之政，民必愁苦，故聞樂而悲耳。今二曲具存，爲公奏之，公豈悲乎？」魏徵曰：「樂在人和，不在聲音也。」

綱　畿內蝗。

目　上入苑中，見蝗，掇數枚，掇，取也。祝之曰：「民以穀爲命，而汝食之，寧食吾之肺腸。」欲呑之，左右諫曰：「惡物或成疾。」上曰：「朕爲民受災，何疾之避！」遂呑之。是歲，蝗不爲災。

綱　秋九月，詔非大瑞不得表聞。

目　上曰：「比見羣臣屢上祥瑞，夫家給人足而無瑞，不害爲堯、舜；百姓愁怨而多瑞，不害爲桀、紂。後魏之世，吏焚連理木，煑白雉而食之，豈足爲至治乎！」乃詔：「自今大瑞聽表聞，餘申所司而已。」嘗有白鵲巢於寢殿槐上，合歡如腰鼓，（兩巢連合歡，適而中細，其形如腰鼓然。腰鼓本胡鼓，廣首纖腰，兩頭擊之，聲相應和。）左右稱賀。上曰：「我常笑隋煬帝好祥瑞。瑞在得賢，此何足賀！」命毁其巢。

瑞在得賢

綱　出宮女三千餘人。

出宮女三千餘人

目　天少雨，中書舍人李百藥言：「往年雖出宮人，（武德八年放宮女三千餘人。）無用者尚多，陰氣鬱積，亦足致旱。」上命簡出之，前後三千餘人。

綱　冬十月，殺瀛州刺史盧祖尚。（瀛州治河間縣，即今河北河間縣。）

目　上以盧祖尚廉平公直，欲遣鎭撫交阯。（即交州，治宋平縣，在今越南民主共和國河内市北。）祖尚既謝而復悔之，以疾辭。上遣杜如晦等諭旨，祖尚固辭。上大怒曰：「我使人不行，何以爲政！」命斬於朝堂，尋悔之。他日，與侍臣論齊文宣帝之爲人，魏徵對曰：「文宣狂暴，然人與之爭，事理屈則從之。有青州長史魏愷使梁還，（青州治益都縣，即今山東益都縣。）除光州長史，（光州治光山縣，即今河南光山縣。）不肯行，文宣怒而責之。愷曰：『臣先任大州，有勞無

五花判事

過，更得小州，所以不行。』文宣赦之。此其所長也。」上曰：「然。曏者盧祖尚雖失人臣之義，朕殺之亦爲太暴，由此言之，不如文宣矣！」命復其官蔭。

徵容貌不逾中人，而有膽略，善回人主意；每犯顏苦諫，或上怒甚，亦爲之霽威。霽音祭，止也。上嘗得佳鷂，自臂之，望見徵來，匿懷中；徵奏事故久，鷂竟死懷中。

綱 十一月，以王珪爲侍中。

目 故事：軍國大事，則中書舍人各執所見，雜署其名，謂之「五花判事」。中書侍郎、中書令省審之，給事中、黃門侍郎駁正之。至是，上謂珪曰：「國家本置中書、門下以相檢察，正以人心所見，互有不同；苟論難往來，務求至當；捨己從人，亦復何傷？比來或護己短，遂成怨隙；或避私怨，知非不正，順一人之顏情，爲兆民之深怨。此乃亡國之政，煬帝之世是也。卿曹各當徇公忘私，勿雷同也。」後又謂侍臣曰：「中書、門下，機要之司，詔敕有不便者，皆應論執。比來惟睹順從，不聞違異。若但行文書，則誰不可爲，何必擇才也！」房玄齡等皆頓首謝。

上又嘗謂珪曰：「開皇中旱，開皇，隋文帝年號。隋文帝不許賑給，而令百姓就食山東。比至末年，天下儲積可供五十年，煬帝恃之，卒亡天下。但使倉庾之積足以備凶年，其餘何用哉！」

上嘗問珪曰：「近世治不及古，何也？」對曰：「漢世尚經術，宰相多用儒士，故風俗淳厚。近世重文輕儒，參以法律，此治化之所以益衰也。」上然之。

上閒居與珪語，有美人侍側，指示珪曰：「此廬江王瑗之姬也，（廬江王瑗，高祖從父兄子，武德九年謀反誅。廬江，即今安徽合肥市。）瑗殺其夫納之。」珪避席曰：「陛下以廬江納之爲是邪，非邪？」上曰：「殺人而取其妻，卿何問是非！」對曰：「昔齊桓公知郭公之所以亡，由善善而不能用，（齊桓公至郭國，問父老「郭何故亡？」對曰：「郭君善善不能用，惡惡不能去，所以亡也。」郭，古國，在今山東聊城市東北。）然棄其所言之人，謂齊桓棄其所言之父老而不用。管仲以爲無異於郭公。今此美人尚在左右，臣以爲聖心是之也。」上悅，卽出之。

綱　詔舉堪縣令者。

目　上曰：「爲朕養民者，惟在都督、刺史，朕常疏其名於屏風，疏，記注也。坐臥觀之，得其在官善惡之跡，皆注於名下，以備黜陟。縣令尤爲親民，不可不擇。」乃命五品以上各舉堪爲縣令者，以名聞。

綱　詔自今奴告主者斬之。

目　上曰：「比有奴告主反者。夫謀反不能獨爲，何患不發，何必使奴告之邪！自今奴告主勿受，仍斬之。」

綱　己丑，三年，（六二九）春正月，耕藉東郊。藉，蹈藉也。言親自蹈履於田而耕之，以爲天下先。

綱　二月，以房玄齡、杜如晦爲僕射，魏徵守祕書監，參預朝政。

王珪諫留美人

疏名屏風

奴告主者斬

耕藉東郊

房杜相魏徵參朝政

目　上謂玄齡、如晦曰：「公爲僕射，當廣求賢人，隨才授任。比聞聽訟，日不暇給，安能助朕求賢乎！」因敕「尚書細務屬左右丞，屬，付也。惟大事當奏者，乃關僕射。」

上又嘗謂玄齡等曰：「爲政莫若至公。昔諸葛亮竄廖立、李嚴於南夷，李嚴後更名平。亮卒，而二人哭泣有死者，（事見卷二十八漢後帝建興十二年「諸葛亮卒於軍」目。）非至公能如是乎！又高熲相隋，公平識治體，隋之興亡，繫熲存沒。朕慕前世之明君，卿等不可不法前世之賢相也。」

唐世賢相推房杜

玄齡明達吏事，輔以文學，夙夜盡心，惟恐一物失所。用法寬平，聞人有善若己有之，不以求備取人，不以己長格物。猶言律人。與如晦引拔士類，常如不及。上每與玄齡謀事，必曰：「非如晦不能決。」及如晦至，卒用玄齡之策。蓋玄齡善謀，如晦能斷也。二人同心徇國，故唐世稱賢相推房、杜焉。

玄齡監脩國史，上語之曰：「漢書載子虛、上林賦，二賦皆司馬相如作。浮華無用。其上書論事，詞理切直者，朕從與不從，皆載之。」

魏徵願爲良臣勿爲忠臣

或告魏徵私其親戚，上使御史大夫溫彥博按之，無狀。上以徵不避嫌疑，讓之曰：讓，責也。「自今宜存形迹。」徵曰：「君臣同體，宜相與盡誠，若但存形迹，則國之興喪未可知也。臣不敢奉詔。」上曰：「吾已悔之。」徵再拜曰：「臣幸得奉事，願使臣爲良臣，勿使臣爲忠臣。」上曰：「忠、良有異乎？」對曰：「稷、契、皋陶，君臣協心，俱享尊榮，所謂良臣；龍逄、比干，面折廷爭，身誅國亡，所謂忠臣。」上悅。

上問魏徵曰：「人主何爲而明，何爲而暗？」對曰：「兼聽則明，偏信則暗。昔堯清問下民，舜明目達聰，故共、鯀、驩、苗不能蔽也。秦二世偏信趙高，以成望夷之禍；梁武帝偏信朱异，以取臺城之辱；隋煬帝偏信虞世基，以致彭城閣之變。是故人君兼聽廣納，則貴臣不得壅蔽，而下情得以上通也。」上曰：「善。」

上謂魏徵曰：「齊後主、周天元皆重斂百姓，北周宣帝傳位於太子，自稱天元皇帝。厚自奉養，力竭而亡；譬如饞人自噉其肉，（饞音讒，貪食也。噉音啖，食也。）肉盡而斃，何其愚也！然二主孰爲最劣？」對曰：「齊後主懦弱，政出多門，周天元驕暴，威福在己，雖同爲亡國，齊主尤劣也。」

上謂侍臣曰：「人言天子至尊，無所畏憚。朕則不然，上畏皇天之鑒臨，下憚羣臣之瞻仰，兢兢業業，猶恐不合天意，未副人望。」魏徵曰：「此誠致治之要，願陛下謹終如始，則善矣。」

房玄齡、王珪掌內外官考，侍御史權萬紀奏其不平，上命推之。魏徵諫曰：「二人素以忠直被委任，所考既多，其閒能無一二不當！然察其情，終非阿私。且萬紀比在考堂，曾無駁正；及身不得考，乃始陳論。此非竭誠徇國也。今推之，未足裨益朝廷，徒失委任大臣之意。臣所愛者治體，非敢私二臣也。」上乃釋不問。

以荀悅漢紀賜李大亮

以李靖等爲行軍總管討突厥

綱 夏四月，上皇徙居大安宮。（在今陝西西安市西北。）

綱 六月，以馬周爲監察御史。

目 茌平人馬周，（茌平縣，在今山東茌平縣西。）客遊長安，舍於中郎將常何之家。會以旱求言，何武人不學，周代之陳便宜二十餘條。上怪問之，何對曰：「此臣家客馬周爲臣具草耳。」上卽召見，與語，甚悅，除監察御史。以何爲知人，賜絹三百匹。

綱 冬十一月，以荀悅漢紀賜涼州都督李大亮。後漢荀悅，獻帝朝爲祕書監，撰漢紀三十卷。（涼州治姑臧，卽今甘肅武威縣。）

目 上遣使至涼州，都督李大亮有佳鷹，使者諷使獻之，大亮密表曰：「陛下久絕畋遊而使者求鷹。若陛下之意，深乖昔旨；如其自擅，乃是使非其人。」上悅，手詔褒美，賜以荀悅漢紀。

綱 以李靖爲定襄道行軍總管，（定襄道行軍總管爲臨時建置，非常制。定襄卽忻州，治秀容縣，卽今山西忻定縣。李靖時爲兵部尙書。）統諸軍討突厥。

目 代州都督張公瑾上言突厥可取之狀，（代州治鴈門縣，在今山西原平縣東北。）上以頡利既請和親，復援梁師都，命李靖爲行軍總管討之，以公瑾爲副。拔野古、僕骨等酋長並率衆來降，（並敕勒部，見卷四十二貞觀元年。）於是復以李世勣、柴紹、薛萬徹爲諸道總管，（李世勣爲通漢道行軍總管，時爲幷州都督。柴紹爲金河道行軍總管，時爲華州刺史。薛萬徹爲暢武道行軍總管，時爲靈州都督。上三道名俱爲稱號。）衆合十餘萬，皆受靖節度，分道出擊突厥。

綱 十二月，突厥突利可汗入朝。

目 上曰：「往者太上皇以百姓之故，稱臣於突厥，（事見卷四十一隋恭帝義寧元年「李淵遣使如突厥」目。）朕常痛心焉。今單于稽顙，庶幾可雪前恥矣。昔人謂禦戎無上策，朕今治安中國，而四夷自服，豈非上策乎！」

綱 閏月，蠻酋謝元深等來朝。

目 時遠方諸國來朝貢者甚衆，服裝詭異，中書侍郎顏師古請作王會圖以示後，（周武王時，天下太平，遠國歸款，史集其事爲王會篇。）從之。

綱 濮州刺史龐相壽有罪，（濮州治鄄城縣，在今山東鄄城縣東。）免。

目 相壽坐贓免，上以其秦府舊人，復其官。魏徵曰：「秦府左右甚多，若人人皆恃恩私，則爲善者懼矣！」上悅，謂相壽曰：「我昔爲一府主；今爲天下主，不得獨私故人。」賜帛遣之。相壽流涕而去。

綱 庚寅，四年，（六三〇）春二月，李靖襲破突厥於陰山，（在今內蒙古包頭市北。）頡利可汗遁走。

綱 以溫彥博爲中書令，戴胄參預朝政，蕭瑀參議朝政。

綱 三月，四夷君長詣闕請帝爲天可汗，許之。

顏師古請作王會圖

李靖破突厥

四夷請帝爲天可汗

杜如晦卒

擒頡利可汗

羣臣議區處突厥

目 四夷君長詣闕請上爲天可汗，上曰：「我爲大唐天子，又下行可汗事乎！」羣臣及四夷皆稱萬歲。是後以璽書賜西北君長，皆稱天可汗。

綱 蔡公杜如晦卒。（杜如晦先封蔡國公，後封萊國公。蔡即蔡州，治汝陽縣，即今河南汝南縣。萊即萊州，治掖縣，即今山東掖縣。）

目 如晦疾篤，上遣太子問疾，又自臨視之。及卒，上語及，必流涕，謂房玄齡曰：「公與如晦同佐朕，今獨見公，不見如晦矣！」

綱 夏四月，行軍副總管張寶相擒突厥頡利可汗以獻。

目 頡利敗走，往依沙鉢羅設蘇尼失部落。（沙鉢羅，突厥部設名，突厥謂別部典兵者曰設。蘇尼失，啓民可汗弟。）任城王道宗引兵逼之，（任城王道宗，太祖子。任城即今山東濟寧市。）使蘇尼失執頡利，行軍副總管張寶相取之以獻，蘇尼失舉衆來降，漠南遂空。（漠南，沙漠之南，北方流沙曰漠。）上御樓受俘，（樓謂順天樓。俘，軍中所獲。）館之太僕。（以館館客也。太僕掌廄牧輦輿之政。）上皇聞之，歎曰：「漢高祖困白登不能報；（高祖白登之困，見卷十漢高帝七年「被圍平城」目及注。）今我子能滅突厥，吾付託得人，復何憂哉！」

突厥既亡，其部落或北附薛延陀，（薛延陀，敕勒部酋之一。）或西奔西域，其降唐者尚十萬口，詔羣臣議區處之宜。朝士多言：「戎狄自古爲中國患，今幸破亡，宜悉徙之河南兗、豫之閒，（河南兗、豫之閒，謂古兗州、豫州之閒，即今山東西南部與河南省。）分其種落，散居州縣，敎之耕織，可以化爲農民。」顏師古請「寘之河北，（河北謂黃河之北，指今內蒙古河套及包頭市以北地，即陰山一帶。）分立酋長，領其部落。」李百藥以爲：「突厥雖云一國，然種類區分，各有酋帥。宜因其離散，各署君長，使不相臣屬，則國分勢敵，不能抗衡中國矣！仍於定襄置都護府，（漢宣帝時始置西域都護，護西域諸國。隋初亦於定襄郡置都護府。）爲其節度，此安邊之長策也。」溫彥博請「準漢建武故事，（漢光武帝建武二十四年匈奴願永爲藩蔽，扞衛邊疆，光武分匈奴爲南、北匈奴。）置於塞下，順其土俗，以實空虛之地，使爲中國扞蔽。」魏徵以爲：「戎狄，弱則請服，彊則叛亂，若留之中國，數年之後，蕃滋倍多，必爲腹心之疾。西晉之亂，（謂晉武帝卒，諸王相攻殺，匈奴、羯、鮮卑、氐、羌乘機分據中原。）前事之明鑑也！宜縱之使還故土便。」彥博曰：「王者之於萬物，天覆地載，靡有所遺。今突厥以窮來歸，奈何棄之！若救其死亡，授以生業，數年之後，悉爲吾民。選其酋長，使入宿衛，畏威懷德，何後患之有！」上卒用彥博策，處突厥降衆，東自幽州，（治薊縣，即今河北薊縣。）西至靈州；（治迴樂縣，在今寧夏回族自治區靈武縣西南。）分突利故地爲四州；又分頡利之地爲六州；左置定襄、右置雲中二都督府以統其衆。（定襄都督府治寧朔縣，在今陝西榆林縣西。雲中都督府時亦僑治寧朔。）以突利爲順州都督。（順州僑治營州南之五柳戍，在今遼寧朝陽縣南。）初，頡利族人思摩，無寵於頡利。頡利之亡，親近者皆離散，獨思摩不去，竟與俱擒。上以頡利爲右衛大將軍，蘇尼失、思摩皆封郡王，其餘拜官有差，五品以上百餘人，因而入居長安者近萬家。

綱　林邑遣使入貢。（林邑國治占城，在今越南民主共和國南部。）

目 林邑獻火珠，有司以其表辭不順，請討之，上曰：「好戰者亡，如煬帝、頡利皆所親見也。小國勝之不武，況未可必乎！」

張玄素諫脩洛陽宮

綱 六月，脩洛陽宮。

目 給事中張玄素上書曰：「洛陽未有巡幸之期而預脩宮室，非今日之急務也。且陛下初平洛陽，凡隋氏宮室之宏侈者皆令毀之，曾未十年，復加營繕，何前日惡之而今日效之也！且以今日財力，何如隋世？陛下役瘡痍之人，夷，傷也。襲亡隋之弊，恐又甚於煬帝矣！」上歎曰：「吾思之不熟，乃至於是！」顧謂房玄齡曰：「玄素所言有理，可卽罷之。後以事至洛陽，雖露居亦無傷也。」

敕百司詔敕未便者皆執奏

綱 秋七月，敕百司：「詔敕未便者皆執奏。」

目 上問房玄齡、蕭瑀曰：「隋文帝何如主也？」對曰：「文帝勤於爲治，臨朝或至日昃，五品以上，引坐論事，衞士傳餐而食；未暇大食也。雖性非仁厚，亦勵精之主也。」上曰：「公得其一，未知其二。文帝不明而喜察；不明則照有不通，喜察則多疑於物，事皆自決，不任羣臣。一日萬機，豈能一一中理！羣臣既知主意，則惟取決受成，雖有愆違，莫敢諫諍，此所以二世而亡也。朕則不然。擇天下賢才，置之百官，使思天下之事，關由宰相，審熟便安，然後奏聞。有功則賞，有罪則刑，誰敢不竭心力以脩職業，何憂天下之不治乎！」因敕有司：「自今詔敕未便者，皆應執奏，毋得阿從，阿曲、順從。不盡己意。」

懷遠必先安近

【綱】以李綱爲太子少師，蕭瑀爲太子少傅。

【綱】以李大亮爲西北道安撫大使。（西北道，在今新疆伊吾縣沙漠之西。）

【目】西突厥種落散在伊吾，（卽漢伊吾盧，後置伊州伊吾縣，卽今新疆伊吾縣。）詔以李大亮爲安撫大使，貯糧磧口，磧音迹。沙漠曰磧。以賑之。大亮言：「欲懷遠者必先安近，中國如本根，四夷如枝葉，疲中國以奉四夷，猶拔本根以益枝葉也。今招致西突厥，但有勞費，未見有益。況河西州縣蕭條，（河西，謂今陝西、甘肅及內蒙古巴彥淖爾盟等地。）不堪供億，不如罷之。其或自立君長，求內屬者羈縻受之，羈縻，猶言維繫也。使居塞外，爲中國藩蔽，此乃施虛惠而收實利也。」上從之。

李靖相

【綱】以李靖爲右僕射。

【目】靖性沉厚，每與時宰參議，恂恂似不能言。

除鞭背刑

【綱】冬十一月，除鞭背刑。

【目】上讀明堂鍼灸書，云「人五臟之系，皆附於背」，故有是命。

大有年

【綱】大有年。

魏徵封德彝論教化

【目】上之初卽位也，嘗與羣臣語及教化，上曰：「今承大亂之後，恐斯民未易化也。」魏徵對曰：「不然。久安之民驕佚，驕佚則難教；經亂之民愁苦，愁苦則易化。譬猶飢者易爲食，渴者易爲飲也。」上深然之。封德彝曰：「三代以還，人漸澆訛，澆音驕。故秦任法律，漢雜霸道，蓋欲化而不能，豈能之而不欲邪！魏徵書生，未識時務，信其虚論，必敗國家。」徵曰：「五帝、三王不易民而化，湯、武皆承大亂之後，身致太平；若謂古人淳樸，漸致澆訛，則至於今日，當悉化爲鬼魅矣，人主安得而治之！」上卒從徵言。

元年，關中饑，米斗直絹一匹；斗同斗。二年，天下蝗；三年，大水。上勤而撫之，民雖東西就食，未嘗嗟怨。是歲，天下大稔，稔音飪。穀熟曰稔。流散者咸歸鄉里，米斗不過三、四錢，終歲斷死刑纔二十九人。東至於海，南及五嶺，裴淵廣州記：「大庾、始安、臨賀、桂陽、揭陽，是爲五嶺。」皆外戶不閉，行旅不齎糧，取給於道路焉。

帝謂長孫無忌曰：「貞觀之初，議者皆云：『人主當獨運威權，不可委之臣下。』又云：『宜震耀威武，征討四夷。』惟魏徵勸朕『偃武脩文，中國既安，四夷自服。』朕用其言，今頡利成擒，其酋長並帶刀宿衞，皆襲衣冠，徵之力也，但恨不使封德彝見之耳！」徵再拜謝曰：「此皆陛下威德，臣何力之有焉！」帝曰：「朕能任公，公能稱朕所任，則其功豈獨在朕乎！」

上謂侍臣曰：「朕有二喜一懼：比年豐稔，斗粟三錢，一喜也；北虜久服，邊鄙無虞，二喜也；治安則驕侈易生，驕侈則危亡立至，此一懼也。」

房玄齡奏：「閱府庫甲兵，遠勝隋世。」上曰：「甲兵武備，誠不可闕；然煬帝甲兵豈不足邪！卒亡天下。若公等盡力，使百姓乂安，此乃朕之甲兵也。」

綱　辛卯，五年，(六三一)秋八月，殺大理丞張蘊古。

二喜一懼

殺張蘊古

目　河內人李好德有心疾，（河內縣，即今河南沁陽縣。）爲妖言，大理丞張蘊古按之。奏：「好德實被疾，不當坐。」治書侍御史權萬紀劾奏：「蘊古相州人，（相州治安陽縣，即今河南安陽市。）而好德兄厚德爲其刺史，故蘊古阿意縱之。」上怒，斬之。既而悔之，因詔：「自今有死罪，雖令即決，仍三復奏乃行刑。」

戴冑諫脩洛陽宮

綱　九月，脩洛陽宮。

目　上欲脩洛陽宮，民部尚書戴冑表諫，以「亂離甫爾，百姓彫弊，營造不已，勞費難堪！」上甚嘉之。既而竟命將作大匠竇璡脩之。璡鑿池築山，雕飾華靡；上怒，遽命毁之，免璡官。

詔議封建

綱　冬十月，詔議封建。封國建諸侯。

目　初，上問公卿以享國久長之策，蕭瑀對曰：「三代封建而長久，秦孤立而速亡。」上以爲然，令羣臣議之。魏徵以爲：「京畿稅少，多資畿外，若盡以封建，經費頓闕。又燕、秦、趙、代俱帶外夷，若有警急，追兵內地，難以奔赴。」李百藥以爲：「勳戚子孫皆有民社，易世之後，將驕淫自恣，攻戰相殘，害民尤深，不若守令之迭居也。」顏師古以爲：「不若分王宗子，勿令過大，閒以州縣，雜錯而居，互相維持，足扶京室；爲置官僚，皆省司選用，法令之外，不得擅作威刑，朝貢禮儀，具爲條式。一定此制，萬代無虞。」於是詔：「宗室勳賢，宜令作鎭藩部，貽厥子孫，所司明爲條例，定等級以聞。」

決死刑者皆覆奏

康國求內附不受

治國如治病

綱 十二月，制自今決死刑者皆覆奏；決日，徹樂減膳。徹，除去也。

目 上謂侍臣曰：「朕以死刑至重，故令三覆，蓋欲思之詳熟也。而有司須臾之閒，三覆已訖。又斷獄者，惟據律文，雖情在可矜，而不敢違法，其閒豈能盡無冤乎！古者刑人，君爲之徹樂減膳。朕庭無常設之樂，然常爲之不啖酒肉，但未有著令耳。」著令，著在法令中。於是制：「決死囚者，二日中五覆奏，下諸州者三覆奏；行刑之日，尚食勿進酒肉，尚食，官名，掌天子之物曰尚。內教坊及太常不舉樂。皆令門下覆視。有據法當死而情可矜者，錄狀以聞。」由是全活甚衆。

上嘗謂執政曰：「朕常恐因喜怒妄行賞罰，故欲公等極諫。公等亦宜受人諫，不可以己之所欲，惡人違之。苟自不能受諫，安能諫人。」

綱 康國求內附。康國，一曰薩末鞬，元魏時號悉方斤，在那密水南，爲突厥所破，稍南依葱嶺，其君長姓溫名屈木支。（康國即漢康居，與大月氏同族，在今新疆北部及蘇聯阿拉木圖等地。）

目 康國求內附。上曰：「前代帝王，好招來絕域，以求服遠之名，無益於用而糜弊百姓。今康國內附，儻有急難，於義不得不救。師行萬里，豈不疲勞！勞百姓以取虛名，朕不爲也。」遂不受。

上謂侍臣曰：「治國如治病，病雖愈，尤宜將護，儻遽自放縱，病復作，則不可救矣。今中國幸安，四夷俱服，誠自古所稀，然朕日愼一日，惟懼不終，故欲數聞卿輩諫爭也。」魏徵

居安思危

曰：「內外治安，臣不以爲喜，惟喜陛下居安思危耳。」

【綱】壬辰，六年，（六三二）春正月朔，日食。

【綱】羣臣請封禪，不許。

羣臣請封禪

【目】初，羣臣表請，上曰：「卿等皆以封禪爲帝王盛事，朕意不然。若天下乂安，家給人足，雖不封禪，庸何傷乎！昔秦始皇封禪，而漢文帝不封禪，後世豈以文帝不及始皇邪！且事天掃地而祭，何必登泰山之巔，封數尺之土，然後可以展其誠敬乎！」羣臣請不已，上亦欲從之，魏徵獨以爲不可。上曰：「公不欲朕封禪者，以功未高邪？德未厚邪？中國未安邪？四夷未服邪？年穀未豐邪？符瑞未至邪？」對曰：「今雖有此六者，然戶口未復，倉廩尚虛，車駕東巡，供頓勞費。又伊、洛以東，（伊、洛，二水名。伊水出今河南盧氏縣東南，流至偃師縣入洛水。洛水卽洛河，出今陝西雒南縣西北，東南流，又東北流至河南偃師縣納伊水，至鞏縣入河。）灌莽極目，木叢生曰灌，草深平曰莽。而遠夷君長皆當扈從；扈從，隨侍也。此乃引戎狄入腹中，而示之以虛弱也。況賞賚不貲，貲音咨，厚也。未厭遠人之望；厭，足也。給復連年，復，除也，謂復除其賦役。不償百姓之勞；崇虛名而受實害，陛下將焉用之！」會河南、北數州大水，事遂寢。明年羣臣復以爲請，上喻以舊有氣疾，恐登高增劇，乃止。

【綱】三月，如九成宮。（在今陝西鳳翔縣東北。）

馬周諫避暑九成宮

【目】上幸九成宮避暑，監察御史馬周上疏曰：「大安宮在城西，制度卑小，而車駕獨爲

魏徵諫資送長樂公主

會須殺此田舍翁

宴近臣於丹霄殿

避暑之行；是太上皇留暑中，而陛下居涼處也，溫凊之禮，（凊，寒也。曲禮：「凡爲人子之禮，冬溫而夏凊，昏定而晨省。」言溫以禦其寒，凊以致其涼，定其袵席，省其安否。）臣竊有所未安焉。且太上皇春秋已高，陛下宜朝夕視膳。今九成宮去京師三百餘里，太上皇或時思念陛下，陛下何以赴之？然今行計已成，不可復止，願速示返期，以解衆惑。仍亟增脩大安，以稱中外之望。」

綱　以長樂公主嫁長孫沖。（長樂公主，太宗女。長樂，縣名，即今福建長樂縣。）

目　長樂公主將出，降敕有司資送倍於永嘉長公主。（永嘉長公主，高祖女，嫁竇奉節，又嫁賀蘭僧伽。永嘉縣，即今浙江溫州市。）魏徵諫曰：「昔漢明帝欲封皇子，曰：『我子豈得與先帝子比！』皆令半楚、淮陽。（見卷二十二漢明帝永平十五年「封皇子六人爲王」目。）今奈何資送公主反倍於長主乎！」上入告皇后。后歎曰：「妾數聞陛下稱重魏徵，不知其故，今觀其引禮義以抑人主之私情，乃知眞社稷之臣也！」

上嘗罷朝，怒曰：「會須殺此田舍翁。」后問爲誰，上曰：「魏徵每庭辱我。」后退，具朝服，曰：「妾聞主明臣直；今魏徵直，由陛下之明故也，妾敢不賀！」上乃悅。

綱　夏四月，鄒公張公謹卒。（鄒，縣名，即今山東鄒縣。）

目　公謹卒，上出次發哀。有司奏，辰日忌哭。上曰：「君臣猶父子也，情發於哀，安避辰日！」遂哭之。

綱　秋閏七月，宴近臣於丹霄殿。

魏徵嫵媚

目　上宴近臣於丹霄殿，長孫無忌曰：「王珪、魏徵，昔日仇讎，（事見卷四十二武德九年「以魏徵、王珪爲諫議大夫」目。）不謂今日得同此宴。」上曰：「徵、珪盡心所事，故我用之。然徵每諫，我不從，我與之言輒不應，何也？」魏徵對曰：「臣以事爲不可，故諫；若陛下不從而臣應之，則事遂施行，故不敢應。」上曰：「應而復諫，何傷！」對曰：「昔舜戒羣臣：『爾無面從，退有後言。』（虞書益稷篇辭。）臣心知其非而口應陛下，乃面從也，豈稷、契事舜之意邪！」上大笑曰：「人言魏徵舉止疏慢，我視之更覺嫵媚，（嫵，通作「娬」，亦媚也。）正爲此耳！」徵起，拜謝曰：「陛下開臣使言，故臣得盡其愚；若陛下拒而不受，臣何敢數犯顏色乎！」

王珪品藻諸臣

上謂王珪曰：「玄齡以下，卿宜悉加品藻，（品，等第。藻，文辭。）且自謂與數子何如？」曰：「孜孜奉國，知無不爲，臣不如玄齡。才兼文武，出將入相，臣不如李靖。敷奏詳明，出納唯允，臣不如彥博。處繁治劇，衆務畢舉，臣不如戴胄。恥君不及堯、舜，以諫諍爲己任，臣不如魏徵。至於激濁揚清，嫉惡好善，臣於數子，亦有微長。」上深以爲然，衆亦服其確論。

治天下如建屋

上指殿屋謂侍臣曰：「治天下如建此屋，營構既成，勿數改易；苟易一榱，（榱音催，椽也。）正一瓦，踐履動搖，必有所損。若慕奇變法度，不恆其德，勞擾實多。」

上曰：「人主惟有一心，而攻之者甚衆，或以勇力，或以辯口，或以諂諛，或以奸詐，或以嗜慾，輻湊攻之，各求自售，以取寵祿；人主少懈而受其一，則危亡隨之，此其所以難也！」

功成慶善樂

尉遲敬德毆任城王目幾眇

奏七德九功舞

魏徵不視七德舞

綱 九月，如慶善宮。（在今陝西武功縣南。）

目 慶善宮，上生時故宅也，因宴，賦詩，被之管絃，命曰功成慶善樂，使童子八佾爲九功之舞，取虞書「九功惟叙」之義。九功者，水、火、木、金、土、穀、正德、利用、厚生也。大宴會，與破陣舞偕奏於庭。（破陣樂，見卷四十二貞觀元年正月。）同州刺史尉遲敬德與坐者爭長，（同州治馮翊縣，即今陝西大荔縣。）毆任城王道宗目幾眇。上不懌而罷，謂敬德曰：「朕欲與卿等共保富貴，然卿居官數犯法，乃知韓、彭葅醢，（韓，韓信；彭，彭越，漢高帝殺而醢之。）非高祖之罪也。」敬德由是始懼而自戢。戢，斂也。

綱 冬，以陳叔達爲禮部尚書。

目 帝謂叔達曰：「卿武德中有讜言，（武德，高祖年號。讜言，直言、善言也。武德九年叔達說高祖委秦王國務。）故相報。」對曰：「臣見隋室父子相殘以亡，當日之言，非爲陛下，乃社稷之計耳！」

綱 癸巳，七年，（六三三）春正月，宴玄武門，奏七德、九功舞。

目 更名破陳樂曰七德舞。取左傳宣十二年「武有七德」之義。七德者，禁暴、戢兵、保大、定功、安民、和衆、豐財也。太常卿蕭瑀以爲：「形容未盡，請幷寫武周、仁杲、建德、世充擒獲之狀。」謂劉武周、薛仁杲、竇建德、王世充等。上曰：「彼皆一時英雄，朝臣或嘗北面事之，覩其故主屈辱之狀，能不傷乎！」瑀謝不及。魏徵欲上偃武脩文，每侍宴，見七德舞，輒俛首不視，俛同俯。見九功舞則諦觀之。諦，審也。

綱 王珪罷，以魏徵爲侍中。

目 上與侍臣論安危之本。溫彥博曰：「願陛下常如貞觀初，則善矣。」帝曰：「朕比來怠於爲政乎？」魏徵曰：「貞觀之初，陛下節儉，求諫不倦。比來營繕微多，諫者頗有忤旨，此其所以異耳！」帝欣然納之。

上問魏徵曰：「羣臣上書可采，及召對，多失次，何也？」對曰：「臣觀有司奏事，常數日思之，及至上前，三分不能道一，況諫者拂意觸忌，非陛下借之辭色，豈敢盡其情哉！」上由是接羣臣，辭色愈溫。嘗曰：「煬帝多猜忌，對羣臣多不語；朕則不然，君臣相親如一體耳。」

上謂侍臣曰：「朕比來決事，或不能皆如律令，公輩以爲事小，不復執奏。夫事無不由小以致大，此乃危亡之端也。昔龍逄忠諫而死，朕每痛之。煬帝驕暴而亡，公輩所親見也。公輩常宜爲朕思煬帝之亡，朕常爲公輩念龍逄之死，何患君臣不相保乎！」

上謂魏徵曰：「爲官擇人，不可造次。用一君子，則君子皆至；用一小人，則小人競進。」對曰：「然。天下未定，則專取其才，不考其行；喪亂既平，則非才行兼備不可用也。」

綱 造渾天儀。

目 直太史李淳風以靈臺候儀，制度疎略，但有赤道，靈臺，所以候日景，占星象，望雲物。候儀，作儀以推候天地也。僧一行曰：「靈臺鐵儀，後魏斛蘭所作，規制朴略，度刻不均，赤道不動，乃如膠柱，以考月行遲速多差。」更請造渾天黃道儀。以玉衡璿璣表裏三重：其在外者曰六合儀，次其內曰三辰儀，其最在內者曰四遊儀。四

縱囚如期自詣朝堂

賜孔穎達等金帛

遊者，以其東西南北，無不周徧也。（玉衡璿璣，見卷一帝舜元年「在璿璣玉衡」注。）至是奏之。

綱　秋九月，山東四十餘州水，遣使賑之。

綱　赦死囚三百九十人。

目　先是上親錄繫囚，見應死者，憫之，縱使歸家，期以來秋來就死。仍敕天下死囚皆縱遣，使至期來詣京師。至是，皆如期自詣朝堂，上皆赦之。

綱　冬十一月，以長孫無忌爲司空。

目　無忌固辭，上曰：「吾爲官擇人，惟才是與。苟不才，雖親不用；如有才，雖讎不棄。今日之舉，非私親也。」

綱　十二月，帝奉太上皇置酒未央宮。（在今陝西西安市西北。）

目　上從上皇宴故漢未央宮。上皇命頡利可汗起舞，馮智戴詠詩，既而笑曰：「胡、越一家，（胡謂頡利可汗，越謂嶺南酋長馮智戴。）古未有也。」帝捧觴上壽，上酒曰稱壽。曰：「此皆陛下教誨，非臣智力所及。」上皇大悅。

綱　賜太子庶子于志寧、孔穎達等金帛。

目　帝謂志寧曰：「朕年十八，猶在民閒，民之疾苦情僞，無不知之。及區處世務，猶有差失。況太子生長深宮，百姓艱難，耳目所未涉，能無驕逸乎！卿等不可不極諫！」太子好嬉戲，頗虧禮法，志寧與穎達數直諫，上聞而嘉之，各賜金一斤，帛五百匹。

綱　削工部尚書段綸階。

目　綸奏徵巧匠，上令試之。綸使造傀儡。傀儡，木偶人也。列子周穆王時，巧人有偃師者爲木人，能歌舞，此蓋傀儡之始。上曰：「求巧工以供國事。今先造戲具，豈百工相戒毋作淫巧之意邪！」乃削綸階。階，品級也。

傀儡

綱　甲午，八年，(六三四)春正月，以李靖等爲黜陟大使，分行天下。

李靖等爲黜陟大使

目　上欲分遣大臣循行黜陟，未得其人；李靖薦魏徵。上曰：「徵箴規朕失，不可一日離左右。」乃命靖等十三人分行天下，「察長吏賢不肖，問民閒疾苦；禮高年，賑窮乏，褒善良，起淹滯，俾使者所至，如朕親覩。」

綱　秋七月，山東、河南大水。

綱　冬十月，營大明宮。(在今陝西西安市東北。)

目　營大明宮以爲上皇清暑之所，未成而上皇寢疾，不果居。

綱　以李靖爲特進。(特進，見卷十七漢成帝陽朔三年「詔王譚位特進」注。)

目　靖以疾遜位，上曰：「朕嘉公意，欲以公爲一代楷模，楷模，法則也。故不相違。」及拜特進，俟疾小瘳，閒三二日至門下、中書平章政事。平章政事之名始此。書堯典：「平章百姓。」平，均也。章，明也。謂均智愚而昭示之也。

綱　吐蕃遣使入貢。此吐蕃通中國之始。(吐蕃國約當今西藏地。)

吐蕃入貢

魏徵諫聘鄭氏

綱　聘鄭氏爲充華，充華，婦官，九嬪之一。既而罷之。

目　帝聘鄭仁基女爲充華，册使將發，魏徵聞其嘗許嫁士人陸爽，遽上表諫。帝大驚，自責，命停册使。房玄齡等奏許嫁無顯狀，爽亦表言初無此議。帝謂徵曰：「羣臣或容希合，爽亦自陳，何也？」對曰：「彼以陛下爲外雖捨之，或陰加罪譴，故爾。」帝笑曰：「朕之言不能使人必信如此邪！」

以皇甫德參爲監察御史

綱　以皇甫德參爲監察御史。

目　中牟丞皇甫德參上言：（中牟縣，在今河南中牟縣東。）「脩洛陽宮，勞人；收地租，厚斂；俗好高髻，蓋宮中所化。」上怒，謂房玄齡等曰：「德參欲國家不役一人，不收斗租，宮人皆無髮，乃可其意邪！」欲罪之。魏徵曰：「言不激切，不能動人主之心，陛下擇焉可也。」上曰：「朕罪此人，則誰復敢言者！」乃賜絹二十匹。他日徵奏言：「陛下近日不好直言，雖勉強含容，非曩時之豁如。」上乃更加優賜，拜監察御史。

太上皇崩

綱　乙未，九年，（六三五）夏五月，太上皇崩。冬十月，葬獻陵。（在今陜西三原縣東。）

太宗賜蕭瑀詩

綱　十一月，以蕭瑀爲特進，參預政事。

目　上曰：「武德季年，高祖有廢立之心而未定，我不爲兄弟所容，實有功高不賞之懼。斯人也，不可以利誘，不可以死脅，眞社稷臣也！」因賜瑀詩曰：「疾風知勁草，勁草不隨疾風而靡。板蕩識誠臣。」誠臣不以板蕩而變。詩大雅板之篇曰「上帝板板」，蕩之篇曰「上帝蕩蕩」，皆刺厲王之詩也。板板，反也；蕩蕩，法度廢壞貌。

綱　丙申，十年，(六三六)春二月，以荆王元景等爲諸州都督。(荆卽荆州，治江陵，卽今湖北江陵縣。)

以諸王爲都督就國

目　諸王之藩，上與之别曰：「兄弟之情，豈不欲常共處邪！但以天下之重，不得不爾。諸子尚可復有，兄弟不可復得。」因流涕嗚咽不能止。

魏王泰

魏王泰爲相州都督，不之官。上以泰好文學，特命於其府别置文學館，聽自引召學士。泰有寵於上，或言諸大臣多輕之。上怒，召諸大臣讓之曰：「隋文帝時，大臣皆爲諸王所頓躓，頓躓，困厄也。我若縱之，豈不能折辱公輩邪！」房玄齡等皆謝。魏徵正色曰：「若紀綱大壞，固所不論；聖明在上，魏王必無頓辱羣臣之理。隋文帝驕其諸子，卒皆夷滅，又足法乎！」上悦曰：「朕以私愛忘公義，及聞公言，方知理屈。人主發言何得容易乎！」

王珪嘗奏：「三品以上道遇親王降乘，降乘，下車也。非禮。」上曰：「卿輩輕我子邪！」魏徵曰：「諸王位次三公，今三品皆九卿、八座，九卿，唐志太常、光祿、衞尉、宗正、太僕、大理、鴻臚、司農、大府，凡九寺，各卿一人。八座，六部尚書、左右僕射。爲王降乘，誠非所宜。」上曰：「人命難期，萬一太子不幸，安知諸王不爲公輩之主乎？」對曰：「自周以來，皆子孫相繼；不立兄弟，所以絶庶孽之窺窬，塞禍亂之源本，此爲國者所深戒也！」上乃從珪奏。

長孫后崩

綱　夏六月，皇后長孫氏崩。

目　后性仁孝儉素，好讀書，常與上從容商略古事，因而獻替，裨益弘多。撫視庶孽，逾於所生。妃嬪以下，無不愛戴。訓諸子，常以謙儉爲先，太子乳母以東宮器用少，請奏益之。后不許，曰：「太子患德不立，名不揚，何患無器用邪！」后得疾，太子請奏赦罪人，度人入道。后曰：「死生有命，非智力所移。赦者國之大事，不可數下。道、釋異端之教，蠹國病民，皆上素所不爲，奈何以吾一婦人使上爲所不爲乎！」

及疾篤，與上訣，時房玄齡以譴歸第，后曰：「玄齡事陛下久，小心愼密，苟無大故，不可棄也。妾之本宗，因緣葭莩以致祿位，葭莩，音嘉孚。漢書中山王傳：「葭莩之親。」葭，蘆也；莩，其筩中白皮至薄者，言其輕薄而附著也。既非德舉，易致顛危，欲保全之，愼勿處之權要。妾生無益於人，願勿以丘壠勞費天下，但因山爲墳，器用瓦木可也。更願陛下親君子，遠小人，納忠諫，屏讒慝，省作役，止遊畋，則妾死不恨矣！」后嘗采自古婦人得失事爲女則三十卷。至是，宮司奏之，上覽之悲慟，以示近臣曰：「皇后此書，足以垂範百世。朕非不知天命而爲無益之悲，但入宮不復聞規諫之言，失一良佐，故不能忘懷耳！」乃召玄齡使復其位。

綱　秋，禁上書告訐者。

目　上謂羣臣曰：「朕開直言之路，以利國也，而比來上封事者多訐人細事，密奏皁囊封版，故曰封事。自今復有爲是者，朕當以讒人罪之。」

綱　冬十一月，葬文德皇后。

魏徵獻陵對

目　帝爲文刻石，稱皇后節儉，遺言薄葬，不藏金玉，當使子孫奉以爲法。帝念后不已，於苑中作層觀以望昭陵。層，重屋也，登之則可遠觀，故曰觀。昭陵，長孫皇后墓。（在今陝西乾縣東。）嘗引魏徵同登，使視之。徵熟視之曰：「臣昏眊不能見。」（眊音冒，猶言眼花。）上指示之，徵曰：「臣以爲陛下望獻陵，（高祖陵。）若昭陵，則臣固見之矣。」上泣，爲毁觀。

朱俱波甘棠入貢

綱　十二月，朱俱波、甘棠遣使入貢。朱俱波，西域國名，一作朱俱槃，一作朱駒半，一作朱駒波，漢時號子合國。甘棠，西域國名。（朱俱波國，在今新疆英吉沙縣地，漢時屬疏勒。甘棠國，在今青海西寧市東。）

目　朱俱波在葱嶺之北，（葱嶺，在今新疆疏勒、英吉沙等縣西，天山及崑崙皆發源於此。）去瓜州三千八百里。（瓜州治敦煌，即今甘肅敦煌縣。）甘棠在大海南。上曰：「中國既安，四夷自服，然朕不能無懼。昔秦始皇威振胡、越，二世而亡，惟諸公匡其不逮耳。」

太宗責權萬紀

綱　黜治書侍御史權萬紀。

目　萬紀上言：「宣、饒銀大發，（宣州治宣城縣，即今安徽宣城縣。饒州治鄱陽縣，即今江西鄱陽縣。）采之歲可得數百萬緡。」緡音民，錢貫也。上曰：「朕貴爲天子，所乏者非財也，但恨無嘉言可以利民耳。與其得數百萬緡，何如得一賢才！卿未嘗進一賢才，而專言銀利。昔堯、舜抵璧於山，抵，擲也。投珠於谷；漢之桓、靈乃聚錢爲私藏。卿欲以桓、靈俟我邪！」是日，黜萬紀，使還家。

綱　更命統軍、别將爲折衝、果毅都尉。改號統軍爲折衝都尉，别將爲果毅都尉，諸府則總號折衝府。

折衝者，所以折兵衝也。左傳曰：「殺敵爲果，致果爲毅。」

六率。

目 凡十道，置府六百三十四，而關內二百六十一，（關內，關內道。）皆隸諸衛，及東宮、六率。率同帥。六率，左右羽林、左右龍武、左右神武。凡上府兵千二百人，中府千人，下府八百人。三百人爲團，團有校尉；五十人爲隊，隊有正；十人爲火，火有長。每人兵甲糧裝各有數，輸之庫，征行給之。二十爲兵，六十而免。能騎射者爲越騎，其餘爲步兵。每歲季冬，折衝都尉帥以教戰，當給馬者官予直。官與價直，令自買馬。當宿衛者番上，更番宿衛。兵部以遠近給番，隨遠近以定番上之制。遠疎、近數，皆一月而更。府兵之制，無事則耕於野，有事則命將以出師；還則兵散於府，將歸於衛。國無養兵之費，臣無專兵之患。故謂三代而下，兵制之善，惟唐之府兵耳，猶得寓兵於農之意。

綱鑑易知錄卷四四

唐紀

太宗文武皇帝

綱　丁酉，十一年，(六三七)春正月，作飛山宮。

綱　定律令。

目　房玄齡等先受詔定律令，凡定律五百條，立刑名二十等，比隋律減大辟九十二條，減流入徒者七十一條；凡削煩去蠹，變重爲輕者，不可勝紀。又定令一千五百九十餘條。舊制釋奠於太學，(釋奠，見卷四十二武德七年「釋奠于先聖、先師」注。)以周公爲先聖，孔子配饗；玄齡等以孔子爲先聖，顏回配饗。

定律令

以孔子爲先聖顏回配饗

自張蘊古之死，(見卷四十三貞觀五年「殺大理丞張蘊古」目。)法官以出罪爲戒；時有失入者，又不加罪。上嘗問大理卿劉德威曰：「近日刑網稍密，何也？」對曰：「此在主上，不在羣臣。律文，失入減三等，失出減五等。今乃失入無辜，失出獲罪，是以吏各自免，競就深文，陛下儻一斷以律，則此風立變矣。」上悅，從之。由是斷獄平允。上又嘗曰：「法令不可數變，數變則煩，官長不能盡記，吏得爲奸。自今變法，宜詳慎之。」

以王珪爲魏王泰師

公主下嫁行婦禮

綱 二月，幸洛陽宮。

目 上至顯仁宮，官吏以闕儲偫，偫音雉，具也。被譴。魏徵諫曰：「陛下以儲偫譴官吏，臣恐承風相扇，異日民不聊生，殆非行幸之本意也。昔煬帝諷郡縣獻食，視其豐儉以爲賞罰，故海內叛之。此陛下所親見，奈何欲效之乎！」上驚曰：「非公不聞此言。」因謂長孫無忌等曰：「朕昔過此，買飯而食，僦舍而宿；僦，賃也。今供頓如此，豈得猶嫌不足乎！」至洛陽宮西苑，（在洛陽市北邙山南，隋煬帝作。）泛積翠池，顧謂侍臣曰：「煬帝作此宮苑，結怨於民，今悉爲我有，正由宇文述、虞世基之徒內爲諂諛，外蔽聰明故也，可不戒哉！」

綱 三月，以王珪爲魏王泰師。

目 上謂泰曰：「汝事珪，當如事我。」泰見珪，輒先拜，珪亦以師道自居。

綱 以南平公主嫁王敬直。（南平公主，太宗女。南平，縣名，即今湖南藍山縣。）

目 敬直，珪之子也。先是，公主下嫁，皆不以婦禮事舅姑，珪曰：「主上欽明，動循禮法，吾受公主謁見，豈爲身榮，所以成國家之美耳。」乃與其妻就席坐，令公主執笲，笲音煩。行盥饋之禮。

禮士昏禮，婦執笲、棗、栗、腶脩以見。笲，器名，以葦若竹爲之，似筥，以盛棗、栗、腶脩之具。腶音鍛。脩，脯也，加薑桂曰腶脩。禮，婦見舅姑，以棗、栗、腶脩爲贄。棗取其早自矜莊，栗取其敬栗，腶脩取其斷斷自脩飭也。文公家禮云：「婦至於家，明日夙興，見于舅姑。若冢婦，則饋于舅姑。是日食時，婦家則盛饌酒壺，婦從者設蔬果卓子于堂上，舅姑坐前，設盥盆于阼階東南；帨架在東，舅姑就坐，婦盥升自西階，洗盞斟酒，置舅卓子上，降拜，俟舅飲畢，又拜；遂獻姑進酒，姑受飲畢，降拜，遂執饌升薦于舅姑前，侍立姑後，以俟卒食撤飯。侍者撤餘饌，分置別室，婦就餕姑之餘，婦從者餕舅之餘，壻從者又餕婦之餘。此盥饋禮也。」是後公主始行婦禮。

詔議封禪禮

【綱】詔議封禪禮。

【目】祕書監顏師古等議其禮，房玄齡裁定之。

馬周論時政

【綱】秋七月，穀、洛溢，（穀水出今河南陝縣東，至洛陽市西南入洛水。洛水在今洛陽市南。）詔百官極言過失。

【目】大雨，穀、洛溢，入洛陽宮，壞官寺、民居，溺死者六千餘人。詔：「水所毀宮，少加脩繕，纔令可居。廢明德宮玄圃院，以其材給遭水者。令百官上封事，極言朕過。」

侍御史馬周上疏，以爲：「三代及漢，歷年多者八百，少者不減四百，良以恩結人心，人不能忘故也。自是以降，多者六十年，少者纔二十餘年，皆無恩於人，本根不固故也。今之戶口不及隋之什一，而給役者兄去弟還，道路相繼；營繕不休，器服華侈。陛下少居民閒，知民疾苦，尚復如此，況皇太子生長深宮，不更外事，萬歲之後，固聖慮所當憂也。臣觀自古百姓愁怨，國未有不亡者。人主當脩之於可脩之時，不可悔之於既失之後。貞觀之初，天下饑歉，斗米直匹絹，而百姓不怨者，知陛下憂念不忘故也。今比年豐穰，匹絹得粟十餘斛，而百姓怨咨者，知陛下不復念之，多營不急之務故也。自古以來，國之興亡，不以蓄積多少，在於百姓苦樂。且以近事驗之，隋貯洛口倉而李密因之，（洛口倉，在今河南鞏縣東南，隋煬帝築以藏穀。）東都積布帛而世充資之，（王世充。）西京府庫亦爲國家之用，（隋煬帝以洛陽爲東都，長安爲西京。）至今未盡。夫蓄積固不可無，要當人有餘力，然後收之，不可彊斂以資寇敵也。夫儉以息人，貞觀之初，陛下所親行也，豈今日而難之乎！欲爲長久之計，但如貞觀之初，則天下幸甚。又陛下寵遇諸王過厚，亦不可不深思也。魏武帝愛陳思王，（魏武帝，曹操。陳思王，操第三子植。）及文帝卽位，（文帝，曹丕。）遂遭囚禁，然則武帝愛之，適所以苦之也。又，百姓所以治安，惟在刺史、縣令，今重內官而輕州縣，刺史多用武臣，或京官不稱職始補外任，邊遠之處，用人更輕。所以百姓未安，殆由於此。」疏奏，上稱善久之，謂侍臣曰：「刺史朕當自選，縣令宜詔京官五品以上各舉一人。」

魏徵十思疏

魏徵上疏曰：「人主善始者多，克終者寡，豈取之易而守之難乎？蓋以殷憂則竭誠以盡下，安逸則驕恣而輕物；盡下則胡、越同心，輕物則六親離德，雖震之以威怒，亦皆貌從而心不服故也。人主誠能見可欲則思知足，將興繕則思知止，處高危則思謙降，臨滿盈則思抑損，遇逸樂則思撙節，在宴安則思後患，防壅蔽則思延納，疾讒邪則思正己，行爵賞則思因喜而僭，施刑罰則思因怒而濫，兼是十思，而選賢任能，則可以無爲而治矣！」

鑒形莫如止水

又曰：「陛下欲善之志不及於昔時，聞過必改少虧於曩日，譴罰積多，威怒微厲，乃知貴不期驕，富不期侈，非虛言也。在昔隋之未亂也，自謂必無亂，其未亡也，自謂必無亡，故賦役無窮，征伐不息，以致禍將及身而尚未之寤也。夫鑒形莫如止水，鑒敗莫如亡國。伏願取鑒於隋，去奢從約，親忠遠佞，以今之無事，行昔之恭儉，則盡善盡美矣。夫取之實難，守之甚易，陛下能得其所難，豈不能保其所易乎！」

又曰：「今立政致治，必委之君子；事有得失，或訪之小人。其待君子也敬而疏，遇小人也輕而狎。狎則言無不盡，疏則情不上通。夫中智之人，豈無小慧，然才非經國，慮不及遠，雖竭力盡誠，猶未免有敗，況內懷奸宄，其禍豈不深乎！夫雖君子不能無小過，苟不害於正道，斯可略矣。陛下誠能愼選君子，以禮信用之，何憂不治！不然，危亡之期，未可保也。」上賜手詔褒美曰：「得公之諫，朕知過矣。當置之几案以比弦、韋。」弦，弓弦。韋，熟皮。三國魏劉廙曰：「韋、弦非能言之物，而聖賢引以自匡，臣願自比於韋、弦。」韓子曰：「西門豹性急，故佩韋以自緩；董安于性緩，故佩弦以自急。」

綱　冬十月，獵洛陽苑。（卽洛陽宮西苑。）

目　上獵洛陽苑，有羣豕突出，前及馬鐙；鐙，鞍鐙也。民部尚書唐儉投馬搏之，上拔劍斬豕，顧笑曰：「天策長史，武德四年，太宗爲天策上將，儉爲長史。不見上將擊賊邪，何懼之甚！」對曰：「陛下以神武定四方，豈復逞雄心於一獸！」上悅，爲之罷獵。

綱　以武氏爲才人。才人，女官名，晉武帝采漢、魏之制，三夫人外有才人。

目　故荆州都督武士彠女，後名曌，曌同照。彠音黃，入聲。（荆州治江陵縣，卽今湖北江陵縣。）年十四，上聞其美，召入後宮。

贈隋堯君素蒲州刺史

賜房魏佩刀

綱 戊戌，十二年（六三八），春二月，贈隋堯君素蒲州刺史。（堯君素，隋河東太守，唐招之不降，死。蒲州治河東縣，在今山西芮城縣西北。）

目 詔曰：「君素，雖桀犬吠堯，有乖倒戈之志，（漢書蒯通傳「狗各吠非其主」，謂桀之犬亦不以堯爲主也。武王伐紂，紂徒倒戈，以致敗亡。）而疾風勁草，實表歲寒之心；可贈蒲州刺史。」

綱 閏月，帝還宮。

綱 宴五品以上於東宮。

目 上曰：「貞觀之前，從朕經營天下，玄齡之功也。貞觀以來，繩愆糾謬，（繩，直也。糾，正也。周書冏命篇辭。）魏徵之功也。」皆賜之佩刀。上謂徵曰：「朕政事何如往年？」對曰：「威德所加，比往年則遠矣；人心悅服則不逮也。」上曰：「何也？」對曰：「陛下往以未治爲憂，故日新；今以既治爲安，故不逮。」上曰：「今日所爲，亦何以異於往年邪？」對曰：「陛下初年，恐人不諫，常導之使言，中間悅而從之。今則勉彊從之，而猶有難色也。」上曰：「其事可得聞歟？」對曰：「陛下昔欲殺元律師，孫伏伽以爲法不當死，陛下賜以蘭陵公主園，（蘭陵公主，太宗女，嫁竇懷悊。）直百萬。或云『太厚』，陛下云『朕卽位以來，未有諫者，故賞之』，此導之使言也。司戶柳雄妄訴隋資，仕於隋朝之資級。陛下欲誅之，納戴胄之諫而止，是悅而從之也。近皇甫德參上書諫脩洛陽宮，陛下恚之，雖以臣言而罷，勉從之也。」上曰：「非公不能及此。人苦不自知耳！」

虞世南卒

【綱】夏五月，永興公虞世南卒。（永興，縣名，即今湖北陽新縣。）

虞世南獻聖德論

【目】世南外和柔而內忠直，上嘗稱世南有五絕：一德行；二忠直；三博學；四文辭；五書翰。世南嘗獻聖德論，上賜詔曰：「卿論朕太高，朕何敢當！然卿適覩其始，未覩其終，若朕能慎終如始，則此論可傳；不然，恐徒使後世笑卿也。」

【綱】冬十二月，以馬周為中書舍人。

【目】周有機辨，岑文本常稱：「馬君論事，援引事類，揚搉古今，搉音覺。揚搉，粗略而舉之也。舉要删煩，會文切理，一字不可增減，聽之靡靡，令人忘倦。」

【綱】以霍王元軌為徐州刺史。（元軌，太宗弟。霍，即今安徽霍山縣。徐州治彭城縣，即今江蘇徐州市。）

無所短何以稱其長

【目】元軌好讀書，恭謹自守，舉措不妄。與處士劉玄平為布衣交。人問玄平王所長，玄平曰：「無長。」問者怪之。玄平曰：「人有所短，乃見所長，至於霍王，無所短，何以稱其長哉！」

【綱】己亥，十三年（六三九），春正月，加房玄齡太子少師。

房玄齡自領度支

【目】房玄齡為太子少師。太子欲拜之，玄齡不敢謁見而歸，時人美其有讓。玄齡以度支繫天下利害，度支，戶部官名，掌天下租賦物產，歲計所出而支調之。嘗有闕，求其人未得，乃自領之。

上嘗問侍臣：「創業與守成孰難？」玄齡曰：「草昧之初，謂開創之始也。易屯卦彖傳：「天造草

太宗與房魏論創業守成之難

王珪卒

尉遲敬德不易妻

魏徵疏漸不克終者十條

昧。」草，雜亂。昧，晦冥也。與羣雄並起，角力而後臣之，創業難矣！」魏徵曰：「自古帝王，莫不得之於艱難，失之於安逸，守成難矣！」上曰：「玄齡與吾共取天下，出百死得一生，故知創業之難；徵與吾共安天下，常恐驕奢生於富貴，禍亂生於所忽，故知守成之難。然創業之難既已往矣，守成之難方當與諸公愼之！」玄齡等拜曰：「陛下之言及此，四海之福也。」

【綱】永寧公王珪卒。（永寧，縣名，即今河南洛寧縣。）

【目】珪性寬裕，自奉養甚薄。三品以上當立家廟，珪祭於寢，古者宗廟，前制廟，後制寢，秦始出寢起於墓側。爲法司所劾。上不問，命有司爲之立廟以愧之。

【綱】二月，以尉遲敬德爲鄜州都督。（鄜音孚。鄜州治洛交縣，在今陝西洛川縣西北。）

【目】上嘗謂敬德曰：「人或言卿反，何也？」對曰：「臣從陛下征伐四方，身經百戰，今之存者，皆鋒鏑之餘也。鏑音的，矢鏃。天下已定，乃更疑臣反乎！」因解衣投地，出其瘢痍。瘢，瘡痕。痍，傷也。上流涕而撫之。上又嘗謂敬德曰：「朕欲以女妻卿，何如？」敬德謝曰：「臣妻雖陋，相與共貧賤久矣。臣雖不學，聞古人富不易妻，此非臣所願也。」乃止。

【綱】夏五月，旱。詔五品以上言事。

【目】魏徵上疏，言：「陛下志業，比貞觀之初，漸不克終者凡十條。」其一，以爲「頃年輕用民力。乃云：『百姓無事則驕佚，勞役則易使。』自古未有因百姓逸而敗、勞而安者，此恐非興邦之言也。」上深奬歎，報云：「已列諸屛障，朝夕瞻仰，仍錄付史官。」

【綱】冬十一月，以楊師道爲中書令，劉洎爲黃門侍郎、參知政事。洎音忌。參知政事之名始此。

傅奕卒

【綱】十二月，太史令傅奕卒。

【目】傅奕精究術數之書，而終不之信，遇病，不呼醫餌藥。有僧自西域來，能呪人使立死，復呪卽生。上試之，驗，以告奕。奕曰：「此邪術也。臣聞邪不干正，請使呪臣，必不能行。」上命僧呪奕，奕初無所覺，須臾，僧忽僵仆，遂不復蘇。又有婆羅門僧，婆羅門，西域國，在天竺西。言得佛齒，所擊輒碎，長安士女輻湊如市。奕謂其子曰：「吾聞有金剛石者，性至堅，物莫能傷，惟羚羊角能破之，汝往試焉。」其子如言，叩之，應手而碎，觀者乃止。奕年八十五卒。臨終戒其子，無得學佛書。又集魏、晉以來駁佛教者爲高識傳十卷，行於世。

高識傳

【綱】以侯君集爲交河大總管，（交河城，漢車師前王庭，唐置都護府於此，在今新疆吐魯番縣西。）將兵擊高昌。西域國名，本漢時車師前王地。（漢車師前王地，晉置高昌郡，後魏時爲蠕蠕所有，立闞伯周爲高昌王，始爲國，卽今吐魯番縣地。）

【綱】庚子，十四年，（六四〇）春二月，詣國子監。

孔穎達講孝經

【目】上幸國子監，觀釋奠，（見卷四十二武德七年「釋奠于先聖、先師」注。）命祭酒孔穎達講孝經，賜諸生帛有差。是時上大徵天下名儒爲學官，數幸國子監，使之講論，學生能明一經以上皆得補官。增築學舍千二百閒，增學生滿三千二百六十員，自屯營飛騎，十二年冬置左右屯營飛騎於玄武門，以諸將軍領之。亦給博士，使授以經，有能通經者，聽得貢舉。於是四方學者雲集京師，乃至高麗、百濟、新羅、高昌、吐蕃諸酋長，（高麗，國名，見卷四十一隋煬帝大業六年「徵高麗王元入朝」注。新羅，國名，前漢時朴赫居世統一弁韓、辰韓，建新羅國，在今朝鮮慶尚地。百濟，國名，後漢扶餘王仇台後，建國於馬韓，今朝鮮忠清、全羅等地。吐蕃卽今西藏。）亦遣子弟請入國學，升講筵者至八千餘人。上以師說多門，章句繁雜，命穎達與諸儒定五經疏，謂之正義，令學者習之。

五經正義

綱 夏五月，侯君集滅高昌，以其地爲西州。（又名交河郡，治交河城，見上交河注。）

滅高昌

綱 冬十一月，詔李淳風考定戊寅曆。

綱 以太常卿韋挺爲封禪使。

以韋挺爲封禪使

目 百官復請封禪，詔許之也。

綱 十二月，以張玄素爲銀青光祿大夫。

目 上聞玄素在東宮數諫爭，擢銀青光祿大夫，行左庶子。左庶子，太子少傅屬官。玄素嘗爲刑部令史，上嘗對朝臣問之，玄素深以爲恥。諫議大夫褚遂良上疏，以爲：「君能禮其臣，乃能盡其力。玄素雖出寒微，陛下重其才，擢至三品，翼贊皇儲，嗣也，副貳也，太子副君，故謂之皇儲。豈可復對羣臣窮其門戶乎！」孫伏伽亦嘗爲令史，及貴，或於廣坐自陳往事，一無所隱。

綱 辛丑，十五年，（六四一）春正月，以文成公主嫁吐蕃。（文成公主，唐宗室女。）

以文成公主嫁吐蕃

呂才刊定陰陽雜書

綱 夏四月，命太常博士呂才刊定陰陽雜書。刊，削也。

目 上以近世陰陽雜書，訛僞尤多，命太常博士呂才刊定上之；才皆爲之敍，質以經史。其敍宅經曰：「近世巫覡妄分五姓，（能齋事神明者，男曰巫，女曰覡。）如張、王爲商，武、庚爲羽，似取諧韻；至於以柳爲宮，以趙爲角，又復不類。或同出一姓，分屬宮商；或複姓數字，莫辨徵羽。此則事不稽古，義理乖僻者也。」

敍宅經

敍祿命曰：「祿命之書，多言或中，人乃信之。然長平阬卒，未聞共犯三刑；（周赧王五十五年，秦拔趙上黨，阬趙卒四十萬人於長平。三刑，命相家術語。）南陽貴士，東漢光武家南陽，南陽帝鄉也，故多貴士。何必俱當六合！（六合亦命相家術語，如子與丑合，寅與亥合之類。）今亦有同年同祿而貴賤懸殊，共命共胎而夭壽更異，此皆祿命不驗之著明者也。」

敍祿命

其敍葬曰：「古者卜葬，蓋以朝市變遷，泉石交侵，不可前知，故謀之龜筮。近代或選年月，或相墓田，以爲窮達壽夭皆因卜葬所致。按禮：天子、諸侯、大夫葬皆有月數，是古人不擇年月也。春秋：『九月丁巳，葬定公，雨，不克葬，戊午，日下昃，乃克葬。』（春秋定公十五年。）是不擇日也。鄭葬簡公，司墓之室當路，室，掌墓之家。毀之則朝而窆，窆，音貶，去聲，下棺也。不毀則日中而窆，子產不毀，是不擇時也。古之葬者皆於國都之北，兆域有常處，兆域，塋域也。是不擇地也。今以妖巫妄言，遂於擗踊之際，拊心爲擗，跳躍爲踊。檀弓：「擗踊，哀之至也。」擇地選時以希富貴。或云辰日不可哭泣，遂莞爾而對弔客；莞爾，小笑貌。或云同屬忌於臨壙，壙音曠，墓穴也。遂吉服不送其親。傷教敗禮，莫斯爲甚！」識者以爲確論。

敍葬

刺客不殺于志寧

遣使使高麗

李世勣爲兵部尚書

綱 五月，有星孛于太微，（太微，天帝南宮。）詔罷封禪。（從褚遂良之請也。）

綱 起復于志寧爲太子詹事。

目 詹事于志寧遭母喪，起復舊職。太子治宮室，妨農功；好鄭、衛之樂，寵昵宦官；役使司馭不許分番；私引突厥入宮。志寧上書切諫；太子大怒，遣刺客張師政、紇干承基殺之。（紇干，複姓。）二人入其第，見志寧寢處苫塊，（謂居喪也。）竟不忍殺。

綱 遣職方郎中陳大德使高麗。

目 大德初入其境，欲知山川風俗，所至城邑，以綾綺遺其守者，遂得遊歷。見中國人隋末從軍沒於高麗者，因問親戚存沒，大德曰：「皆無恙。」咸涕泣相告。數日後，隋人望之而哭者，偏於郊野。大德歸言於上，上曰：「高麗本四郡地耳，（漢武帝定朝鮮爲眞番、臨屯、樂浪、玄菟四郡，晉永嘉末陷入高麗。）吾發卒數萬，取之不難。但山東州縣彫瘵未復，（彫，殘也。瘵，病也。）吾不欲勞之耳！」

綱 冬十一月，以李世勣爲兵部尚書。

目 幷州長史李世勣，（幷州治太原縣，在今山西太原市西南太原鎭東北。）在州十六年，令行禁止，民夷懷服。上曰：「隋煬帝勞百姓，築長城，（隋築長城，西踰榆林，東至紫河，見卷四十煬帝大業三年。）以備突厥，卒無所益。朕惟置李世勣於晉陽，（晉陽卽太原縣，幷州治。）而邊塵不驚，其爲『長城』，豈不壯哉！」因有是命。

魏王泰上括地志

【綱】壬寅，十六年，(六四二)春正月，魏王泰上括地志。(泰引蕭德言、顧胤、蔣亞卿等在府修撰，成括地志五百五十卷，序略五卷。)

【目】泰好學，司馬蘇勖說泰，以古之賢王皆招士著書，故泰奏請脩括地志。於是大開館舍，門庭如市。至是，上之。

【綱】夏六月，詔太子用庫物，有司勿爲限制。

【綱】秋七月，以長孫無忌爲司徒，房玄齡爲司空。

魏徵護太子

【綱】九月，以魏徵爲太子太師。

【目】初，魏徵有疾，上手詔問之，且言：「不見數日，朕過多矣。若有聞見，可封狀進來。」徵上言：「比者弟子陵師，奴婢忽主，下多輕上，漸不可長。」又言：「陛下臨朝，常以至公爲言，退而行之，未免私僻。或畏人知，橫加威怒，欲蓋彌彰，竟有何益！」徵宅無堂，上命輟小殿之材以構之，五日而成，仍賜以素屛、褥、几、杖等以遂其所尙。徵上表謝，上手詔曰：「處卿至此，蓋爲黎元與國家，何事過謝！」會上問侍臣以國家急務，褚遂良曰：「太子、諸王宜有定分，此爲最急。」時太子承乾失德，魏王泰有寵，羣臣日有疑議，故遂良對及之。上乃曰：「方今羣臣，忠直無踰魏徵，我遣傅太子，用絕天下之疑。」乃以徵爲太子太師。徵以疾辭，上曰：「知公疾病，可臥護之。」徵乃受詔。

房玄齡、高士廉遇少府少監竇德素於路，問：「北門近何營繕？」(唐分宮寺爲北司，故稱北門。)

德素奏之，上怒，讓玄齡等曰：「君但知南牙政事，(牙同衙。宰相爲南司，故稱南牙。)北門小營繕，何預君事！」玄齡等拜謝。魏徵進曰：「玄齡等爲陛下股肱耳目，於中外事豈有不應知者！使所營是則當助成之，非則當請罷之；不知何罪而責，亦何罪而謝也！」上甚愧之。

綱 西突厥寇伊州，(治伊吾縣，卽今新疆伊吾縣。)安西都護郭孝恪擊敗之。(安西都護卽上交河大總管，治交河城。)

褚遂良諫戍高昌

目 初，高昌既平，歲發兵千餘人戍守其地，褚遂良上疏曰：「陛下取高昌，調人屯戍，破產辦裝，死亡者衆。設使張掖、酒泉有烽燧之警，(邊方備寇，作高土櫓，櫓上作桔槔，桔槔頭兜零以薪草置其中；常低之，有寇卽火燃舉之以相告，曰烽。又多積薪，寇至卽燃之以望其煙，曰燧。顔師古曰：「晝則燔燧，夜則舉烽。」(張掖縣，甘州治，卽今甘肅張掖縣。酒泉縣，肅州治，卽今甘肅酒泉縣。)陛下豈得高昌一夫斗粟之用？終當發隴右諸州兵食以赴之耳。(隴右，謂隴右道六十三州。)然則河西者，(卽張掖、酒泉等地。)中國之心腹；高昌者，他人之手足；奈何糜弊本根以事無用之土乎！願擇高昌子弟，使君其國，永爲藩輔，內安外寧，不亦善乎！」上弗聽。及是，上悔之，曰：「魏徵、褚遂良勸我復立高昌，吾不用其言，今方自咎耳。」

綱 冬十月，郢公宇文士及卒。(郢卽京山縣，舊郢州治，卽今湖北京山縣。)

宇文士及佞人

目 上嘗止樹下，愛之，士及從而譽之不已。上正色曰：「魏徵常勸我遠佞人，我不知佞人是誰，意疑是汝，今果不謬！」士及叩頭謝。至是卒，謚曰縱。(賀琛謚法：「敗亂百度曰縱，怠德敗禮曰縱」。)

綱　許以新興公主嫁薛延陀。(新興公主，太宗女。新興，縣名，即今廣東新興縣。薛延陀，敕勒部酋之一。)

目　上謂侍臣曰：「薛延陀屈彊莫比，(屈彊，不柔服也。)今御之有二策：苟非發兵殄滅之，則與之婚姻以撫之耳。」房玄齡對曰：「兵凶戰危，臣以爲和親便。」先是契苾何力歸省其母於涼州，會契苾部落皆欲歸薛延陀，何力不可，部落執之以降。何力拔佩刀東向大呼曰：「豈有大唐烈士而受屈虜庭！」因割左耳以自誓。上聞契苾叛，曰：「何力心如鐵石，必不叛我。」會有使者自薛延陀來，具言其狀。上卽命兵部侍郎崔敦禮持節使薛延陀，許以新興公主妻之，以求何力，何力由是得還。

以公主嫁薛延陀

綱　癸卯，十七年，(六四三)春正月，鄭公魏徵卒。(鄭，舊鄭州，即今河南鄭州市。)

魏徵卒

目　魏徵寢疾，上與太子同至其第，指衡山公主欲以妻其子叔玉。(衡山公主，太宗女。衡山，縣名，即今湖南衡山縣。)徵薨，陪葬昭陵。(昭陵，長孫皇后墓。)上自制碑文，書石，謂侍臣曰：「人以銅爲鏡，可以正衣冠；以古爲鏡，可以見興替；以人爲鏡，可以知得失。魏徵沒，朕亡一鏡矣！」

三鏡

綱　圖功臣於淩煙閣。(淩煙閣，在今陝西西安市，唐西內太極殿東。)

圖功臣於淩煙閣

目　上命圖畫功臣長孫無忌、趙郡王孝恭、杜如晦、魏徵、房玄齡、高士廉、尉遲敬德、

立晉王治爲太子

同三品自此始

李靖、蕭瑀、段志玄、劉弘基、屈突通、殷開山、柴紹、長孫順德、張亮、侯君集、張公謹、程知節、虞世南、劉政會、唐儉、李世勣、秦叔寶等於淩煙閣。

綱 夏四月，太子承乾謀反，廢爲庶人；立晉王治爲皇太子，（晉即晉州，治臨汾縣，即今山西臨汾縣。）貶魏王泰爲東萊郡王。（東萊郡即萊州，治掖縣，即今山東掖縣。）

目 太子承乾喜聲色畋獵，所爲奢靡。魏王泰多能，有寵，潛有奪嫡之志，折節下士以求聲譽。太子畏其逼，陰養刺客紇干承基等，謀殺之。吏部尚書侯君集怨望，以太子暗劣，欲乘釁圖之，因勸之反，太子大然之。駙馬都尉杜荷謂之曰：「天文有變，當速發，但稱暴疾危篤，主上必親臨視，因茲可以得志。」會承基坐事繫獄，當死。上變，告太子謀反。敕大理、中書、門下參鞫之，鞫，推窮罪也。反形已具。上謂侍臣曰：「將何以處承乾？」羣臣莫敢對，通事舍人來濟進曰：「陛下不失爲慈父，太子得盡天年，則善矣！」上從之。詔廢承乾爲庶人，幽之。君集、荷等皆伏誅。

承乾既獲罪，魏王泰日入侍奉，上面許立爲太子，岑文本、劉洎亦勸之。長孫無忌固請立晉王治，上乃詔立晉王治爲皇太子，時年十六。謂侍臣曰：「我若立泰，則是太子之位可經營而得。自今太子失道，藩王窺伺者，皆兩棄之，傳諸子孫，永爲後法。」乃降泰爵東萊郡王，幽之北苑。

綱 以太子太保蕭瑀、詹事李世勣，同中書、門下三品。

目　詔以長孫無忌爲太子太師，房玄齡爲太傅，蕭瑀爲太保，李世勣爲詹事，瑀、世勣並同中書、門下三品。同三品自此始。又以李大亮、于志寧、馬周、蘇勖、高季輔、張行成、褚遂良皆爲僚屬。

世勣嘗得暴疾，方云「鬚灰可療」，上自剪鬚，爲之和藥。又嘗從容謂曰：「朕求羣臣可託幼孤者，無以踰公，公往不負李密，豈負朕哉！」世勣流涕辭謝，齧指出血。

剪鬚和藥

上自立太子，遇物則誨之：見其飯，則曰：「汝知稼穡之艱難，則常有斯飯矣。」見其乘馬，則曰：「汝知其勞，而不竭其力，則常得乘之矣。」見其乘舟，則曰：「水所以載舟，亦所以覆舟。民猶水也，君猶舟也。」見其息於木下，則曰：「木從繩則正，后從諫則聖。」

遇物誨太子

上疑太子柔弱，密謂長孫無忌曰：「雉奴懦，雉奴，太子治小字。恐不能守社稷；吳王恪英果類我，（太宗納隋煬帝女生恪。吳即蘇州，治吳縣，即今江蘇蘇州市。）我欲立之，何如？」無忌固爭，以爲不可。上曰：「公以恪非己之甥邪？」無忌曰：「太子仁厚，眞守文良主。儲副至重，豈可數易！」上乃止。謂恪曰：「父子雖至親，及其有罪，則法不可私。漢立昭帝，燕王不服，霍光折簡誅之，折簡，猶言半紙，言其易也。此不可以不戒！」

雉奴懦

太宗戒吳王

上謂羣臣曰：「吾如治年時，頗不能循常度。治自幼寬厚，諺曰『生狼猶恐如羊』，冀其稍壯，自不同耳。」無忌對曰：「陛下神武，乃撥亂之才；太子仁恕，實守文之德也。」

生狼猶恐如羊

綱　六月，薛延陀來納幣，詔絕其昏。

絕薛延陀昏

踣魏徵碑

玄齡等撰上實錄

綱 秋七月，貶杜正倫爲交州都督。（交州治宋平縣，在今越南民主共和國河內市。）

目 初，太子承乾失德，上密謂庶子杜正倫曰：「吾兒果不可教，當來告我。」正倫屢諫，不聽，乃以上語告之。承乾表聞，上責正倫，正倫對曰：「臣以此恐之，冀其遷善耳。」及承乾敗，正倫左遷交州。

綱 踣魏徵碑。踣同仆。

目 初，魏徵嘗薦杜正倫、侯君集有宰相才。至是，正倫以罪黜，君集謀反誅，上始疑徵阿黨。又有言徵自錄前後諫辭以示起居郎褚遂良者，上愈不悅。乃罷叔玉尚主，而踣所撰碑。

綱 房玄齡等上高祖、今上實錄。

目 上嘗謂褚遂良曰：「卿知起居注，所書可得觀乎？」對曰：「史官書人君言動，備紀善惡，庶幾人君不敢爲非！未聞自取而觀之也。」上曰：「朕有不善，卿亦記之邪？」對曰：「臣職當載筆，不敢不記！」黃門侍郎劉洎曰：「借使遂良不記，天下亦皆記之矣！」上又謂監脩國史房玄齡曰：「朕之心異於前世帝王，所以欲觀國史，蓋欲知前日之惡，爲後來之戒耳！公可撰次以聞。」諫議大夫朱子奢上言：「陛下獨覽起居，於事無失。若以此法傳示子孫，或有飾非護短，史官不免刑誅，則莫不順旨全身，千載何所信乎！」上不從。玄齡乃與給事中許敬宗等刪爲高祖、今上實錄；書成，上之。上見書六月四日事，（謂武德九年六月四日，

太宗自比周公季友

太宗爲秦王時，殺高祖太子建成。）語多微隱，謂玄齡曰：「昔周公誅管、蔡以安周，季友酖叔牙以存魯，（周成王立，周公攝政，管、蔡叛，周公誅之以安周室。魯莊公疾，用季友言，遂酖殺叔牙而立般，魯國以安。）朕之所爲，亦類是耳，史官何諱焉！」卽命直書其事。

新羅乞兵伐高麗

綱　九月，新羅乞兵伐高麗，遣使諭之。

褚遂良諫征高麗

目　新羅遣使言百濟與高麗連兵，謀絕新羅入朝之路，乞兵救援。上遣使齎璽書諭之。蓋蘇文不奉詔。蓋蘇文，高麗東部大人，或號蓋金，自云生水中以惑人，故姓泉氏，去年十一月弒其王建武，立王弟子藏爲王。使還，上曰：「蓋蘇文弒君，不可以不討。」諫議大夫褚遂良曰：「今中原清晏，四夷讋服，讋音詹，懼也。陛下之威望大矣。乃欲渡海遠征小夷，萬一蹉跌，傷威損望，更興忿兵，則安危難測也。」李世勣勸上伐之。上遂欲自征高麗，遂良復諫曰：「天下譬猶一身：兩京，隋煬帝以長安爲西京，洛陽爲東京。心腹也；州縣，四肢也；四夷，身外之物也。高麗罪大，誠當致討，但命一、二猛將將四五萬衆，取之如反掌耳。今太子新立，幼稺，諸王陛下所知，一旦棄金湯之全，韓子曰：「雖有金城湯池，非粟不守。」金言其堅，湯言其熱，喻城池之堅固也。踰遼海之險，（遼海謂今黃海及西朝鮮灣。）以天下之君，輕行遠舉，皆臣之所甚憂也。」羣臣亦多諫者，上皆不聽。

褚遂良復諫征高麗

綱　徙故太子承乾於黔州，（治彭水縣，卽今四川彭水縣。）順陽王泰於均州。（泰自東萊郡王又改封順陽王。均州舊爲順陽郡，治武當縣，在今湖北均縣北。）

綱　甲辰，十八年，（六四四）春三月，以薛萬徹爲右衛大將軍。

名將惟三人

岑文本受弔不受賀

飛白答劉洎

以褚遂良參朝政

目 上嘗謂侍臣曰：「於今名將，惟世勣、道宗、萬徹三人而已。世勣、道宗，李世勣、李道宗。世勣、道宗不能大勝，亦不大敗；萬徹非大勝，卽大敗。」

綱 秋七月，以劉洎爲侍中，岑文本、馬周爲中書令。

目 文本既拜，還家，有憂色。母問其故，文本曰：「非勳非舊，濫荷寵榮，位高責重，所以憂懼。」語賀客曰：「今受弔，不受賀也。」

上文學辯敏，羣臣言事者，引古今以折之，多不能對。劉洎上書諫曰：「以至愚而對至聖，以極卑而對至尊，虛襟以納其說，猶恐未敢對敭；敭同揚，對答天子之命而稱揚之。況動神機，縱天辯，飾辭而折其理，引古以排其議，欲令凡庶何階應答！且多記損心，多語損氣，願爲社稷自愛。」上飛白答之曰：白通作帛。飛白，字體也，蔡邕見鴻都門匠人施堊帚，遂創造焉。「非慮無以臨下，非言無以述慮，比有談論，比，及也。遂致煩多，輕物驕人，恐由茲道，形神志氣，非此爲勞。今聞讜言，（讜言，善言、直言也。）虛懷以改。」

綱 九月，以褚遂良爲黃門侍郎，參預朝政。

目 上嘗問褚遂良曰：「舜造漆器，諫者十餘人，此何足諫！」對曰：「奢侈者，危亡之本。漆器不已，將以金玉爲之；忠臣愛君，必防其漸，若禍亂已成，無所復諫矣！」上曰：「然。朕見前世帝王拒諫者，多云業已爲之，終不爲改；如此，欲無危亡，得乎！」

上謂長孫無忌等曰：「人苦不自知其過，卿可爲朕明言之。」無忌對曰：「陛下武功文德，

太宗舉諸臣得失

上曰：「朕問公以己過，公等乃曲相諛說。朕欲面舉公等得失以相戒而改之，何如？」皆拜謝。上曰：「長孫無忌善避嫌疑，敏於決斷，而總兵攻戰，非其所長。高士廉臨難不改節，當官無朋黨，所乏者骨鯁規諫耳。唐儉言辭辨捷，善和解人，事朕三十年，遂無言及於獻替。楊師道性行純和，而情實怯懦，緩急不可得力。岑文本性質敦厚，持論恆據經遠，自當不負於物。魏泊性最堅貞，有利益，然意尚然諾，私於朋友。馬周見事敏速，直道而言，朕比任使，多能稱意。褚遂良學問稍長，性亦堅正，每寫忠誠，（寫，輸也。）親附於朕，譬如飛鳥依人，人自憐之。」

綱　冬十月，帝如洛陽，命房玄齡留守。十一月，以張亮、李世勣爲行軍大總管，詔親征高麗。

目　十一月，上至洛陽。上聞洛州刺史程名振善用兵，召問方略，嘉其才敏，勞勉之。名振失不拜謝，上試責怒以觀其所爲。名振謝曰：「疎野之臣，未嘗親奉聖問，適方心思所對，故忘拜耳。」舉止自若，應對愈明辯。上乃歎曰：「奇士也！」即日拜右驍衛將軍。以張亮爲平壤大總管，（平壤，今朝鮮平壤市。）帥兵四萬，艦五百，（艦，戰船。）自萊州泛海趨平壤；（萊州見上東萊郡。）又以李世勣爲遼東大總管，（遼東謂漢、魏遼東郡，即今遼寧遼陽市，時屬高句麗，太宗克遼東城，即以其地置遼州。）帥步騎六萬及蘭、河降胡趨遼東，（蘭，蘭州，治金城縣，即今甘肅蘭州市。河，河州，治抱罕縣，即今甘肅臨夏市。）手詔諭天下，以「高麗蓋蘇文弒主虐民，今問其罪，所過營頓，無爲勞費。」

李大亮卒　封比干墓

【綱】十二月，武陽公李大亮卒。（武陽，舊武陽郡，後爲魏州，在今河北大名縣東。）

【目】大亮恭儉忠謹，每直宿必坐寐達旦。房玄齡每稱其有王陵、周勃之節，（漢呂后時王陵不肯封諸呂爲王。周勃忠於劉氏，命北軍爲劉氏者左袒。）至是，副玄齡守京師。卒，遺表請罷高麗之師。謚曰懿。

【綱】故太子承乾卒。

【綱】乙巳，十九年，（六四五）春正月，帝發洛陽。

【綱】封比干墓。封，聚土也。（比干墓，或說在今河南汲縣城北。）

【目】詔謚殷太師比干曰忠烈，命所司封其墓，春秋祠以少牢，羊曰少牢。給五戶灑掃。上至鄴，（在今河北磁縣西。）自爲文祭魏太祖，（魏太祖曹操起自鄴，後爲魏都。）曰：「臨危制變，料敵設奇，一將之智有餘，萬乘之才不足。」

【綱】三月，至定州。（治安喜縣，即今河北定縣。）詔皇太子監國。發定州。

【綱】夏四月，諸軍至玄菟、新城。（玄菟，在今朝鮮咸興境。新城，在今遼寧新賓縣北。）

【綱】李世勣拔蓋牟城。以其城爲蓋州（即今遼寧蓋平縣。）

【綱】五月，張亮拔卑沙城。（一名卑奢城，在今遼寧海城縣境。）

【綱】帝渡遼，拔遼東城。以其城爲遼州。

【綱】進攻白巖城，（在今遼寧遼陽市東北，後拔之置巖州。）六月，降之。

太宗破安市救兵

綱　進攻安市城，（在今遼寧蓋平縣東北。）大破其救兵於城下。

目　車駕至安市城，攻之。高麗北部耨薩延壽、惠眞，耨薩，高麗官名，猶唐之都督也。帥兵十五萬救安市。上命李世勣將步騎萬五千陳於西嶺；長孫無忌將精兵萬一千，自山北出狹谷以衝其後；上自將步騎四千爲奇兵，挾鼓角，偃旗幟，登北山；敕諸軍聞鼓角齊出奮擊。

薛仁貴大呼陷陣

延壽等見世勣布陣，勒兵欲戰。上望見無忌軍塵起，命作鼓角，舉旗幟，諸軍鼓譟並進，延壽等大懼，欲分兵禦之，而陣已亂。會有龍門薛仁貴大呼陷陳，（龍門，縣名，在今山西稷山縣西。）所向無敵；大軍乘之，高麗兵大潰。延壽、惠眞帥衆請降。舉國大駭，後黃城、銀城皆自拔遁去，數百里無復人煙。上乃更名所幸山曰駐蹕山，（一名首山，在今遼寧遼陽市西南。）刻石紀功焉。

刻石紀功

驛書報太子及高士廉等曰：「朕爲將如此，何如？」

綱　秋九月，帝攻安市城，不下，詔班師。班，還也。

目　上以遼左早寒，草枯水凍，士馬難久留，且糧食將盡，敕班師。

遣使祀魏徵

綱　冬十月，遣使祀魏徵，復立所仆碑。

目　凡征高麗，拔十城，斬首四萬餘級，戰士死者幾三千人，戰馬死者什七、八。上以不能成功，深悔之，歎曰：「魏徵若在，不使我有是行也！」命馳驛祀徵以少牢，復立所制碑，召其妻子詣行在，天子乘輿所至曰行在。勞賜之。

綱　丙午，二十年，（六四六）春正月，帝還京師。

綱 秋八月，遣李世勣擊薛延陀，降之。敕勒諸部遣使請吏。（敕勒十五部，見卷四十二貞觀元年「鄭元璹還自突厥」目及注。）

目 回紇等十一姓各遣使歸命，（回紇見同上。）乞置官司。上大喜，遣使納之。詔曰：「朕聊命偏師，遂擒頡利；始弘廟略，廟勝之策。已滅延陀。鐵勒百萬戶，鐵勒，即敕勒。請爲州郡；混元以降，混元，太古之時，元氣混然，故云。殊未前聞，宜備禮告廟，仍頒示普天。」勒石於靈州。（治廻樂縣，在今寧夏回族自治區靈武縣西南。）

綱 冬十月，貶蕭瑀爲商州刺史。

目 瑀性狷介，與同僚多不合，嘗言：「房玄齡等朋黨不忠，但未反耳。」上不聽，瑀內不自得，因自請出家，既而悔之。上以瑀反覆不平，貶商州刺史。（商州治上洛縣，即今陝西商縣。）

綱 十二月，帝生日，罷宴樂。

目 上謂長孫無忌等曰：「今日吾生日，世俗皆爲樂，在朕翻成傷感。今君臨天下，富有四海，而承歡膝下，孝經：「故親生之膝下。」（注：）親猶愛也。膝下，謂孩幼之時。言親愛之心，生於孩幼。」永不可得，此子路所以有負米之恨也。子路曰：「昔者由也事二親之時，常食藜藿之實，爲親負米於百里之外。親沒之後，南遊於楚，從車百乘，積粟萬鍾，願欲食藜藿，爲親負米，不可復得也。」詩云：『哀哀父母，生我劬勞。』此小雅蓼莪篇辭。劬勞，病苦也。奈何以劬勞之日更爲歡樂乎！」因泣數行下，左右皆悲。

綱 幸房玄齡第。

生日罷宴樂

幸房玄齡第

目 房玄齡嘗以微譴歸第，褚遂良諫曰：「玄齡翼贊聖功，冒死決策，選賢立政，勤力爲多。自非罪在不赦，不可遐棄。若以其衰老，亦當退之以禮。」上然之，因幸芙蓉園。（故址在今陝西西安市南。）玄齡敕子弟汛掃門庭，汛音信，灑也。曰：「乘輿且至！」有頃，上幸其第，因載玄齡還宮。

綱 丁未，二十一年，（六四七）春正月，詔以來年仲春有事於泰山。（在今山東泰安市北。）

綱 以牛進達、李世勣爲行軍大總管，伐高麗。

伐高麗

綱 夏四月，作翠微宮。

目 初，上得風疾，苦京師盛暑，命脩終南山太和廢宮爲翠微宮。（終南山卽秦嶺山，在今陝西西安市南。太和宮，唐高祖建。）

綱 以李素立爲燕然都護。（燕然都護府，統今蒙古諸地，治天德軍，在今內蒙古烏喇特旗西北。）

綱 五月，如翠微宮。

張昌齡獻翠微宮頌

目 冀州進士張昌齡獻翠微宮頌，（冀州治信都縣，在今河北衡水縣西南。）上愛其文，命於通事舍人裏供奉。未命以官，故令於通事舍人裏供奉。初，昌齡與王公治皆有文名，考功員外郎王師旦知貢舉，黜之，上問其故。師旦曰：「二人文體輕薄，終非令器。若置之高第，恐後進效之，傷陛下雅道。」上善其言。

綱 以李緯爲洛州刺史。（洛州治河南縣，卽今河南洛陽市。）

作玉華宮

骨利幹入貢

【目】初，上以緯爲戶部尚書。時房玄齡留守京師，有自京師來者，上問：「玄齡何言？」對曰：「玄齡但云李緯美髭鬢。」髭音咨。上遽改除洛州刺史。

【綱】秋七月，作玉華宮。（故址在今陝西西安市東北。）

【綱】八月，詔停封禪。

【目】以薛延陀新降，土功屢興，河北水災故也。

【綱】骨利幹遣使入貢。（骨利幹，鐵勒部落之一。）

【目】骨利幹於鐵勒諸部爲最遠，晝長夜短，日沒後，天色正曛，曛音熏，日入餘光。煮羊胛適熟，胛音夾，背胛。日已復出矣。

【綱】立皇子明爲曹王。

【目】曹王明母楊氏，巢剌王之妃也，（巢剌王，見卷四十二武德九年「追封故太子爲息隱王」目及注。）有寵於上。文德皇后之崩也，文德皇后卽長孫后。欲立爲皇后，魏徵諫曰：「陛下方比德唐、虞，奈何以辰嬴自累！」巢剌王妃乃太宗之弟婦，故以辰嬴爲喩。（辰嬴卽懷嬴，見卷三十八魏孝昌四年五月「懷嬴入侍」注。）乃止。尋以明繼元吉後。齊王元吉卽巢剌王。

【綱】冬十一月，徙順陽王泰爲濮王。（濮卽濮州，治鄄城縣，在今山東鄄城縣東。）

【綱】十二月，遣阿史那社爾等擊龜茲。阿史那，突厥三字姓。（龜茲，西域國，在今新疆庫車、沙雅兩縣間。）

綱鑑易知錄卷四五

唐紀

太宗文武皇帝

作帝範賜太子

綱　戊申，二十二年，(六四八)春正月，作帝範以賜太子。

目　上作帝範十二篇以賜太子，曰君體、建親、求賢、審官、納諫、去讒、戒盈、崇儉、賞罰、務農、閱武、崇文。且曰：「脩身治國，備在其中。一旦不諱，死者人之所諱，故云不諱。更無所言矣。然汝當更求古之哲王爲師，如吾，不足法也。夫取法於上，僅得其中；取法於中，不免爲下。吾卽位已來，不善多矣，顧弘濟蒼生，肇造區夏，周書康誥篇：「肇造我區夏。」肇，始也。區夏，猶言中夏。功大益多，故人不怨，業不墮。然比之盡美盡善，固多愧矣。汝無我之功勤，而承我之富貴，竭力爲善，則國家僅安，驕惰奢縱，則一身不保。且成遲敗速者，國也；失易得難者，位也；可不惜哉！可不愼哉！」

綱　中書令馬周卒。

伐高麗

綱　遣薛萬徹伐高麗。

結骨入朝

綱　結骨俟利發入朝。(結骨，西域國名，漢名堅昆，唐時又名黠戛斯。起於葉尼塞河上游，後遷於新疆阿

殺李君羨

徐惠諫征役疏

爾泰山及蒙古人民共和國杭愛山之間。）俟利發，結骨君長之號。

【目】結骨人皆長大，赤髮綠睛；自古未通中國，至是，其俟利發失鉢屈阿棧來朝。請除一官，詔以爲堅昆都督。是時四夷君長爭入獻見，每元正朝賀，常數百千人。上曰：「漢武帝窮兵三十餘年，所獲無幾，豈如今日綏之以德，使窮髮之地，地以草木爲髮毛，北方寒極，草木不生，故曰窮髮，所謂不毛之地也。盡爲編戶乎！」編戶，列次民籍也。

【綱】如玉華宮。

【目】上營玉華宮，務爲儉約，惟寢殿覆瓦，餘皆茅茨，以茅蓋屋曰茨。然所費已巨億計。充容徐惠上疏曰：充容，九嬪之一。徐惠，徐孝德女，生五月能言，四歲通論語、詩，八歲自曉屬文，太宗召爲才人，後進爲充容。「今東征高麗，西討龜茲，（龜茲見卷四十四貞觀二十一年「擊龜茲」注。）營繕相繼，服玩華靡。夫以有盡之農功，填無窮之巨浪，圖未獲之他衆，喪已成之我軍。地廣非常安之術，人勞乃易亂之源也。珍玩技巧，乃喪國之斧斤；珠玉錦繡，實迷心之酖毒。作法於儉，猶恐其奢；作法於奢，何以制後！」上善其言，甚禮重之。

【綱】三月，故隋后蕭氏卒。

【綱】夏五月，宋公蕭瑀卒。（宋即宋州，故治在今河南商丘市南。）

【綱】殺華州刺史李君羨。（華州治鄭縣，在今陝西華縣西北。）

【目】太白屢晝見，太史占云：「女主昌。」民間又傳祕記云：「唐三世之後，女主武王代有天下。」上惡之。以武衛將軍李君羡小名五娘，而官稱封邑皆有「武」字，出爲華州刺史。御史復奏君羡謀不軌，上遂誅之。上嘗密問太史令李淳風：「祕記所云，信有之乎？」對曰：「臣仰稽天象，俯察曆數，其人已在宮中，自今不過三十年，當王天下，殺唐子孫殆盡，其兆既成矣。」上曰：「疑似者盡殺之，何如？」對曰：「天之所命，人不能違也。王者不死，徒多殺無辜。且自今以往三十年，其人已老，庶幾頗有慈心，爲禍或淺。今借使得而殺之，天或生壯者肆其怨毒，恐陛下子孫無遺類矣！」類，種也。上乃止。

房玄齡卒

綱 司空、梁公房玄齡卒。（梁，梁縣，即今河南臨汝縣。）

房玄齡遺表諫征高麗

目 玄齡留守京師，疾篤，上徵赴玉華宮，肩輿入殿，相對流涕，因留宮下，候問不絕。玄齡謂諸子曰：「吾受主上厚恩，今天下無事，惟東征未已，羣臣莫敢諫，吾知而不言，死有餘責。」乃上表曰：「老子曰：『知足不辱，知止不殆。』陛下威名功德亦可足矣，拓地開疆亦可止矣。且陛下每決一重囚，必令三覆五奏，膳素止樂者，重人命也。今驅無罪之士卒，委之鋒刃之下，使之肝腦塗地，獨不足愍乎！向使高麗違失臣節，誅之可也；侵擾百姓，滅之可也；他日能爲中國患，除之可也。今無此三條而坐煩中國，內爲前代雪恥，（謂隋煬帝征高麗，大敗而還。）外爲新羅報讎，（貞觀十七年，高麗謀絕新羅入朝路。）豈非所存者小，所損者大乎！願陛下許高麗自新，焚淩波之船，淩波謂泛海也。罷應募之衆，自然華、夷慶賴，遠肅邇安。臣旦夕入地，儻蒙錄此哀鳴，死且不朽！」上自臨視，握手與訣，悲不自勝。卒，謚曰文昭。

執龜茲王

太宗黜李世勣

李靖卒

太宗崩罷遼東兵

綱 秋九月，以褚遂良爲中書令。

綱 冬十月，帝還宮。

綱 十二月，阿史那社爾擊龜茲，執其王布失畢。立王弟葉護爲王，社爾勒石紀功而還。

綱 己酉，二十三年，(六四九)春三月，帝有疾，詔太子聽政。夏四月，如翠微宮。

綱 五月，以李世勣爲疊州都督。(疊州治合川縣，在今青海西寧市西北。)

目 上謂太子曰：「李世勣才智有餘，然汝與之無恩。我今黜之，若其卽行，俟我死，汝用爲僕射，親任之；若徘徊顧望，當殺之耳。」乃左遷世勣爲疊州都督；世勣受詔，不至家而去。

綱 衞公李靖卒。(衞，衞縣，在今河南濬縣西南。)

綱 帝崩，長孫無忌、褚遂良受遺詔輔太子。還宮發喪，罷遼東兵。

目 上苦痢增劇，劇，甚也。太子晝夜不離側，或累日不食，髮有變白者。上召長孫無忌、褚遂良入臥內，謂之曰：「太子仁孝，善輔導之！」謂太子曰：「無忌、遂良在，汝勿憂天下！」又謂遂良曰：「無忌盡忠於我，我有天下，多其力也，我死，勿令讒人閒之。」仍令遂良草遺詔。有頃，上崩。祕不發喪。無忌等請太子先還，大行御馬輿繼至，天子新崩，未有定謚，故總其名曰大行。大行者，不反之辭也。發喪，宣遺詔，罷遼東之役及諸土木之功。

綱 以于志寧、張行成爲侍中，高季輔爲中書令。

日引刺史十人入閤

唐臨治獄

李勣相

綱　六月，太子卽位。

目　高宗初卽位，召朝集使謂曰：自外入朝與朝班者曰朝集使。「朕初卽位，事有不便於百姓者悉宜陳，不盡者更封奏。」自是日引刺史十人入閤，問以百姓疾苦，及其政治。嘗問大理卿唐臨繫囚之數，對曰：「見囚五十餘人，惟二人應死。」上悅。上嘗錄繫囚，前卿所處者多號呼稱冤，臨所處者獨無言。上怪問其故，囚曰：「唐卿所處，本自無冤。」上歎息良久，曰：「治獄者不當如是邪！」有洛陽人李泰弘誣告長孫無忌謀反，上立命殺之。無忌、遂良同心輔政，上亦尊禮二人，恭己以聽之，故永徽之政，永徽卽高宗年號。百姓阜安，有貞觀之遺風。

綱　秋八月，地震。

綱　葬昭陵。（長孫皇后陵，在陝西乾縣東。）

目　阿史那社爾、契苾何力請殉葬，以人從葬爲殉。上遣人諭以先旨，不許。蠻夷君長爲先帝所擒服者，頡利等十四人，皆琢石爲象，列於北司馬門內。

綱　九月，以李勣爲左僕射。卽李世勣。

綱　冬十二月，詔濮王泰開府置僚屬。（泰貞觀二十一年冬十一月徙王濮，見該注。）

高宗皇帝　名治，太宗第九子。初封晉王，太子承乾廢，長孫無忌力勸太宗立之。在位三十四年，壽五十六歲而崩。帝溺愛衽席，不戒履霜之漸，卒使武后斲喪唐室，貽禍邦家。

綱　庚戌，高宗皇帝永徽元年，（六五〇）春正月，立妃王氏爲皇后。

吳恪與長孫無忌相惡

【綱】辛亥，二年，（六五一）春正月，以黄門侍郎宇文節、中書侍郎柳奭同三品。

【綱】壬子，三年，（六五二）春正月，以褚遂良爲吏部尚書、同三品。

【綱】秋七月，立陳王忠爲皇太子。（陳即陳州，治宛丘縣，在今河南淮陽縣東南。）

【目】王皇后無子，其舅柳奭爲后謀，以忠母微賤，勸后請立爲太子；上從之。

【綱】冬十一月，濮陽王泰卒。

【綱】癸丑，四年，（六五三）春二月，散騎常侍房遺愛及高陽公主謀反，（高陽公主，太宗女。高陽縣，在今河北高陽縣東。房遺愛，玄齡子，尚高陽公主。）伏誅，遂殺荆王元景、吳王恪，流宇文節於嶺表。（荆王元景，太宗弟。吳王恪，太宗子。宇文節時爲侍中。嶺表即嶺南，今廣東、廣西地之統稱。）

【目】初，房遺愛尚太宗女高陽公主，公主驕恣甚，與浮屠辯機等數人私通。浮屠即僧也。事覺，怨望，遂使掖庭令陳玄運伺宮省禨祥。掖庭令，掌後宮貴人、采女事。禨祥，吉凶之先見也。遺愛亦與駙馬都尉薛萬徹、柴令武，（薛萬徹尚高祖女丹陽公主，柴令武尚太宗女巴陵公主。）謀奉荆王元景爲主以舉事。至是，公主謀黜遺愛兄遺直封爵，使人誣告遺直罪。上令長孫無忌鞫之，鞫音菊：推窮罪也。更獲遺愛及主反狀。吳王恪有文武才，素爲物情所向，太宗欲立之，無忌固爭而止，遂與無忌相惡，無忌欲因事誅之。遺愛因言與恪同謀，冀得免死。於是遺愛、萬徹、令武皆斬，元景、恪、高陽、巴陵公主並賜自盡。（巴陵，縣名，即今湖南岳陽縣。）恪且死，罵曰：「長孫無忌竊弄威權，構害良善，宗社有靈，當族滅不久！」宇文節、江夏王道宗、執失思力並坐與

以太宗才人武氏爲昭儀

萬年宮夜大水

恒州大水

築長安外郭

遺愛交通，流嶺表。道宗素與無忌及褚遂良不協，故皆得罪。罷玄齡配饗。

綱　甲寅，五年，（六五四）春三月，以太宗才人武氏爲昭儀。昭儀，婦官名，漢元帝置昭儀，元魏置左右昭儀視大司馬，北齊文、宣時比丞相，唐爲九嬪。

目　初，蕭淑妃有寵，王后疾之。上之爲太子也，入侍太宗，見才人武氏而悅之。太宗崩，武氏出爲尼。忌日，上詣寺行香，見之，泣。后聞之，陰令長髮，納之後宮，欲以閒淑妃之寵。武氏巧慧，多權數，初入宮，屈體事后；后數稱其美，未幾大幸，拜爲昭儀，后及淑妃寵皆衰，更相與譖之，上皆不納。昭儀欲追贈其父而無名，故託以褒賞功臣，徧贈屈突通等，而武士彠預焉。（謂圖於凌煙閣諸功臣。武士彠貞觀十一年爲荆州都督時，武昭儀入後宮。）

綱　夏閏四月，帝在萬年宮，（萬年宮即九成宮，高宗更名，在今陝西鳳翔縣東北。）夜大水。

目　上在萬年宮，夜，大雨，山水衝玄武門；衞士皆走。郎將薛仁貴曰：「天子有急，敢畏死乎！」登門桄大呼以警宮內。桄音光。門之上橫木，所以安戶扉者，謂之門桄，猶言門楣。上遽出乘高，俄而水入寢殿，漂溺三千餘人。

綱　六月，恒州大水。（恒州治眞定縣，即今河北正定縣。）

目　漂溺五千餘家。

綱　冬十月，築長安外郭。

目　雍州參軍薛景宣上言：（雍州治萬年縣，即今陝西西安市。）「漢惠帝城長安，尋晏駕；天子初崩曰晏駕，猶言晚出。今復城之，必有大咎。」于志寧等以景宣言涉不順，請誅之。上曰：「景宣雖狂妄，若得罪恐絕言路。」遂赦之。

上嘗出畋遇雨，問諫議大夫谷那律曰：「油衣若爲則不漏？」對曰：「以瓦爲之必不漏。」上悅，爲之罷獵。

引駕盧文操盜左藏物，上命誅之。諫議大夫蕭鈞諫曰：「文操情實難原，然法不至死。」上乃免之。顧侍臣曰：「此眞諫議也。」

上嘗謂五品以上曰：「頃在先帝左右，見五品以上論事，或仗下面陳，殿下兵衞曰仗。唐制，侍御親兵及殿前兩司，號曰三衙。三衙番上分爲五仗：一曰供奉仗，二曰親仗，三曰勳仗，四曰翊仗，五曰散手仗；皆帶刀捉仗，列坐於東西廊下。或退上封事，終日不絕；豈今日獨無事邪！何公等皆不言也？」

谷那律諷諫

蕭鈞眞諫議

綱 大稔。

綱 以長孫無忌子三人爲朝散大夫。

以長孫無忌子三人爲朝散大夫

目 王皇后、蕭淑妃與武昭儀更相譖訴，后寵雖衰，然上未有意廢也。會昭儀生女，后憐而弄之，后出，昭儀潛扼殺之。上至，昭儀陽歡笑，發被觀之，女已死矣，卽驚啼。問左右，左右皆曰：「皇后適來此。」上大怒曰：「后殺吾女！」昭儀因泣數其罪。后無以自明，上由是有廢立之志。又恐大臣不從，乃與昭儀幸長孫無忌第，酣飲極歡，拜無忌寵姬子三人皆爲朝散大夫，仍載金寶繒錦十車，以賜無忌。上因從容言皇后無子，以諷無忌，無忌對以他語，上與昭儀皆不悅而罷。禮部尚書許敬宗亦數勸無忌，無忌厲色折之。

綱 乙卯，六年，（六五五）夏五月，以韓瑗爲侍中，來濟爲中書令。

綱 秋七月，貶柳奭爲榮州刺史。（榮州治大牢縣，在今四川榮縣西南。柳奭，王皇后舅。）

目 初，武昭儀誣王后與其母爲厭勝，（勝，鎭也，禳也。）禁不得入宮，因幷貶奭。

綱 以李義府爲中書侍郎。

目 中書舍人李義府爲長孫無忌所惡，左遷壁州司馬。義府問計於中書舍人王德儉，德儉曰：「上欲立武昭儀，恐宰臣異議。君能建策立之，則轉禍爲福矣。」義府然之，叩閤表請。上悅，留之，超拜中書侍郎。於是衞尉卿許敬宗、御史大夫崔義玄、中丞袁公瑜皆潛布腹心於昭儀矣。

李義府叩閤表請

綱 八月，以裴行儉爲西州長史。（唐滅高昌置西州，治交河城，在今新疆吐魯番縣西。）

目 長安令裴行儉聞將立武昭儀，以國家之禍必由此始，與長孫無忌、褚遂良私議其事。袁公瑜聞之，以告昭儀母楊氏，行儉坐左遷。

綱 九月，貶褚遂良爲潭州都督。（潭州治長沙縣，即今湖南長沙市。）

貶褚遂良爲潭州都督

目 上召長孫無忌、李勣、于志寧、褚遂良入內殿。遂良曰：「今日之召，多爲中宮，上意既決，逆之必死。太尉元舅，（太尉謂長孫無忌。）司空功臣，（司空謂李勣。）不可使上有殺元舅、功臣之名。遂良起於草茅，無汗馬之勞，致位至此，且受顧託，不以死爭之，何以下見先帝！」

褚遂良諫廢王皇后

褚遂良等諫立武昭儀

韓瑗爲遂良訟寃

勣稱疾。無忌等入，上曰：「武昭儀有子，欲立爲后，何如？」遂良對曰：「皇后名家子，先帝爲陛下娶之。臨崩，執陛下手謂臣曰：『朕佳兒佳婦，今以付卿。』非有大故，不可廢也。」上不悅而罷。明日又言之，遂良曰：「陛下必欲易皇后，請擇令族，何必武氏。武氏經事先帝，衆所共知，萬代之後，謂陛下爲何如！臣今忤陛下意，罪當死。」因置笏於殿階，叩頭流血曰：「還陛下笏，乞放歸田里。」上大怒，命引出。昭儀在簾中大言曰：「何不撲殺此獠！」獠音老。西南夷曰獠，遂良浙江杭州人，故云。無忌曰：「遂良受先朝顧命，（顧命猶言遺囑。）有罪不可加刑。」于志寧不敢言。韓瑗因泣涕極諫，上不納。瑗又上疏曰：「妲己傾殷，褒姒滅周，每覽前古，常興歎息，不謂今日塵黷聖代。陛下不用臣言，臣恐宗廟不血食矣！」來濟上表曰：「王者立后，上法乾坤，必擇禮教名家，幽閑令淑，副四海之望，稱神祇之心。漢成以婢爲后，漢成帝過陽阿主家，悅歌舞者趙飛燕，召入宮，大幸，尋廢皇后許氏立以爲后。卒使社稷傾淪。惟陛下察之！」上皆不納。

他日李勣入見，上問之曰：「朕欲立武昭儀爲后，遂良固執以爲不可。事當且已乎？」對曰：「此陛下家事，何必更問外人！」上意遂決。許敬宗宣言於朝曰：「田舍翁多收十斛麥，尚欲易婦；況天子立一后，何豫諸人事而妄生異議！」昭儀令左右以聞。貶遂良爲潭州都督。其後韓瑗上疏爲遂良訟寃曰：「遂良體國忘家，損身徇物，風霜其操，鐵石其心，社稷之舊臣，陛下之賢佐。無罪斥去，內外咸嗟！願鑒無辜，稍寬非罪。」上不聽。

立武氏爲皇后

綱　冬十月，廢皇后王氏爲庶人，立昭儀武氏爲皇后。

目　百官朝后於肅儀門。故后王氏、淑妃蕭氏，並囚於別院，上嘗念之，閒行至其所，（閒行，微行也。）呼之。王后泣對曰：「至尊若念疇昔，使得再見日月，幸甚。」上曰：「朕卽有處置。」武后聞之，大怒，遣人斷去手足，投酒甕中，曰：「令二嫗骨醉！」數日而死，又斬之。后數見王、蕭爲祟，（祟音歲，神禍也。）如死時狀，故多在洛陽，不敢歸長安。

李義府參知政事

綱　以中書侍郎李義府參知政事。

李義府笑中有刀

目　義府容貌溫恭，與人語，必嬉怡微笑，而狡險忌刻，故時人謂義府笑中有刀；又以其柔而害物，謂之「李猫」。

許敬宗奏廢太子忠

綱　丙辰，顯慶元年，（六五六）春正月，以太子忠爲梁王，（梁卽梁州，治南鄭縣，在今陝西漢中市東。）立代王弘爲皇太子。

目　弘，武后所生也，生四年矣。初，許敬宗奏曰：「在東宮者，所出本微；今知國家已有正嫡，必不自安，恐非宗廟之福。」於是遂廢忠而立弘。忠既廢，官屬無敢見者；右庶子李安仁獨候見，涕泣拜辭而去。

綱　二月，贈武士彠司徒，賜爵周國公。

綱　秋七月，貶王義方爲萊州司戶。（萊州治掖縣，卽今山東掖縣。）

目　李義府恃寵用事。洛州婦人淳于氏，（洛州治河南縣，卽今河南洛陽市。）美色，繫大理獄，

義方母

帝始隔日視事
貶褚遂良等遠州

義府屬大理丞畢正義枉法黜之，將納爲妾。事覺，義府逼正義自縊以滅口。上知而不問。侍御史王義方欲奏彈之，先白其母曰：「義方爲御史，視姦臣不糾則不忠，糾之則身危而憂及於親爲不孝，奈何？」母曰：「昔王陵之母，殺身以成子之名。（王陵母，事見卷九漢王元年「王陵以兵屬漢」目。）汝能盡忠以事君，吾死不恨！」義方乃奏曰：「義府擅殺六品寺丞；就云自殺，亦由畏義府威，殺身以滅口。如此，則生殺之威，不由上出，漸不可長。」對仗，叱義府令下，義府顧望不退。義方乃三叱，義府始趨出，義方乃讀彈文。上以義方毀辱大臣，貶之。

綱 九月，括州暴風，海溢。（括州治括蒼縣，在今浙江麗水縣括蒼山下。）

綱 丁巳，二年，（六五七）春三月，以褚遂良爲桂州都督，（桂州治臨桂縣，即今廣西桂林市。）李義府兼中書令。

綱 夏五月，帝始隔日視事。

綱 秋八月，貶韓瑗、來濟、褚遂良皆爲遠州刺史。

目 許敬宗、李義府誣奏韓瑗、來濟與褚遂良潛謀不軌，以桂州用武之地授遂良，欲爲外援。遂皆坐，貶瑗振州、濟台州、遂良愛州、柳奭象州。（振州治寧遠縣，在今廣東崖縣南。台州治臨海縣，即今浙江臨海縣。愛州治九眞縣，在今越南民主共和國北境。象州治陽壽縣，即今廣西象縣。）

綱 以許敬宗爲侍中，杜正倫爲中書令。

綱 冬十月，以洛陽宮爲東都。

綱　以劉祥道爲黃門侍郎，知選事。

綱　戊午，三年，（六五八）冬十一月，貶杜正倫爲横州刺史，（横州治寧浦縣，即今廣西横縣。）李義府爲普州刺史。（普州治安岳縣，在今四川安岳縣北。）

目　李義府有寵於上，諸子孩抱者並列清貫。皆列清要之宦籍。貫，籍也。而義府貪冒無厭，冒音墨。冒亦貪也。賣官鬻獄，其門如市。中書令杜正倫每以先進自處，由是有隙，訟於上前。上兩責之。

綱　鄂公尉遲敬德卒。（鄂即鄂州江夏縣，即今湖北武漢市武昌城。）

綱　愛州刺史褚遂良卒。

綱　己未，四年，（六五九）夏四月，以于志寧同三品，許圉師參知政事。圉音語。

綱　削太尉趙公長孫無忌官封，黔州安置。（黔州治彭水縣，即今四川彭水縣。安置，謂置於此地閒住也。）

目　武后以長孫無忌受重賜而不助己，（事見上永徽五年。）深怨之。以于志寧中立不言，（事見上永徽六年。）亦不悅。令許敬宗伺其隙而陷之。會人告太子洗馬韋季方罪，敕敬宗與侍中辛茂將鞫之。季方自刺，不死，敬宗因誣奏季方欲與無忌謀反。上泣曰：「我家不幸，往年高陽公主與房遺愛謀反，（事見上永徽三年。）今元舅復然，將若之何？朕決不忍加刑於無忌。」敬宗對曰：「漢文帝，漢之賢主也，其舅薄昭，止坐殺人，帝使公卿哭而殺之，（事見卷十二漢文帝十年「將軍薄昭有罪自殺」目。）後世不以爲非。今無忌謀移社稷，其罪與昭不可同年而語。陛下少更遷延，臣恐變生肘腋，悔無及矣！」上以爲然，竟不引問。詔削無忌官封，黔州安置。敬宗又奏無忌謀逆，由褚遂良、柳奭、韓瑗構扇而成，于志寧亦其黨也。於是詔追削遂良官爵，除奭、瑗名，免志寧官。

綱 六月，改氏族志爲姓氏錄。

目 初，太宗脩氏族志，升降去取，時稱允當。貞觀十二年正月，頒氏族志，太宗命高士廉等刊定，專以今朝品秩爲高下，以皇族爲首，外戚次之，凡二百九十三姓，頒於天下。至是，許敬宗等以其書不敍武氏本望，奏請改之，以后族爲第一等，其餘悉以仕唐官品高下爲準。於是士卒以軍功至位五品者，豫士流，時人謂之「勳格」。

綱 秋七月，殺長孫無忌、柳奭、韓瑗。

目 七月，詔御史追柳奭、韓瑗枷鎖詣京師，敬宗又遣袁公瑜詣黔州，再鞫長孫無忌，逼令自殺。詔斬瑗、奭。瑗已死，發驗而還。

綱 貶高履行爲永州刺史，（永州治泉陵縣，即今湖南零陵縣。）于志寧爲榮州刺史。

綱 庚申，五年，（六六〇）夏四月，作合璧宮。

綱 秋七月，廢梁王忠爲庶人。（梁王忠，故太子，廢徙黔州。）

綱 冬十月，初令皇后決百司奏事。

改氏族志爲姓氏錄

勳格

殺長孫無忌等

令皇后決百司奏

目　上初苦風眩，不能視百司奏事，或使皇后決之。后性明敏，涉獵文史，處事皆稱旨。由是始委以政事，權與人主侔矣。

征高麗

綱　辛酉，龍朔元年，（六六一）夏四月，遣兵部尚書任雅相等征高麗。

綱　六月，徙潞王賢爲沛王。（潞卽潞州，治上黨縣，卽今山西長治市。沛，縣名，屬徐州，在今江蘇沛縣東。）

王勃

目　沛王賢聞王勃善屬文，召爲脩撰。時諸王鬬雞，勃戲爲檄周王雞文。上見之，怒曰：「此乃交構之漸。」斥勃出沛府。

綱　鐵勒犯邊，卽敕勒。詔武衞將軍鄭仁泰等將兵討之。

綱　壬戌，二年，（六六二）春三月，鄭仁泰等敗鐵勒於天山。（卽祁連山，在今甘肅酒泉市南，肅南裕固族自治縣西，接青海界。）

薛仁貴定天山

目　鐵勒九姓聞鄭仁泰至，合衆十餘萬以拒之，選驍健者數十人挑戰，（挑戰，見卷九漢王四年。「漢挑楚戰」注。）薛仁貴發三矢，殺三人，餘皆下馬請降，仁貴悉阬之。度磧北，沙漠曰磧。擊其餘衆，獲葉護兄弟三人而還。軍中歌之曰：「將軍三箭定天山，壯士長歌入漢關。」（漢關謂玉門關，在今甘肅敦煌縣西。）思結、多濫葛等部落先保天山，（思結、多濫葛俱鐵勒部。）聞之，皆降。

西突厥入寇

綱　冬十月，西突厥寇庭州，（庭州故西突厥地，治金滿縣，卽今新疆烏魯木齊市。）刺史來濟死之。

目　西突厥寇庭州，刺史來濟將兵拒之，謂其衆曰：「吾久當死，幸蒙存全以至今日，當以身報國。」遂不釋甲冑，赴敵而死。

綱 癸亥，三年，（六六三）春正月，以李義府爲右相，夏四月，除名，流巂州。（治越巂縣，即今四川西昌縣。）

目 義府兼知選事，恃勢賣官，怨讟盈路，（讟音讀，怨謗也。）上從容戒之。義府勃然變色曰：「誰告陛下？」緩步而去。上不悅。義府又與術者微服出城，候望氣色，或告義府陰有異圖。鞫之有實，詔除名，流巂州。朝野稱慶。

綱 蓬萊宮成。（蓬萊宮即大明宮，高宗擴大之，在今陝西西安市東北。）

目 門曰丹鳳，殿曰含元，移仗居之，命故宮曰西內，新宮曰東內，亦曰大明宮云。

綱 甲子，麟德元年，（六六四）秋七月，詔以三年正月封禪。

綱 冬十二月，殺同三品上官儀，劉祥道罷，梁王忠賜死。

目 初武后屈身忍辱，奉順上意，故上排羣議而立之；及得志，專作威福，上動爲所制，不勝其忿。會宦者王伏勝，發其使道士郭行眞出入禁中，爲厭禱事，上密召上官儀議之。儀因言：「后專恣，請廢之。」上卽命草詔。左右奔告於后，后遽詣上自訴。上羞縮不忍，乃曰：「我初無此心，皆上官儀教我。」儀先與伏勝俱事故太子忠，后於是使許敬宗誣奏儀、伏勝與忠謀大逆。儀下獄，及伏勝皆死，賜忠死於流所。右相劉祥道坐與儀善，罷，朝士流貶者甚衆。自是，上每視事，則后垂簾於後，政無大小，皆預聞之。天下大權，悉歸中

殺上官儀

垂簾聽政

宮，天子拱手而已，中外謂之「二聖」。

綱　乙丑，二年，（六六五）冬十月，車駕發東都；洛陽也。十二月，至泰山。（在今山東泰安市北。）

目　上發東都，至濮陽，（即古帝丘，在今河南濮陽縣南。）左相竇德玄騎從。上問：「濮陽謂之帝丘，何也？」德玄不能對。許敬宗自後躍馬而前曰：「昔顓頊居此，故謂之帝丘。」上稱善。敬宗退謂人曰：「大臣不可以無學。」德玄曰：「人各有能有不能，吾不強對以所不知，此吾所能也。」李勣曰：「敬宗多聞，信美矣；德玄之言，亦善也。」

綱　丙寅，乾封元年，（六六六）春正月，封泰山，禪社首。（山名，在今山東泰安市西南，山上有壇。）

封泰山

綱　車駕還過曲阜，（即今山東曲阜縣東舊曲阜縣。）祠孔子。

目　贈太師，祭以少牢。羊曰少牢。

綱　至亳州，（至亳州谷陽縣。（谷陽在今河南鹿邑縣東。）尊老君爲太上玄元皇帝。

尊老君爲太上玄元皇帝

目　至亳州，謁老君廟，上尊號。（老子廟在唐亳州谷陽縣。唐以老子爲祖，見卷四十二武德三年「唐立老子廟」目。）

綱　李義府卒。

張公百忍

張公藝九世同居，北齊、隋、唐皆旌表其門。上幸其宅，問所以能之故，公藝書「忍」字百餘以進。上善之，賜以縑帛。縑音兼，并絲絹也。

乾封泉寶錢

劉仁軌爲右相

李勣伐高麗

目 自義府之貶，朝士日憂其復入；至是，衆心乃安。

綱 夏四月，車駕還京師。五月，鑄乾封泉寶錢。錢一當十。

綱 秋七月，以劉仁軌爲右相。

目 初，仁軌爲給事中，按畢正義事，李義府怨之，出爲青州刺史。（青州治益都縣，即今山東益都縣。）會討百濟，（百濟國，在今朝鮮民主主義人民共和國忠淸、全羅等地。）仁軌當浮海運糧，遭風失船，命監察御史袁異式往鞫之。義府謂曰：「君能辦事，勿憂無官。」異式至，謂仁軌曰：「君宜早自爲計。」仁軌曰：「仁軌當官失職，國有常刑，公以法斃之，無所逃命。若使遽自引決以快讎人，竊所未甘！」乃具獄以聞。上命除名，以白衣從軍自效。及爲大司憲，異式懼，不自安，仁軌瀝觴告之曰：「仁軌若念疇昔之事，檀弓「疇昔之夜」，注：「疇，發語辭。昔之夜，昨夜也。」有如此觴！」既知政事，薦爲司元大夫。監察御史杜易簡謂人曰：「斯所謂矯枉過正矣！」

綱 九月，劉祥道卒。

目 子齊賢嗣，齊賢爲人方正，上甚重之，爲晉州司馬。（晉州治臨汾縣，即今山西臨汾縣。）將軍史興宗從獵苑中，因言晉州產佳鷂，請使齊賢捕之。上曰：「劉齊賢豈捕鷂者邪！」

綱 冬十二月，以李勣爲遼東大總管，（遼東即今遼寧遼陽市。時以李勣爲遼東道行軍大總管。）伐高麗。

綱 丁卯，二年，（六六七）春正月，耕耤田。

目　有司進耒耜，加以琱飾。琱同彫。上曰：「耒耜農夫所執，豈宜如此之麗！」命易之。既而耕之，九推乃止。

綱　戊辰，總章元年，（六六八）夏四月，彗星見于五車。史記天官書：「五車五星，在畢北。」五車者，五帝車舍也，主天子五兵。

目　彗星見，上避正殿，減膳，徹樂。許敬宗等奏請復常，曰：「彗星見東北，高麗將滅之兆也。」上曰：「朕之不德，謫見於天，豈可歸罪小夷！且高麗之百姓，亦朕之百姓也。」不許，彗尋滅。

李勣平高麗

綱　秋七月，李勣拔平壤，（卽今朝鮮平壤市。）高麗王藏降，（高麗王高藏。）高麗悉平。

目　薛仁貴破高麗於金山，（在今遼寧康平縣境。）乘勝將攻扶餘城，（在今遼寧昌圖縣北。）諸將以其兵少，止之。仁貴曰：「兵不必多，顧用之何如耳？」遂爲前鋒，以進與高麗戰，大破之，遂拔扶餘城。

賈言忠論征遼諸將

侍御史賈言忠奉使自遼東還，上問：「諸將孰賢？」言忠對曰：「薛仁貴勇冠三軍，龐同善持軍嚴整，高侃忠果有謀，契苾何力沉毅能斷；然夙夜小心，忘身憂國，皆莫及李勣也。」勣等進攻大行城，拔之，諸軍皆會，進至鴨綠栅，（卽鴨綠寨，在今朝鮮新義州東北。）破之。圍平壤，月餘，高麗王藏降，高麗悉平。

置安東都護府

綱　冬十二月，置安東都護府。分高麗五部、百七十六城、六十九萬餘戶爲九都督府，四十二州，百縣，置安東都護府於平壤以統之，擢其酋帥有功者爲都督、刺史、縣令，與華人參理。以薛仁貴檢校安東都護，總兵二萬人以鎮撫之。

綱 京師、山東、江、淮旱，饑。

綱 己巳，二年，（六六九）春二月，以盧承慶爲司刑太常伯。時改尚書名爲太常伯，後復舊。

目 承慶嘗考內外官，有一官督運，遭風失米，承慶考之曰：「監運損糧，考中下。」其人容色自若，無言而退。承慶重其雅量，改注曰：「非力所及，考中中。」既無喜容，亦無愧詞。又改曰：「寵辱不驚，考中上。」

盧承慶考官改注

時渭南尉劉延祐，（渭南，縣名，即今陝西渭南縣。）弱冠，曲禮：「二十曰弱冠。」政事爲畿縣最，畿縣，畿內之縣。最，課居先也。李勣謂曰：「足下春秋甫邇，遽擅大名，宜稍自貶抑，無爲獨出人右也！」

綱 秋九月，大風，海溢。漂六千餘家。

綱 冬十一月，李勣卒。

李勣卒

目 上嘗謂侍臣曰：「朕虛心求諫而竟無諫者，何也？」李勣對曰：「陛下所爲盡善，羣臣無得而諫。」

勣寢疾，謂弟弼曰：「我見房、杜平生勤苦，僅立門戶，遭不肖子蕩覆無餘。吾此諸子，今以付汝，謹察視之。其有志氣不倫，交游非類者，皆先撾殺，撾音打，擊也。然後以聞。」

勣爲將，有謀善斷，從善如流。戰勝則歸功於下，所得金帛，悉散之將士，故人思致死，所向克捷。臨事選將，必訾相其狀貌豐厚者遣之。或問其故，勣曰：「薄命之人，不足與成功名。」

閨門雍睦而嚴。其姊嘗病，勣親爲作粥，風回，爇其鬚鬢。姊曰：「僕妾幸多，何自苦如是！」勣曰：「非然也，顧姊老，勣亦老，雖欲久爲姊煑粥，其可得乎！」

作粥爇鬚

常謂人：「我年十二三時爲亡賴賊，逢人則殺。十四五爲難當賊，有所不愜則殺之。愜音怯。十七八爲佳賊，臨陳乃殺人。陳同陣。二十爲大將，用兵以救人死。」卒，謚貞武，孫敬業嗣。

綱　定銓注法。

定銓注法

目　時承平既久，選人益多，司刑少常伯裴行儉，時改侍郎名爲少常伯，後復舊。始與員外郎張仁禕設長名姓歷牓，牓同榜。引銓注之法。又定州縣升降、官資高下。其後遂爲永制，無能革之者。

大略唐之選法，取人以身、言、書、判，唐書選舉志，唐制擇人之法有四：一曰身，體貌豐偉；二曰言，言辭辯正；三曰書，楷法遒美；四曰判，文理優長。四事皆可取則先德行。計資量勞而擬官。始集而試，觀其書、判；已試而銓，銓，衡也，量也。察其身、言；已銓而注，詢其便利；已注而唱，集衆告之。然後類以爲甲，各給以符，謂之告身。

唐選法

劉曉論選法

有劉曉者，上疏論之曰：「今選曹以檢勘爲公道，書判爲得人，殊不知考其德行才能，況書判借人者衆矣。又禮部取士，專用文章爲甲乙，故天下之士皆捨德行而趨文藝，有朝登甲科而夕陷刑辟者，雖日誦萬言，何關理體？文成七步，魏文帝曹丕欲殺弟植，令七步作詩則已。植應聲曰：「煮豆然豆萁，豆在釜中泣，本是同根生，相煎何太急？」丕乃釋之。未足化人。取士以德行爲先，文藝爲末，則多士雷奔，四方風動矣。」

綱 庚午，咸亨元年，（六七〇）秋八月，關中旱，饑。閏月，皇后以旱請避位，不許。

綱 壬申，三年，（六七二）秋八月，許敬宗卒。

綱 冬十一月，以邢文偉爲右史，王及善爲左千牛衛將軍。千牛，東宮官名，有左右驍衛。

目 太子弘罕接宮臣，典膳丞邢文偉輒減所供膳，上書諫，太子納之。上聞之曰：「直士也。」擢爲右史。太子因宴集，命宮臣擲倒，（唐百戲中有擲倒伎，即今之拿大鼎。）次至右奉裕率王及善，右奉裕率，東宮官名。及善曰：「擲倒自有伶官，伶官，樂官也。黃帝時樂師伶倫，世掌樂官而善焉，故後世號樂官爲伶官。臣若奉令，恐非所以羽翼殿下也。」太子謝之。上聞之，賜及善縑百匹，尋遷左千牛衛將軍。

天皇天后

綱 甲戌，上元元年，（六七四）春三月，以武承嗣爲周國公。武承嗣，皇后異母兄元爽之子。

綱 秋八月，帝稱天皇，后稱天后。

綱 九月，追復長孫無忌官爵。

目　以無忌曾孫翼襲爵趙公，聽陪葬昭陵。

綱　大酺。酺，布也。王者布德，大飲酒也。

目　大酺，上御翔鸞閣觀之。分音樂爲東西朋，使雍王賢主東朋，周王顯主西朋，角勝爲樂，角勝卽角抵，謂兩兩相當，角力以爭勝。郝處俊諫曰：「二王春秋尚少，志趣未定，當推梨讓棗，東漢孔融四歲時，與諸兄食梨棗，輒引小者。人問其故，答曰：「我小兒，法當取小者。」相親如一。今分二朋，遞相誇競，遞，更迭也。非所以崇禮義，勸敦睦也。」上瞿然，瞿，驚視貌。曰：「卿遠識，非衆人所及也。」遽止之。

綱　乙亥，二年，（六七五）春三月，天后祀先蠶。

目　天后祀先蠶於邙山之陽；（邙山卽北邙山，在今河南洛陽市北。）百官及朝集使皆陪位。

時上苦風眩，議使天后攝政。郝處俊諫曰：「天子理外，后理內，天之道也。昔魏文帝著令，雖有幼主，不許皇后臨朝，所以杜禍亂之萌。陛下奈何以高祖、太宗之天下，不傳之子孫而委之天后乎！」中書侍郎李義琰曰：「處俊之言至忠，陛下宜聽之！」上乃止。

天后多引文學之士元萬頃、劉禕之等，使之撰列女傳、臣軌、百僚新戒、樂書，凡千餘卷。時密令參決表奏，以分宰相之權，時人謂之「北門學士」。

綱　夏四月，太子弘薨，謚孝敬皇帝。立雍王賢爲太子。

目　太子弘仁孝謙謹，上甚愛之，中外屬心。天后方逞其志，太子奏請，數迕旨。迕，逆

大酺

天后祀先蠶

議使天后攝政

北門學士

也。天后怒。太子薨，時人以爲天后酖之也。詔追謚爲孝敬皇帝。

綱 秋八月，以戴至德、劉仁軌爲左右僕射，張文瓘爲侍中，瓘音貫。郝處俊爲中書令，李敬玄同三品。

目 劉仁軌、戴至德更日受牒訴，訟辭也。仁軌常以美言許之，至德必據理難詰，未嘗與奪，實有寃結者，密爲奏辨。由是時譽皆歸仁軌。或問其故，至德曰：「威福者人主之柄，人臣安得盜取！」上聞之，深重之。

有老嫗欲詣仁軌陳牒，嫗，婦老稱。誤詣至德，至德覽之未終，嫗曰：「本謂是解事僕射，解，曉也。乃不解事僕射邪！歸我牒！」至德笑而授之。時人稱其長者。

文瓘時兼大理卿，囚聞改官，皆慟哭。文瓘性嚴正，諸奏議，多所糾駁，上甚委之。

綱 吐蕃寇鄯州。（吐蕃約當今西藏。鄯州治湟水縣，即今青海樂都縣。）

綱 丙子，儀鳳元年，（六七六）秋九月，以狄仁傑爲侍御史。

目 將軍權善才、中郎將范懷義誤斫昭陵柏，當除名；上特命殺之。大理丞狄仁傑奏：「罪不當死。」上曰：「我不殺，則爲不孝。」仁傑固執不已，上怒，令出，仁傑曰：「犯顏直諫，自古以爲難。臣以爲遇桀、紂則難，遇堯、舜則易。夫法不至死，而陛下特殺之，是法不信於人也，人何所措其手足！且張釋之有言：『設有盜長陵一抔土，陛下何以處之？』（漢張釋之爲廷尉，有盜高祖廟玉環者，文帝欲族之，釋之對語。）今以一柏殺二將軍，後代謂陛下爲何如矣！

不解事僕射

以狄仁傑爲侍御史

狄仁傑諫殺二將軍

臣不敢奉詔者，恐陷陛下於不道，且羞見釋之於地下也。」上怒解，遂貸之。仍擢仁傑爲侍御史。

初，仁傑爲并州法曹，（并州治太原縣，在今山西太原市西南。）同僚鄭崇質當使絕域。絕域，絕遠之國。崇質母老且病，仁傑曰：「彼母如此，豈可復使之有萬里之憂！」詣長史藺仁基，請代之行。仁基素與司馬李孝廉不協，因相謂曰：「吾輩豈可不自愧乎！」遂相與輯睦。

狄仁傑請代鄭崇質

綱 丁丑，二年，（六七七）春正月，耕藉田。

綱 夏四月，河南、北旱。

綱 秋八月，徙周王顯爲英王。更名哲。

綱 命劉仁軌鎮洮河軍。（又名臨洮軍，在鄯州城內，即今青海樂都縣。）

劉仁軌鎮洮河軍

綱 戊寅，三年，（六七八）春正月，百官四夷朝天后于光順門。

百官朝天后

綱 以李敬玄爲洮河道大總管。（洮河道即上洮河軍。）

目 劉仁軌有奏請，多爲李敬玄所抑，由是怨之。知敬玄非將帥才，薦之使守西邊。敬玄固辭。上曰：「仁軌須朕，朕亦自往，卿安得辭！」乃以敬玄代仁軌，大發兵討吐蕃。

討吐蕃

綱 夏五月，幸九成宮。初更名萬年宮，又改仍舊名。

目 山中雨寒，從兵有凍死者。

綱 秋九月，還京師。

李敬玄敗於吐蕃

婁師德宣諭吐蕃

魏元忠言禦吐蕃之策

綱 李敬玄與吐蕃戰，敗績。

目 李敬玄將兵十八萬，與吐蕃將論欽陵戰於青海之上，吐蕃俗不言姓，其王俗皆稱論，官俗皆稱尙，欽陵名也。（青海卽庫庫諾爾，在今青海西寧市西。） 副總管劉審禮深入，敗沒，敬玄按兵不救，狼狽還走，收餘衆還鄯州。

敬玄之西征也，監察御史婁師德應猛士詔從軍，及敗，敕師德收集散亡，軍乃復振。因命使於吐蕃，吐蕃將論贊婆迎之。師德宣導上意，諭以禍福，贊婆甚悅，爲之數年不犯邊。

上以吐蕃爲憂，悉召侍臣謀之，或欲和親，或欲嚴備，俟公私富實而討之，或欲亟發兵擊之。議竟不決。太學生魏元忠上封事曰：密奏皁囊封版，故曰封事。「理國之要，在文與武。今言文者則以辭華爲首而不及經綸，言武者則以騎射爲先而不知方略，故陸機著論辯亡，無救河梁之敗，吳陸抗子機，深慨孫皓之亡，著辯亡論二篇。後仕於晉，成都王穎以機爲河北大都督，討長沙王乂，列軍至河橋，戰於鹿苑，機軍大敗。養由基射穿七札，不濟鄢陵之師，左傳成公十六年：「晉、楚遇於鄢陵，養由基蹲甲而射之，徹七札焉，以示王曰：『君有臣如此，何憂於戰？』及戰，楚師敗績。」註：「蹲，聚也。一發達七札，言其能陷堅也。」此已然之明效也。古語有之：『兵無彊弱，將有巧拙。』故選將當以智略爲本，勇力爲末。今朝廷用人，類取將門子弟及死事之家，彼皆庸人，豈足當閫外之任！閫，門限也。（史記馮唐傳：「閫以內寡人制之，閫以外將軍治之。」） 古之名將皆出貧賤而立殊功，未聞其家代爲將也。夫賞罰者，軍國之切務，近日征伐，虛有賞格而無事實。蓋由小才之吏，不知大禮，徒惜勳庸，恐虛倉庫。不知士不用命，所損幾何！自蘇定方征遼東，龍朔元年任雅相等征高麗，蘇定方破高麗兵於浿江，高麗大潰。李勣破平壤，（破平壤見上總章元年。）賞絕不行，大非川之敗，咸亨元年，薛仁貴、郭待封擊吐蕃，屯大非川，吐蕃就擊之，唐兵大敗。薛仁貴、郭待封等不卽重誅，誅，罰也。臣恐吐蕃之平，非旦夕可冀也。又，出師之要，全資馬力。請開畜馬之禁，使百姓皆得畜馬；若官軍大舉，增價市之，則皆爲官有矣。」上善其言，召見，令直中書省，仗內供奉。

綱鑑易知錄卷四六

唐紀

高宗皇帝

綱　己卯，調露元年，（六七九）春正月，幸東都。司農卿韋弘機免。

綱　夏四月，命太子賢監國。

目　太子處事明審，時人稱之。

綱　冬十月，單于府突厥反，（貞觀二十年置單于大都護府，屬突厥州。時突厥阿史德部反。）遂寇定州。（治安喜縣，即今河北定縣。時霍王元軌爲定州刺史。）

綱　庚辰，永隆元年，（六八〇）春三月，以裴行儉爲定襄道大總管，（定襄道行軍大總管，見卷四十三太宗貞觀三年「李靖爲定襄道行軍總管」注。）討突厥，平之。

裴行儉討平突厥

綱　秋八月，貶李敬玄爲衡州刺史。（衡州治臨烝縣，即今湖南衡陽市。）

綱　廢太子賢爲庶人，立英王哲爲皇太子。

綱　辛巳，開耀元年，（六八一）春正月，宴百官及命婦於麟德殿。

宴百官及命婦於麟德殿

綱　三月，以劉仁軌爲太子少傅。

鏡殿

【目】少府監裴匪舒善營利，奏賣苑中馬糞，歲得錢二十萬緡。緡音民，錢貫也。上以問劉仁軌，對曰：「利則厚矣，恐後代稱唐家賣馬糞，非嘉名也。」乃止。匪舒又爲上造鏡殿，上與仁軌觀之，仁軌驚趨下殿。上問其故，對曰：「天無二日，土無二主，適視四壁有數天子，不祥孰甚焉！」上遽令剔去。

薛儼書責田游巖

【綱】秋七月，徵處士田游巖爲太子洗馬。

【目】游巖隱居泰山，（在今山東泰安市北。）上東封，嘗幸其廬。徵爲洗馬，無所規益。右衛副率薛儼以書責之，右衛副率，太子官屬。曰：「足下負巢、由之峻節，（巢、由，見卷十九新莽始建國三年「下有巢、由」注。）傲唐、虞之聖主，（唐堯、虞舜。）屈萬乘之重，申三顧之榮，（謂漢末劉備三顧諸葛亮茅廬。）將以輔導儲貳，漸染芝蘭耳。皇太子春秋鼎盛，鼎，方也。聖道未明，足下乃唯唯而無一談，悠悠以卒年歲，何以塞聖主調護之寄乎？」游巖不能答。

【綱】冬十月，徙故太子賢於巴州。（治化成縣，即今四川巴中縣。）

立重照爲皇太孫

【綱】壬午，永淳元年，（六八二）春二月，立皇孫重照爲皇太孫。

【綱】夏四月，關中饑，上幸東都。

裴行儉卒

【綱】聞喜憲公裴行儉卒。（聞喜縣，在今山西聞喜縣東。）

【目】行儉有知人之鑒。初，王勃與楊炯、盧照鄰、駱賓王皆以文章有盛名，李敬玄尤重之，行儉曰：「士之致遠者，當先器識而後才藝。勃等雖有文華，而浮躁淺露，豈享爵祿之器邪！楊子稍沉靜，應至令長；餘得令終幸矣。」令，善也。旣而勃墮水，烱終於盈川令，（盈川縣，在今四川筠連縣境。）照隣惡疾，赴水死，賓王反誅。行儉爲將帥，所引偏裨，偏裨，副將也。後多爲名將。

綱 五月，洛水溢。關中旱，蝗。

綱 秋七月，作奉天宮。

作奉天宮

目 上旣封泰山，欲遍封五嶽，山之尊者曰嶽。五嶽，東嶽泰山、南嶽衡山、西嶽華山、北嶽恆山、中嶽嵩山。作奉天宮於嵩山之南。監察御史裏行李善感諫曰：「陛下封泰山，告太平，致羣瑞，（羣瑞，見卷十四漢武帝元鼎六年「昭信考瑞」注。）與三皇、五帝比隆矣。數年不稔，餓殍相望，四夷交侵，兵車歲駕。陛下宜恭默思道以禳災譴，更廣營宮室，勞役不休，天下莫不失望。」上不納。自褚遂良、韓瑗之死，中外以言爲諱，幾二十年；及善感始諫，天下皆喜，謂之「鳳鳴朝陽」。（詩大雅卷阿篇：「鳳凰鳴矣，于彼高岡。梧桐生矣，于彼朝陽。」）

薛仁貴破突厥

綱 冬十月，突厥骨篤祿寇并州，（治太原縣，在今山西太原市西南。）薛仁貴大破之。

目 突厥餘黨阿史那骨篤祿、阿史德元珍等招集亡散，據黑沙城反，（黑沙城，在今陝西榆林縣境。）寇并州。代州都督薛仁貴將兵擊之。（代州治鴈門縣，在今山西原平縣東北。）虜問：「唐大將爲誰？」應之曰：「薛仁貴。」虜曰：「吾聞仁貴流象州死矣，（仁貴以大非川之敗除名，又坐事貶象州。象州治陽壽縣，卽今廣西象縣。）何紿我也！」紿，欺誑也。仁貴免胄示之面，虜相顧失色，下馬列拜，稍稍引去。仁貴因奮擊，大破之。

綱 以婁師德爲河源軍經略副使。（河源軍，在今青海西寧市。）

目 吐蕃寇河源，師德將兵擊之於白水澗，八戰八捷。上以師德爲比部員外郎、左驍騎郎將、充使，唐制，天下金帛皆貯左藏，比部覆其出入。充使，充經略副使也。曰：「卿有文武材，勿辭也！」

婁師德八戰八捷

綱 癸未，弘道元年，（六八三）秋七月，詔以來年有事於嵩山；（在今河南登封縣北。）冬十一月，詔罷之。

目 詔罷封嵩山，上疾甚故也。

綱 詔太子監國，以裴炎、劉景先、郭正一兼東宮平章事。

綱 十二月，帝崩，太子即位。尊天后爲皇太后。

目 上疾甚，夜召裴炎入受遺詔而崩。遺詔太子即位，軍國大事有不決者兼取天后進止。中宗即位，尊天后爲皇太后，政事咸取決焉。

太子即位政事取決天后

綱 以劉仁軌爲左僕射，裴炎爲中書令，劉景先爲侍中。郭正一罷。

中宗皇帝

初名顯，更名哲。即位，爲母武后廢爲廬陵王；居房州十四年，賴張柬之等迎還復位，五年被弒，壽五十五歲。帝久罹幽辱，備嘗險阻，一旦得志，荒淫不悛，親遭母后之難，而躬自蹈之，所謂下愚不移者矣。

附武后

名曌，僭位二十一年，改國號曰周，壽八十一歲。后乘唐中衰，攘竊神器，任用酷吏，屠害宗支，毒流縉紳，其禍慘矣。

綱 甲申，中宗皇帝嗣聖元年，（六八四）二月睿宗文明元年，九月太后光宅元年。

綱 春正月，立妃韋氏爲皇后。以韋弘敏同三品。二月，太后廢帝爲廬陵王，（廬陵郎吉州，治廬陵縣，卽今江西吉安縣。）立豫王旦。（豫王旦，中宗弟。豫章郎洪州，治豫章縣，在今江西進賢縣西北。）

目 中宗欲以后父韋玄貞爲侍中；裴炎固爭，中宗怒曰：「我以天下與韋玄貞何不可！而惜侍中邪！」炎懼，白太后，密謀廢立。太后集百官於乾元殿，勒兵宣令，廢中宗爲廬陵王。中宗曰：「我何罪？」太后曰：「汝欲以天下與韋玄貞，何得無罪！」乃幽於別所。立豫王旦爲皇帝，妃劉氏爲皇后，永平王成器爲太子，廢太孫重照爲庶人，改元文明。旦居別殿，不得有所預，政事皆決於太后。

綱 太后以劉仁軌爲西京留守。

綱 太后始御紫宸殿。

綱 三月，太后殺故太子賢。

綱 夏四月，太后遷帝于房州，（治房陵縣，卽今湖北房縣。）又遷于均州。（治武當縣，在今湖北均縣北。）

綱 閏五月，太后以武承嗣同三品。

綱 秋七月，溫州大水。（溫州治永嘉縣，卽今浙江溫州市。）

韋弘敏相

廢中宗立豫王旦

遷中宗

武承嗣相

【綱】八月，葬乾陵。(在今陝西乾縣北梁山。)

【綱】括州大水。(括州治麗水縣，在今浙江麗水縣東南括蒼山下。)

【綱】九月，太后改元及服色、官名。

太后改元光宅　改官名

【目】太后改元光宅　旗幟皆從金色，八品服碧，東都爲神都，尚書省爲文昌臺，僕射爲左、右相，六曹爲天、地、四時六官，門下省爲鸞臺，中書省爲鳳閣，侍中爲納言，中書令爲內史，御史臺分爲左右肅政臺，其餘悉以義類改之。

立武氏七廟

【綱】太后立武氏七廟。

【目】武承嗣請追王其祖，立武氏七廟，太后從之。裴炎諫，不從。追尊五代祖爲公，妣爲夫人；高曾祖考爲王，妣皆爲妃。

李敬業起兵

【綱】英公李敬業起兵揚州，(治江都縣，即今江蘇揚州市。)太后遣將軍李孝逸擊之。

【目】時諸武用事，唐宗室人人自危，衆心憤惋。會柳州司馬英公李敬業及弟敬猷、唐之奇、駱賓王、杜求仁、魏思溫，(柳州治馬平縣，即今廣西柳州市。)皆失職怨望，乃謀起兵。矯詔殺揚州長史，開府庫，赦囚徒，旬日閒得勝兵十餘萬。復稱嗣聖元年，敬業自稱「匡復上將」。

李敬業討武氏檄

移檄州縣，略曰：「僞臨朝武氏者，人非溫順，地實寒微。昔充太宗下陳，(下陳，猶後列也，武氏嘗充太宗才人，故云。)嘗以更衣入侍，洎乎晚節，(洎，及也。)穢亂春宮。(即東宫，謂高宗也。)密隱先帝之私，陰圖後庭之嬖，踐元后於翬翟，(翬音揮。翬翟，后之祭服，翬翟即雉也，刻繒爲雉形，而五采畫之。)陷吾君於聚麀。麀音攸。聚，猶共也。獸之牝者曰麀。曲禮：「夫惟禽獸無禮，故父子聚麀。」殺姊屠兄，姊，韓國夫人。兄，從兄惟良。弒君酖母，高宗苦頭重，侍醫秦鳴鶴請刺頭出血可愈。武后不欲上疾愈，怒曰：「此可斬也，乃欲於天子頭出血！」尋帝崩。殺母，殺王皇后。人神之所同嫉，天地之所不容。包藏禍心，竊窺神器。君之愛子，幽之於別室；賊之宗盟，委之以重任。（謂武承嗣等。）一抔之土未乾，（謂高宗初崩。）六尺之孤何在！」（謂中宗。）太后見之，問「誰所爲？」或對曰：「駱賓王。」太后曰：「宰相之過也。人有如此才，而使之流落不偶乎！」遣左玉鈐衞大將軍李孝逸將兵三十萬以討敬業，追削其祖考官爵，發冢斲棺，復姓徐氏。敬業祖世勣本姓徐，唐賜姓李。

殺裴炎

綱 太后殺侍中裴炎，以騫味道爲內史，李景諶同平章事。

目 武承嗣與從父弟三思，以韓王元嘉、魯王靈夔屬尊位重，（元嘉、靈夔俱高祖子。韓，古梁國，即今陝西韓城縣，唐名韓原。魯，在今山東曲阜縣東。）屢勸太后因事誅之。太后謀於執政，裴炎固爭。及李敬業舉兵，太后問計於炎，對曰：「皇帝年長，不親政事，故豎子得以爲辭。若太后反政，則不討自平矣。」承嗣因使監察御史崔詧言炎有異圖，詧音察。太后命左肅政大夫騫味道鞫之。鳳閣舍人李景諶證炎必反，劉景先、胡元範明其不反，遂幷下獄。以騫味道檢校內史，李景諶同平章事，斬裴炎於都亭，（在今河南洛陽市內。）景先等流貶有差。

魏思溫說李敬業

綱 李敬業取潤州，李孝逸擊殺之。

目 初，魏思溫說李敬業曰：「明公以匡復爲辭，宜帥大衆鼓行而進，直指洛陽，則天下

魏思温諫李敬業取常潤

知公志在勤王，四面響應矣。」薛仲璋曰：「金陵有王氣，（金陵，在今江蘇鎮江市東南，亦即京口。）且大江天險，足以爲固，不如先取常、潤，（常，常州，治晉陵縣，即今江蘇常州市。潤，潤州，治延陵縣，即今江蘇鎮江市。）爲定霸之基，然後北向以圖中原，進無不利，退有所歸，此良策也！」思温曰：「山東豪傑以武氏專制，憤惋不平，聞公舉事，皆蒸麥爲糧，伸鋤爲兵，以俟南軍之至。不乘此勢以立大功，乃更蓄縮欲自謀巢穴，遠近聞之，其誰不解體！」敬業不從，將兵攻取潤州，聞李孝逸將至，回軍拒之。

魏元忠請李孝逸進軍

孝逸軍至臨淮，（在今安徽泗縣東南。）戰不利。監軍御史魏元忠曰：「天下安危，在此一舉。今大軍久留不進，萬一朝廷更命他將以代將軍，將軍何辭以逃逗撓之罪乎！」（兵法行而逗留畏懦者斬，名曰逗撓。）孝逸乃引軍而前。元忠請先擊敬猷，孝逸從之，引兵擊敬猷，敬猷走。敬業勒兵阻溪拒守，孝逸進擊之，因風縱火，敬業大敗，輕騎走。孝逸追之，其將王那相斬敬業等首來降。

綱　乙酉，二年，（六八五）太后垂拱元年。春正月，帝在均州。

綱　三月，太后遷帝于房州。

綱　夏五月，太后制百官及百姓，皆得自舉。（今有才能者，得自言求進用。）

以懷義爲白馬寺主

綱　秋七月，太后以僧懷義爲白馬寺主。漢明帝時，攝××摩騰、竺法蘭，始自西域以白馬馱經來，初止鴻臚寺，遂取寺爲名，創置白馬寺，即僧寺之始也。（白馬寺，在今河南洛陽市舊洛陽城東。）

受密奏

魚保家請鑄銅爲匭

目 懷義得幸於太后，太后以爲白馬寺主。出入乘御馬，朝貴皆匍匐禮謁，武承嗣、三思皆執僮僕之禮以事之。懷義多聚無賴少年，度爲僧，縱横犯法，人莫敢言。御史馮思勖屢以法繩之，懷義遇諸塗，令從者毆之，幾死。太后託言懷義有巧思，使入宫營造。補闕王求禮表：「請閹之，閹，男子去勢。庶不亂宫闈。」表寢不出。

綱 丙戌，三年，（六八六）太后垂拱二年。春正月，帝在房州。

綱 太后歸政於豫王旦，尋復稱制。

目 太后詔復政事於皇帝。睿宗知太后非誠心，奉表固辭；太后復臨朝稱制。

綱 三月，太后置銅匭，受密奏。

目 太后自徐敬業之反，疑天下人多圖己，又自以久專國事，内行不正，知宗室大臣怨望，不服，欲大誅殺以威之。乃盛開告密，有告密者，給馬供給，使詣行在所。乘輿所止曰行在所。農夫樵人皆得召見，或不次除官，無實者不問。於是四方告密者蜂起。

有魚保家者，請鑄銅爲匭，以受天下密奏。其器一室四隔，上各有竅，可入不可出，太后善之。未幾，其怨家投匭告保家嘗爲徐敬業作兵器，遂伏誅。

胡人索元禮因告密召見，擢爲遊擊將軍，令按制獄。元禮性殊忍，推一人必令引數千百人，於是周興、來俊臣之徒效之。興累遷至秋官侍郎，俊臣至御史中丞，皆養無賴數百人，意所欲陷，則使數處俱告之，辭狀俱同。既下獄，則以威刑脅之，無不誣服。又造告密羅

羅織經

蘇韋相

新豐出山改新豐爲慶山

織經一卷，網羅無辜，織成反狀，構造布置，皆有支節。其訊囚酷法，有「定百脈」、「突地吼」、「死猪愁」、「求破家」、「反是實」等號。中外畏之，甚於虎狼。

綱　夏六月，太后以岑長倩爲內史，蘇良嗣、韋待價爲左、右相，韋思謙爲納言。

目　良嗣爲相，遇懷義於朝堂，懷義偃蹇不爲禮；良嗣大怒，命左右批其頰。懷義訴於太后，太后曰：「阿師當於北門出入，北門，宦寺門。南牙宰相所往來，牙同衙。勿犯也。」

綱　秋九月，有山出於新豐。（新豐縣屬雍州，在今陝西臨潼縣東北。雍州治萬年縣，即今西安市。）

目　雍州言新豐縣東南有山涌出，太后改新豐爲慶山縣。江陵人俞文俊上書言：（江陵即今湖北江陵縣。）「天氣不和而寒暑併，人氣不和而疣贅生，贅瘤也。地氣不和而塠阜出。塠同堆。今陛下以女主處陽位，反易剛柔，故地氣塞隔而山變爲災。陛下謂之『慶山』，臣以爲非慶也。伏惟側身脩德以答天譴；不然，禍今至矣！」太后怒，流之嶺外。（嶺外猶嶺表，謂大庾嶺以南，今廣東、廣西地。）

綱　太后以狄仁傑爲冬官侍郎。

綱　丁亥，四年，（六八七）太后垂拱三年。春正月，帝在房州。

綱　夏四月，太后以蘇良嗣爲西京留守。

目　時尚方監裴匪躬檢校京苑，將鬻苑中蔬果以收其利。良嗣曰：「昔公儀休相魯，猶能拔葵去織婦，（事見卷四周威烈王十七年「魯侯以公休儀爲相」目。）未聞萬乘之主鬻蔬果也。」乃止。

殺劉禕之

罷御史監軍

太后加號聖母神皇

綱 太后殺同三品劉禕之。

目 禕之竊謂鳳閣舍人賈大隱曰：（鳳閣即門下省。）「太后廢昏立明，安用臨朝稱制，不如返政以安天下之心。」大隱密奏之，太后不悅。或誣禕之受金，太后命王本立推之。推，鞫也。本立宣敕示之，禕之曰：「不經鳳閣、鸞臺，（鸞臺即中書省。）何名爲敕！」太后怒，賜死。禕之初下獄，睿宗爲之上疏申理，親友皆賀之，禕之曰：「此乃所以速吾死也。」臨刑沐浴，神色自若，草謝表，立成數紙。

綱 冬十月，太后罷御史監軍。

目 太后欲遣韋待價擊吐蕃，韋方質奏請遣御史監軍，太后曰：「古者明君遣將，閫外之事悉以委之。比聞御史監軍，軍中事皆承稟。以下制上，非令典也，且何以責其有功！」遂罷之。

綱 戊子，五年，（六八八）太后垂拱四年。春正月，帝在房州。

綱 二月，太后毁乾元殿作明堂。

綱 夏五月，太后加號聖母神皇。

目 武承嗣使人作瑞石，文曰「聖母臨人，永昌帝業」。使人獻之，曰：「獲之洛水。」太后喜，命曰「寶圖」。詔當拜洛，（洛，洛水。）受圖告謝於郊；御明堂，朝羣臣。命諸州都督、刺史、宗戚並會神都，（即洛陽東都。）先加尊號。

狄仁傑奏焚淫祠

綱　六月，河南巡撫大使狄仁傑奏焚淫祠。

目　仁傑以吴、楚多淫祠，奏焚其一千七百餘所，獨留夏禹、吴太伯、季札、伍員四祠。

琅邪王沖等舉兵匡復

綱　秋八月，琅邪王沖、越王貞舉兵匡復，不克而死。太后遂大殺唐宗室。

目　太后潛謀革命，稍除宗室。韓王元嘉、霍王元軌、魯王靈夔、越王貞及元嘉子黄公譔、元軌子江都王緒、虢王鳳子東莞公融、靈夔子范陽王藹、貞子琅邪王沖，在宗室中皆以才行有美名，太后尤忌之。元嘉等内不自安，密有匡復之志。及太后受圖，召宗室朝明堂，諸王遞相驚曰：「神皇欲因此盡收宗室誅之。」譔詐爲皇帝璽書，分告諸王，令各起兵。沖募兵得五千餘人，起博州，（治聊城縣，在今山東聊城市東北。）先擊武水，（縣名，屬博州，在今山東聊城市西。）莘令馬玄素閉門拒守。（莘，縣名，屬博州，在今山東冠縣東南。）沖因風縱火，焚其南門；風回軍却，衆懼而散。沖還走博州，爲門者所殺。太后遣將軍丘神勣擊之，至博州，沖已死。越王貞亦舉兵於豫州，（治汝陽縣，即今河南汝南縣。）太后遣將軍麴崇裕等討之，又命張光輔爲諸軍節度。貞發屬縣兵得五千人，拒戰而潰，遂自殺。初，諸王往來相約結，未定而沖先發，惟貞狼狽應之，諸王皆不敢發，故敗。

貞之將起兵也，遣使告壽州刺史趙瓌，瓌音規。（壽州治壽春縣，即今安徽壽縣。）瓌妻常樂長公主，高祖女。謂使者曰：「李氏危若朝露，諸王先帝之子，不捨生取義，欲何須邪！大丈夫當爲忠義鬼，無爲徒死也。」

迫諸王自殺

及貞敗，太后欲悉誅諸王，命監察御史蘇珦按之。珦音向。無驗，太后召詰之，珦抗論不回。太后曰：「卿大雅之士，朕當别有任使，此獄不必卿也。」使周興等按之，於是收韓王元嘉、魯王靈夔、黄公譔、常樂公主於東都，迫使自殺，親黨皆誅。

時狄仁傑爲豫州刺史。貞黨與當坐者六七百家，當籍沒者五千口，仁傑密奏：「彼皆詿誤，臣欲顯奏，似爲逆人申理；不言，又乖陛下仁恤之旨。」太后特原之，皆流豐州。（治九原縣，在今內蒙古杭錦後旗西北。）道過寧州，（治定安縣，在今甘肅寧縣一帶。）寧州父老迎勞之曰：「我狄使君活汝邪！」（狄仁傑初爲寧州刺史，故寧州父老稱爲狄使君。）相攜哭於德政碑下，（德政碑在今甘肅寧縣故寧州城西。）三日而後行。

張光輔將士恃功，多所求取，仁傑不之應。光輔怒曰：「州將輕元帥邪？」仁傑曰：「明公縱將士暴掠，殺已降以爲功，恨不得尚方斬馬劍，加公之頸，雖死如歸耳！」光輔歸，奏之，左遷仁傑復州刺史。（復州治沔陽縣，即今湖北沔陽縣。）

殺霍王等

霍王元軌、江都王緒、東莞公融、濟州刺史薛顗、顗弟緒、緒弟駙馬都尉紹，顗音以。（濟州治盧縣，在今山東茌平縣西南。薛紹尚太平公主，免誅，餓死獄中。）皆坐與二王通謀，爲太后所殺。

綱 太后拜洛受圖。明堂成，號明堂曰萬象神宮。作天堂。

綱 己丑，六年，（六八九）太后永昌元年。春正月，帝在房州。

殺魏玄同

殺劉易從

殺鄭王璥等陳子昂上疏

綱　太后大饗萬象神宮。

綱　秋九月，太后以僧懷義爲新平道大總管，（新平道即豳州，舊新平郡，治新平縣，即今陝西邠縣。）討突厥。

綱　閏月，太后殺同平章事魏玄同。

目　魏玄同素與裴炎善，時人以其終始不渝，不渝，不變也。謂之「耐久朋」。周興素惡玄同，誣之曰：「玄同言后老矣，不若奉嗣君爲耐久。」太后怒，賜死於家。或教之告密，冀得召見自陳。玄同歎曰：「人殺鬼殺，等耳，豈能作告密人邪！」乃就死。

彭州長史劉易從，（彭州治濛陽縣，即今四川彭縣。）爲徐敬眞所引，敬眞，徐敬業弟。就州誅之。易從爲人，仁孝忠謹，將刑於市，吏民憐其無辜，遠近奔赴，競解衣投地，曰：「爲長史求冥福。」有司平準，直十餘萬。

綱　冬十月，太后殺鄭王璥等六人。

目　初，太后問陳子昂當今爲政之要，子昂上疏，以爲：「宜緩刑崇德，息兵革，省賦役，撫慰宗室，各使自安。」辭意婉切，其論甚美。至是，又上疏曰：「太平之朝，上下樂化，不宜有亂臣賊子，自犯天誅。比者大獄增多，逆徒滋廣，愚臣頑昧，初謂皆實，去月陛下特察李珍等無罪，又免楚金等死，初有風雨，變爲景雲。是年八月，徐敬眞引張楚金等，皆當死；臨刑，太后使馳騎赦之。是日陰雲四塞，既釋楚金等，天氣晴霽。臣乃知亦有無罪之人，枉於疎網者。臣聞陰慘者刑

太后始用周正　除唐宗室屬籍　策貢士

也，陽舒者德也；聖人法天，天亦助聖。今又陰雨，臣恐過在獄官，陛下何不悉召獄囚，自詰其罪！有實者顯示明刑，濫者嚴懲獄吏，使天下咸服，豈非至德克明哉！」

綱　十一月，太后享萬象神宮，始用周正。改十一月爲正月，十二月爲臘月，夏正月爲一月。

綱　太后自名曌，同照。改詔曰「制」。

綱　除唐宗室屬籍。

綱　庚寅，七年，（六九〇）周武氏天授元年。春正月，帝在房州。

綱　二月，太后策貢士於洛城殿。此後世進士殿試之始。按漢策問賢良，非試之也，後世出題試士於殿廷，始見於此，遂因之以爲定制。

目　貢士殿試自此始。補闕薛謙光上疏曰：「選舉之法，宜得實才，取捨之間，風化所繫。今之選人，咸稱覓舉，奔競相尙，諠訴無慙。至於才應經邦，惟令試策；武能制敵，止驗彎弧。昔漢武帝見司馬相如賦，恨不同時，時蜀人楊得意爲狗監，侍武帝。武帝讀子虛賦而善之，曰：「朕獨不得與此人同時哉！」得意曰：「臣邑人司馬相如自言爲此賦。」武帝乃召問相如。及置之朝廷，終文園令，文園，孝文帝園，有令丞。知其不堪公卿之任故也。吳起將戰，左右進劍，起曰：『將者提鼓揮桴，桴音浮，擊鼓槌也。臨難決疑，一劍之任，非將事也。』然則虛文豈足以佐時，善射豈足以克敵！要在文吏察其行能，武吏觀其勇略，考居官之臧否，否音鄙。行舉者之賞罰而已。」

綱　秋七月，太后流舒王元名於和州，（元名，高祖子。舒即舒州，治懷寧縣，即今安徽潛山縣。和州治歷陽縣，即今安徽和縣。）以侯思止、王弘義爲侍御史。

目　醴泉人侯思止，（醴泉縣，在今陝西乾縣東北。）素詭譎無賴。恆州刺史裴貞杖一判司，判司使思止告貞與舒王元名謀反，元名廢徙和州，貞亦族滅。思止求爲御史，太后曰：「卿不識字！」對曰：「獬豸何嘗識字，獬音蟹。豸同廌，音柴上聲。獬豸，神羊也，性忠直，見人鬬則觸不直，聞人論則咋不正。一名任法獸。後世御史法冠曰獬豸。但能觸邪耳。」太后悅，從之。

衡水人王弘義素無行，（衡水，即今河北衡水縣。）嘗從鄰舍乞瓜，不與，乃告縣官瓜田中有白兔；縣官使人搜捕，蹂踐立盡。又見閭里耆老作邑齋，遂告以謀反，殺二百餘人。太后擢爲殿中侍御史。或告勝州都督王安仁謀反，（勝州治榆林縣，在今內蒙古托克托縣東北，近和林格爾。）敕弘義按之。安仁不服，弘義即枷上刎其首。朝士人人自危，每朝輒與家人訣曰：「未知復相見否？」

時法官競爲深酷，惟司刑丞徐有功、杜景儉獨存平恕，被告者皆曰：「遇來、侯必死，（來即來俊臣。侯即侯思止。）遇徐、杜必生。」有功，名弘敏，以字行。初爲蒲州司法，（蒲州治河東縣，在今山西芮城縣西北。）不施敲扑。敲扑，皆杖也。吏相約有犯徐司法杖者，衆共斥之。迨官滿，不杖一人，職事亦脩。及爲司刑丞，酷吏所誣構者，皆爲直之，前後所活數十百家。嘗廷爭獄事，太后厲色詰之，有功神色不撓，爭之彌切。太后雖好殺，知有功正直，甚敬憚之。

司刑丞李日知亦尚平恕。少卿胡元禮欲殺一囚，日知以爲不可，往復數四，元禮曰：

用侯思止王弘義爲侍御史

徐杜獨存平恕

李日知亦尚平恕

殺南安王穎等

武后改國號曰周

傳遊藝請改國號

封武承嗣等王

傳遊藝相

四時仕宦

「元禮不離刑曹，此囚終無生理！」日知曰：「日知不離刑曹，此囚終無死法！」乃以所列狀上，日知果直。

綱　太后殺南安王穎等十二人，及故太子賢二子。

目　唐之宗室，於是殆盡，其幼弱者亦流嶺南。

綱　九月，武氏改國號曰周。稱皇帝，以豫王旦爲皇嗣，改姓武氏。

目　侍御史傅遊藝上表請改國號曰周，賜皇帝姓武氏。太后不許；擢遊藝爲給事中。於是百官、宗戚、百姓、四夷合六萬餘人，俱上表如遊藝所請，太后可之。御則天樓，赦天下，以唐爲周。上尊號曰聖神皇帝，以皇帝爲皇嗣，賜姓武氏。立武承嗣爲魏王，（魏即魏州，治貴鄉縣，在今河北大名縣東。）三思爲梁王，（梁即梁州，治南鄭縣，在今陝西漢中市東。）士彠兄孫攸暨等十二人皆爲郡王。（武士彠，武后父。）以傅遊藝爲鸞臺侍郎、平章事。遊藝朞年之中歷衣青、綠、朱、紫，時人謂之「四時仕宦」。太后欲以太平公主妻武攸暨，（公主，武后女。）使人殺其妻而妻之。公主多權略，太后以爲類己，常與密議天下事。

綱　冬十月，周以徐有功爲侍御史。

目　道州刺史李行褒兄弟爲酷吏所陷，（道州治營道縣，即今湖南道縣。）當族。秋官郎中徐有功固爭不能得。周興奏有功故出反囚，當斬，太后免有功官。然太后雅重有功，尋復起爲侍御史。有功伏地流涕固辭曰：「臣聞鹿走山林而命懸庖廚，勢使之然也。陛下以臣爲法官，臣不敢枉陛下法，必死是官矣。」太后固授之，聞者相賀。

綱　辛卯，八年，（六九一）周武氏天授二年。春正月，帝在房州。

綱　二月，周流其右丞周興於嶺南。

周興流嶺南

目　初，金吾大將軍丘神勣以罪誅，或告右丞周興與神勣通謀，太后命來俊臣鞫之，俊臣與興方推事對食，謂興曰：「囚多不承，當爲何法？」興曰：「此甚易耳！取大甕，以炭四周炙之，令囚入中，何事不承！」俊臣索大甕，如興法，起謂興曰：「有內狀推兄，請兄入此甕！」興惶恐服罪。法當死，原之，流嶺南，在道爲仇家所殺。興與索元禮、來俊臣競爲暴刻，所殺各數千人，破千餘家。元禮殘酷尤甚，尋亦爲太后所殺。

請入此甕

綱　秋九月，周以武攸寧爲納言，狄仁傑同平章事。

狄仁傑相

目　太后謂仁傑曰：「卿在汝南，卽豫州，仁傑先爲豫州刺史。甚有善政，卿欲知譖卿者名乎？」仁傑謝曰：「陛下以臣爲過，臣請改之；知臣無過，臣之幸也，不願知譖者名。」太后深歎美之。

狄仁傑不願知譖者名

綱　周殺其同平章事格輔元、右相岑長倩、納言歐陽通。

目　先是，鳳閣舍人張嘉福使洛陽人王慶之等數百人上表，請立武承嗣爲皇太子。岑長倩、格輔元以皇嗣在東宮，不宜有此議，由是大忤諸武意，皆坐誅。來俊臣教長倩子引歐陽通，訊之，不服，詐爲款，并殺之。太后詔慶之曰：「皇嗣我子，奈何廢之？」對曰：「『神不

王慶之請立武承嗣爲太子

李昭德諫以姪爲嗣

擢用舉人

歆非類，民不祀非族。』今誰有天下，而以李氏爲嗣乎！」太后不從。慶之屢求見，太后怒，命鳳閣侍郎李昭德杖之。昭德引出門，示朝士曰：「此賊欲廢我皇嗣，立武承嗣。」命撲之，撲，投擲也。耳目皆血出，然後杖殺之，其黨乃散。昭德因言於太后曰：「天皇，陛下之夫；皇嗣，陛下之子。陛下身有天下，當傳之子孫爲萬代業，豈得以姪爲嗣乎！自古未聞姪爲天子而爲姑立廟者也！且陛下受天皇顧託，若以天下與承嗣，則天皇不血食矣。」太后亦以爲然。

綱 壬辰，九年，(六九二)周武氏如意元年，再改長壽。春正月，帝在房州。

綱 周武氏引見存撫使所舉人。

目 初，太后遣使存撫四方。至是，引見其所舉人，無問賢愚，悉皆擢用，高者試給、舍，高第者試守鳳閣舍人，給事中。次郎、御史、遺補、校書郎。其次等者試守諸郎官、侍御史、拾遺補闕、校書郎。試官自此始。時人爲之語曰：「補闕連車載，拾遺平斗量；欋椎侍御史，欋音渠。椎同推。齊、魯謂四齒杷爲欋，言授官之泛，如用杷推聚之多。盌脫校書郎。」盌同椀。言官不得人，如模脫盌杯，箇箇相似。有舉人沈全交續之曰：「麴心存撫使，麴同糊。眯目聖神皇。」眯音米，物入目中也。武后號聖神皇帝。御史劾之，太后笑曰：「但使卿輩不濫，何恤人言！」太后雖濫以祿位收人心，然不稱職者，尋亦黜之，或加刑誅。挾刑賞之柄以駕御天下，政由己出，明察善斷，故當時英賢亦競爲之用。

綱 周以郭霸爲監察御史。

郭霸嘗糞

目 郭霸以諂諛拜監察御史。中丞魏元忠病，霸往問之，因嘗其糞，喜曰：「糞甘則可憂；今苦，無傷也。」元忠大惡之。

貶狄魏爲縣令

綱 周貶狄仁傑、魏元忠爲縣令。

目 來俊臣羅告同平章事任知古、狄仁傑、裴行本、司農卿裴宣禮、左丞盧獻、中丞魏元忠、潞州刺史李嗣眞謀反。（羅告，羅織人罪而告之。潞州治上黨縣。即今山西長治市。）先是，俊臣請降敕，一問卽承反者，得減死。知古等下獄，俊臣以此誘之，仁傑曰：「大周革命，萬物惟新，唐室舊臣，甘從誅戮。反是實！」俊臣乃少寬之。判官王德壽教仁傑引平章事楊執柔，仁傑曰：「皇天后土遣狄仁傑爲如此事！」以頭觸柱，血流被面；德壽懼而謝之。

狄仁傑裂衾書冤

仁傑裂衾帛書冤狀，置綿衣中，謂德壽曰：「天時方熱，請授家人去其綿。」德壽許之。仁傑子得書，持之稱變，（稱變，卽告變，亦云上變，謂以非常之事上告也。）以聞。太后以問俊臣，俊臣乃詐爲仁傑等謝死表上之。

初，平章事樂思晦亦爲俊臣等所殺，男未十歲，沒入司農。至是上變，得召見，太后問狀，對曰：「臣父已死，臣家已破，但惜陛下法爲俊臣等所弄。陛下不信臣言，乞擇朝臣之忠清、陛下素所信任者，爲反狀以付俊臣，無不承反矣。」太后意稍寤，召見仁傑等，問曰：「卿承反何也？」對曰：「不承，則已死於拷掠矣。」太后曰：「何爲作謝死表？」對曰：「無之。」出表示之，乃知其詐，於是出此七族。皆貶縣令：仁傑彭澤，（在今江西彭澤縣東。）元忠涪陵。（今四

禁屠殺

杜肅懷餤上告

罷武承嗣相李昭德

川涪陵縣。)流行本、嗣眞於嶺南。

綱 夏五月，禁天下屠殺採捕。

目 時江、淮旱饑，民不得採魚蝦，餓死者甚衆。拾遺張德生男，私殺羊會同僚，補闕杜肅懷一餤，餤音淡。一餤，猶言一臠，謂一口之食也。上表告之。明日，太后對仗，謂德曰：「聞卿生男，甚喜。」德拜謝。太后曰：「何從得肉？」德叩頭伏罪。太后曰：「朕禁屠宰，吉凶不預。卿自今召客，亦須擇人。」出肅表示之。肅大慙，舉朝欲唾其面。

綱 秋七月，周左相武承嗣罷，以李昭德同平章事。

目 先是昭德密言於太后曰：「魏王承嗣權太重。」太后曰：「吾姪也，故委以腹心。」昭德曰：「姑姪之親，何如父子？子猶有篡弒其父者，況姪乎！」太后矍然，矍音覺。矍然，驚顧貌。遂罷承嗣政事。承嗣亦毁昭德於太后，太后曰：「吾任昭德，始得安眠，彼代吾勞，汝勿言也。」

綱 周流其御史嚴善思於驩州。(治九德縣，在今越南民主共和國北境。)

目 太后自垂拱以來，垂拱，武后年號。任用酷吏，先誅唐宗戚數百人，次及大臣數百家，其刺史、郎將以下，不可勝數。每除一官，戶婢竊相謂曰：「鬼朴又來矣。」不旬月，輒遭掩捕、族誅。監察御史嚴善思，公直敢言。時告密者不可勝數，太后亦厭其煩，命善思按問，引虛伏罪者八百五十餘人，羅織之黨爲之不振，乃相與構善思，坐流驩州。太后知其枉，尋

朱敬則疏請知變

復召之。補闕朱敬則上疏曰：「李斯相秦，用刻薄變詐以屠諸侯，不知易之以寬和，卒至土崩，此不知變之禍也。漢高祖定天下，陸賈、叔孫通說之以禮義，傳世十二，此知變之善也。自文明草昧，文明，睿宗年號。易屯卦彖傳：「天造草昧。」草，雜亂。昧，晦冥也。天地屯蒙，易二卦名。屯，難也。蒙，昧也。三叔流言，如琅邪王冲等舉兵之類，猶周成王時之三叔也。四凶構難，如李敬業起兵之類，猶舜時之四凶也。不設鉤距，（鉤距，見卷十五漢宣帝本始三年「廣漢尤善為鉤距」注。）無以應天順人，易革卦彖傳：「湯武革命，順乎天而應乎人。」不切刑名，不可摧姦息暴。故開告端，告密之端。以禁異議。然急趨無善迹，促柱少和聲，柱，瑟上鴈足。

向時妙策今之芻狗

向時之妙策，乃當今之芻狗也。芻音初。芻狗，謂不可用也。芻，草也，結草為狗形，以解厭也；祭時所用，已則棄之。伏願覽秦、漢之得失，考時事之合宜，窒羅織之源，窒，塞也。掃朋黨之迹，使天下蒼生坦然大悅，豈不樂哉！」太后善之，賜帛三百段。

綱　冬十月，周武氏殺豫王妃劉氏。

目　戶婢團兒為太后所寵信，有憾於皇嗣，乃譖皇嗣妃劉氏及德妃竇氏為厭呪。厭，禳也。呪，詛也。太后殺之，瘞於宮中，瘞音意，埋也。莫知所在。德妃父孝諶為潤州刺史。有奴妄為妖異，以恐妃母龐氏，因請夜祠禱而發其事。監察御史薛季昶按之，昶音唱。以為當斬，其子希瑊詣侍御史徐有功訟冤，瑊音斟。有功論之，以為無罪；季昶奏有功阿黨惡逆，罪當絞。令史以白有功，有功歎曰：「豈我獨死，諸人永不死邪！」既食，掩扉熟寢。扉，戶扇。太后召有功，謂曰：「卿比按獄，失出何多？」失出，失於出人之罪。對曰：「失出，人臣之少過；好生，聖人之大德。」太后默然。由是龐氏得減死，有功亦除名。

撰時政記

綱 周制宰相撰時政記，月送史館。時政記自此始，從姚璹之請也。

綱 癸巳，十年，（六九三）周武氏長壽二年。春正月，帝在房州。

婁師德相

綱 周以婁師德同平章事。

目 師德寬厚清慎，犯而不校。其弟除代州刺史，將行，師德謂曰：「吾兄弟榮寵過盛，人所疾也，將何以自免？」弟曰：「自今雖有人唾某面，某拭之而已，庶不爲兄憂。」師德愀然，愀音悄。愀然，悚動之貌。曰：「此所以爲吾憂也！人唾汝面，怒汝也；而汝拭之，則逆其意，而重其怒矣。夫唾，不拭自乾，當笑而受之耳。」

唾面自乾

綱 周殺其尚方監裴匪躬。

目 匪躬坐私謁皇嗣，腰斬於市，自是公卿以下皆不得見。又有告皇嗣潛有異謀者，太后命來俊臣鞫其左右，左右不勝楚毒，皆欲自誣。太常工人安金藏大呼曰：工人，樂工也。「請剖心以明皇嗣不反。」即引佩刀自剖其胸，五臟皆出。太后聞之，令轝入宮，轝，音輿，兩手對舉之車。使醫內五臟，內同納。以桑皮線縫之，傅以藥，經宿始蘇。太后親臨視之，歎曰：「吾有子不能自明，使汝至此。」即命俊臣停推，睿宗由是得免。

安金藏剖心

綱 甲午，十一年，（六九四）周武氏延載元年。春正月，帝在房州。

杜景儉相

綱 秋八月，周以杜景儉同平章事。

目　太后出梨花一枝以示宰相，宰相皆以爲瑞。杜景儉獨曰：「今草木黄落，而此更發榮，陰陽不時，咎在臣等。」因拜謝。太后曰：「卿眞宰相也！」

貶來俊臣流王弘義

綱　九月，周貶來俊臣爲同州參軍，（同州治馮翊縣，即今陜西大荔縣。）流王弘義於瓊州。（治瓊山縣，在今廣東瓊山縣南。）

綱　周貶其内史李昭德爲南賓尉。前魯王參軍丘愔上疏攻其專權，故貶之。（南賓郡即忠州，治臨江縣，即今四川忠縣。）

明堂火

綱　冬十一月，周明堂火。

使人毆殺懷義

目　太后命懷義作天堂，（作天堂見上垂拱四年。）日役萬人，費以億計，府藏爲空。懷義所度力士爲僧者滿千人，侍御史周矩疑有姦謀，固請按之。太后命流其黨，懷義不問。又命殺牛取血，畫大像首高二百尺，云懷義刺膝血爲之，張於天津橋南。（天津橋在今河南洛陽市西南，隋煬帝造。）侍御醫沈南璆亦得幸於太后，璆音求。懷義心愠，乃密燒天堂，延及明堂皆盡，風裂血像爲數百段。太后諱之，命更造明堂、天堂。懷義内不自安，言多不順，太后陰使人毆殺之。

劉知幾陳事

以明堂火，制求直言。獲嘉主簿劉知幾表陳四事。（獲嘉縣，即今河南獲嘉縣。）是時官爵易得而法網嚴峻，故人競爲趨進而多陷刑戮，知幾乃著思慎賦，以刺時見志焉。

綱　乙未，十二年，（六九五）周武氏天册萬歲元年。春正月，帝在房州。

武攸緒棄官隱嵩山

契丹陷冀州

姚元崇剖析如流

以徐有功爲殿中侍御史

潘好禮設客問

【綱】冬十一月，周安平王武攸緒棄官隱嵩山。（安平縣，在今河北深縣北。嵩山，在今河南登封縣北。）

【目】千牛衛將軍、安平王武攸緒，千牛衛將軍，東宮官名。少有志行，恬澹寡欲，求棄官，隱於嵩山之陽。太后疑其詐，許之，以觀其所爲。攸緒遂優游巖壑，冬居茅椒，茅椒編之爲室，性暖，可以禦寒。夏居石室，太后所賜服器皆置不用，買田使奴耕種，與民無異。

【綱】丙申，十三年，（六九六）周武氏萬歲通天元年。春正月，帝在房州。

【綱】周新明堂成。號曰通天宮。

【綱】冬十月，契丹陷冀州。契丹，東胡種名。（時契丹在營州，即今遼寧遼陽市一帶。契丹孫萬榮合衆陷冀州，冀州治信都縣，即今河北衡水縣西南。）周以狄仁傑爲魏州刺史。

【綱】周以姚元崇爲夏官侍郎。

【目】時契丹入寇，軍書塡委，夏官郎中姚元崇剖析如流，皆有條理，太后奇之，擢爲夏官侍郎。

【綱】周以徐有功爲殿中侍御史。

【目】太后思徐有功用法平恕，擢拜左臺殿中侍御史，遠近聞者無不相賀。宗城潘好禮著論，（宗城，縣名，在今河北南宮縣西南。）稱有功蹈道依仁，固守誠節，不以貴賤死生易其操履。設客問曰：「徐公於今，誰與爲比？」主人曰：「四海至廣，人物至多，或匿迹韜光，僕不敢誣，若所聞見，則一人而已，當於古人中求之。」客曰：「何如張釋之？」（張釋之，漢文帝時廷尉。）主人曰：「釋之所行者甚易，徐公所行者甚難，難易之閒，優劣見矣。張公逢漢文之時，天下無事，守法而已，豈不易哉！徐公逢革命之秋，屬惟新之運，屬，會也。人主有疑於上，酷吏恣虐於下；而徐公守死善道，深相明白，幾陷囹圄，囹圄，音陵語，獄名，周獄曰囹圄。數掛網羅，豈不難哉！」客曰：「使爲司刑卿，乃得展其才矣。」主人曰：「吾子徒見徐公用法平允，謂可置司刑；僕覩其人，方寸之地，何所不容，若其用之，何事不可，豈直司刑而已哉！」

綱　十一月，周以張昌宗爲散騎常侍，張易之爲司衞少卿。

以張昌宗爲常侍張易之爲少卿

目　昌宗、易之，年少美姿容，太平公主薦之入侍禁中，皆得幸於太后；常傅朱粉，衣錦繡，賞賜不可勝紀。武承嗣、三思、懿宗、宗楚客、晉卿皆候其門庭，爭執鞭轡，謂張易之爲「五郎」，昌宗爲「六郎」。

五郎六郎

綱鑑易知錄卷四七

唐紀

中宗皇帝

附武后

綱 丁酉，十四年，（六九七）周武氏神功元年。春正月，帝在房州。

綱 夏四月，周以王及善爲內史。

王及善爲內史

目 王及善已致仕，會契丹作亂，起爲滑州刺史。（滑州治白馬縣，在今河南滑縣東。）太后召見，問以朝廷得失，及善陳治亂之要十餘事。太后曰：「外州末事，此爲根本，卿不可出。」留爲內史。

綱 六月，周來俊臣伏誅。

誅來俊臣

目 來俊臣倚勢貪淫，士民妻妾有美者，百方取之；前後羅織誅人，羅織，網羅無辜，織成反狀。不可勝計。自言才比石勒。監察御史李昭德素惡之，俊臣遂誣昭德謀反，下獄。又欲羅告諸武及太平公主與皇嗣、廬陵王、南北牙同反。太平公主，武后女。皇嗣即睿宗，廬陵王即中宗。牙同衙。唐分宰相爲南司，故稱南牙；宦寺爲北司，故稱北牙。諸武及太平公主共發其罪，繫獄，有司處以極刑。奏上，三日不出。王及善曰：「俊臣，國之元惡，不去之，必動搖朝廷。」吉頊曰：「俊臣聚結不逞，誣構良善，贓賄如山，寃魂塞路，國之賊也，何足惜哉！」太后乃下其奏。昭德、俊臣同棄市，時人無不痛昭德而快俊臣，仇家爭噉其肉。噉音淡，食也。士民相賀曰：「自今眠者背始帖席矣。」

（李昭德來俊臣同棄市）

綱　周以武承嗣、武三思同三品。

綱　秋九月，周以魏元忠爲肅政中丞。

綱　冬閏十月，以狄仁傑同平章事。（狄仁傑復相）

綱　戊戌，十五年，（六九八）周武氏聖曆元年。春三月，帝還東都。

目　武承嗣、三思營求爲太子，狄仁傑從容言於太后曰：「太宗櫛風沐雨，櫛音職。莊子天下篇：「昔者禹之湮洪水，沐甚雨，櫛疾風。」郭象註：「櫛，梳也。冒驟雨而沐髮，衝疾風而梳頭。」親冒鋒鏑，鏑，音的，矢鏃。以定天下，傳之子孫。大帝以二子託陛下，陛下今乃欲移之他族，無乃非天意乎！且姑姪之與母子孰親？陛下立子，則千秋萬歲後，配食太廟；立姪，則未聞姪爲天子而祔姑於廟者也。」祔音附，合食於先祖曰祔。太后曰：「此朕家事，卿勿預知。」仁傑曰：「王者以四海爲家，四海之內，何者不爲陛下家事！況元首、股肱，元首，君也。股肱，臣也。虞書：「元首明哉，股肱良哉。」義同一體，臣備位宰相，豈得有所不預知乎！」因勸太后召還廬陵王，太后意稍寤。（狄仁傑說武后）（狄仁傑勸武后召還廬陵王）他日，又謂仁傑曰：「朕夢大鸚鵡兩翼皆折，鸚鵡，能言鳥。何也？」對曰：「武者，陛下之姓；兩翼，二子也。二子，中宗、睿宗。陛下起二子，則兩翼振矣。」太后由是無立承嗣、三思之意。

吉頊說張易之昌宗

吉頊與張易之、昌宗爲控鶴監供奉，官名。唐書百官志，控鶴府有監有丞及主簿、錄事等，監三品，嗣聖十七年改爲奉宸府。頊從容說二人曰：「公兄弟貴寵，天下側目，不有大功，何以自全？」二人懼，問計。頊曰：「天下未忘唐德，主上春秋高，公何不勸立廬陵王以慰人望！如此，豈徒免禍，亦可以長保富貴矣。」二人以爲然，乘閒屢爲太后言之。乘閒，乘空閒處。太后乃託言廬陵王有疾，遣使召之，及其妃子皆詣行在。乘輿所至曰行在。承嗣怏怏，遂發病死。

武承嗣死

綱 秋八月，周以狄仁傑兼納言。

目 太后命宰相各舉尚書郎一人，仁傑舉其子光嗣，拜地官員外郎，（武后改六曹爲天、地、四時六官。）已而稱職。太后喜曰：「卿足繼祁奚矣。」左傳襄公三年：「晉祁奚請老，晉侯問嗣焉，稱解狐，其讎也；將立之而卒。又問焉，對曰：『午也可。』於是羊舌職死矣，晉侯曰：『孰可以代之？』對曰『赤也可。』於是使祁午爲中軍尉，羊舌赤佐之。君子謂祁奚能舉善矣，稱其讎不爲諂，立其子不爲比，舉其偏不爲黨。」午，奚之子。赤，職之子。

藥籠中物

通事舍人元行沖，博學多通，仁傑重之。行沖數規諫仁傑，且曰：「凡爲家者必有儲蓄脯醢以適口，參朮以攻疾。僕竊計明公之門，珍味多矣，行沖請備藥物之末。」仁傑笑曰：「吾藥籠中物，何可一日無也！」

綱 九月，突厥陷趙州，（時突厥默啜居黑沙城，入寇。趙州治平棘縣，在今河北寧晉縣西北。）周刺史高叡死之。

綱　周武氏以帝爲皇太子、河北道元帥，皇嗣固請遜位於廬陵王，太后許之，立爲太子，賜姓武氏。（河北道見卷四十二貞觀元年「分爲十道」注。唐唯以親王及太子爲元帥。）狄仁傑副之，以討默啜。

以廬陵王爲皇太子

綱　周以蘇味道同平章事。

蘇味道相

目　味道在相位，依阿取容，嘗謂人曰：「處事不宜明白，但摸棱持兩端可矣。」棱，四方木，摸之可左可右。時人謂之「蘇摸棱」。

蘇摸棱

綱　冬十月，周以狄仁傑爲河北道安撫大使。

狄仁傑安撫河北

目　時河北人爲突厥所驅逼者，虜退，懼誅，往往亡匿。仁傑上疏曰：「邊塵暫起，暫同暫。不足爲憂，中土不安，此爲大事。諸爲突厥、契丹脅從之人，皆是計逼情危，且圖賒死。賒死，緩死也。今且潛竄山澤，露宿草行，罪之則衆情恐懼，恕之則反側自安，伏願曲赦河北諸州，一無所問。」制從之。仁傑於是撫慰百姓，河北遂安。

綱　周以姚元崇同平章事。

姚元崇相

綱　十一月，周以豫王旦爲相王。（豫王旦卽皇嗣，廢之，改爲相王。相卽相州，治安陽縣，卽今河南安陽市。）

綱　己亥，十六年，（六九九）周武氏聖曆二年。春正月，帝在東宮。

綱　秋八月，周納言婁師德卒。

婁師德卒

目 師德性沉厚寬恕，狄仁傑之入相也，師德實薦之；而仁傑不知，意頗輕之。太后嘗問仁傑曰：「師德知人乎？」對曰：「臣嘗同僚，未聞其知人也。」太后曰：「朕之知卿，乃師德所薦也，亦可謂知人矣。」仁傑既出，歎曰：「婁公盛德，我爲其所包容久矣，吾不得窺其際也。」是時，羅織紛紜，師德久爲將相，獨能以功名終，人以是重之。

貶吉頊

綱 冬十一月，周貶吉頊爲安固尉。（安固，或作琰川，唐無安固縣。琰川在今貴州遵義境內。）

目 太后以頊有幹略，以爲同平章事，委以腹心。頊與武懿宗爭趙州之功於太后前，頊視懿宗聲氣陵厲，太后由是不悅，曰：「頊在朕前，猶卑諸武，況異時詎可倚邪！」他日，頊奏事，方援引古今，太后怒曰：「卿所言，朕飫聞之，（飫，厭也。）無多言！昔太宗有馬，肥逸無能制者。朕爲宮女，進言曰：『妾能制之，然須三物，一鐵鞭，二鐵檛，（檛音打，杖也。）三匕首。（匕首，短劍。）鞭之不服則檛其首，檛之不服則斷其喉。』太宗壯朕之志。今日卿豈足汙朕匕首邪！」頊皇恐，謝。諸武因共發其弟冒官事，由是坐貶。辭日，得召見，涕泣言曰：「臣永辭闕庭，願陳一言。」太后問之，頊曰：「合水土爲泥，有爭乎？」太后曰：「無之。」又曰：「分半爲佛，半爲天尊，有爭乎？」曰：「有爭矣。」頊頓首曰：「宗室、外戚各當其分，則天下安。今太子已立，而外戚猶爲王，此陛下驅之使他日必爭，兩不得安矣。」太后曰：「朕亦知之，然業已如是，不可如何。」

制馬三物

綱 十二月，周以狄仁傑爲內史。

狄仁傑卒

狄仁傑薦張柬之等

復以正月爲歲首

蘇安恆疏請禪位東宮

綱　庚子，十七年，（七〇〇）周武氏久視元年。春正月，帝在東宮。

綱　夏六月，司空、梁文惠公狄仁傑卒。（梁卽梁州，治南鄭縣，在今陝西漢中市東。）

目　太后信重仁傑，羣臣莫及，常謂之「國老」而不名。仁傑好面引廷爭，太后每屈意從之。嘗從太后遊幸，遇風巾墜，馬驚不止，太后命太子追執其鞚而繫之。鞚音控，馬勒也。屢以老疾乞骸骨，不許。每入見，太后常止其拜，曰：「每見公拜，朕亦身痛。」及薨，太后泣曰：「朝堂空矣！」自是朝廷有大事，衆或不能決，太后輒歎曰：「天奪吾國老何太早邪！」

太后嘗問仁傑：「朕欲得一佳士用之，誰可者？」仁傑曰：「有張柬之者，其人雖老，宰相才也。」太后擢爲洛州司馬。（洛州治河南縣，卽今河南洛陽市。）數日，又問，仁傑對曰：「前薦柬之，尚未用也。」太后曰：「已遷矣。」對曰：「臣所薦者可爲宰相，非司馬也。」乃遷秋官侍郎，卒用爲相。仁傑又嘗薦夏官侍郎姚元崇，監察御史桓彥範、太州刺史敬暉等數十人，（武德中置太州，後廢，此復置，治太谷縣，卽今山西太谷縣。）卒成反正之功。或謂仁傑曰：「天下桃李，謂所薦門生。悉在公門矣。」仁傑曰：「薦賢爲國，非爲私也。」中宗復位，贈司空，睿宗時追封梁國公。

綱　冬十月，周復以正月爲歲首。

綱　辛丑，十八年，（七〇一）周武氏大足元年，又改長安。春正月，帝在東宮。

目　是歲，武邑人蘇安恆，（武邑縣，在今河北衡水縣東北。）上疏太后曰：「陛下欽先聖之顧託，受嗣子之推讓，敬天順人，二十年矣。今太子春秋既壯，陛下年德既尊，何不禪位東宮，使臨宸極，亦何異陛下之身哉！諸武皆得封王，而陛下二十餘孫無尺寸之土，此非長久之計也。」疏奏，太后召見，賜食，慰諭而遣之。

三月雪

綱 三月，雨雪。

王求禮不賀瑞雪

目 蘇味道以雪爲瑞，帥百官入賀。殿中侍御史王求禮止之曰：「三月雪爲瑞雪，臘月雷爲瑞雷乎？」味道不從。既入，求禮獨不賀，進言曰：「今陽和布氣，草木發榮，而寒雪爲災，豈得誣以爲瑞！賀者皆諂諛之士也。」太后爲之罷朝。

三足牛

時又有獻三足牛者，宰相復賀。求禮颺言曰：（颺言，亟明其失也。書益稷注：「大言而疾曰颺。」）「凡物反常皆爲妖，此鼎足非其人，（鼎足謂三公。）政教不行之象也。」太后爲之愀然。（愀然，悚動之貌。）

李迥秀相

綱 夏六月，周以李迥秀同平章事。

目 迥秀母本微賤，妻叱媵婢，（送女從嫁爲媵婢。媵音孕。）母聞之不悅，迥秀即時出之。或問「何遽如是？」迥秀曰：「娶妻本以養親；今乃違忤顏色，安敢留也！」

崔玄暐爲侍郎

綱 冬十一月，周以崔玄暐爲天官侍郎。

目 天官侍郎崔玄暐，性介直，未嘗請謁。執政惡之，改文昌左丞。（武后改尙書省爲文昌臺。）月餘，太后謂玄暐曰：「聞卿改官，令史設齋自慶，此欲盛爲姦貪耳；今還卿舊任。」乃復拜天官侍郎。

綱 周以郭元振爲涼州都督。（涼州治姑臧縣，即今甘肅武威縣。）

蘇安恆復疏禪位東宮

綱　壬寅，十九年，（七〇二）周武氏長安二年。春正月，帝在東宮。

目　是歲，蘇安恆復上疏曰：「臣聞天下者，神堯、文武之天下也，神堯卽高祖，文武卽太宗。陛下雖居正統，實因唐氏舊基。當今太子追迴，年德俱盛，陛下貪其寶位而忘母子深恩，將以何顏見唐家之宗廟哉！今天意人事，還歸李家。陛下雖安天位，殊不知物極則反，器滿則傾。臣何惜一朝之命，而不安萬乘之國哉！」太后亦不之罪。

設武舉

綱　周設武舉。（武舉有長垜、馬射、步射、平射、筒射、馬槍、翹關、負重、身材諸科選。）

綱　秋九月朔，日食，不盡如鉤。

張嘉貞爲監察御史

綱　冬十二月，周以張嘉貞爲監察御史。

佳客

目　侍御史張循憲爲河東採訪使，有疑事不能決，問侍吏曰：「此有佳客，可與議事者乎？」吏言前平鄉尉張嘉貞有異才，（平鄉縣，在今河北鉅鹿縣南。）循憲召見，詢之；嘉貞爲之條析理分，莫不洗然，循憲因請爲奏，皆意所未及。及還，太后善之，循憲具言嘉貞所爲，且請以己官授之。太后曰：「朕寧無一官自進賢邪！」因召嘉貞與語，大悅，卽拜監察御史；擢循憲司勳郎中，賞其得人也。

綱　癸卯，二十年，（七〇三）周武氏長安三年。春正月，帝在東宮。

綱　夏閏四月，周改文昌臺爲中臺。

綱　秋九月朔，日食既。

貶魏元忠流張說

宋璟等激張說

綱　周貶魏元忠爲高要尉，（高要縣，即今廣東肇慶市。）流張說於嶺南。

目　初元忠爲洛州長史，張易之奴暴亂都市，元忠杖殺之。及爲相，太后欲以易之弟昌期爲雍州長史，（雍州治萬年縣，即今陝西西安市。）問宰相：「誰堪雍州者？」元忠以薛季昶對。太后曰：「昌期何如？」元忠曰：「昌期少年，不閑吏事，不如季昶。」太后默然而止。元忠又嘗面奏：「臣承乏宰相，承其空乏也。左傳成公二年：「攝官承乏。」不能盡忠死節，使小人在側，臣之罪也！」太后不悅。由是諸張深惡之，乃譖元忠嘗言：「太后老矣，不若挾太子爲久長。」太后怒，下元忠獄。

昌宗密引鳳閣舍人張說，賂以美官，使證元忠；說許之。太后召說入，鳳閣舍人宋璟謂曰：「名義至重，鬼神難欺，不可黨邪陷正！若獲罪流竄，其榮多矣。若事有不測，璟當叩閤力爭，與子同死。努力爲之，萬代瞻仰，在此舉也！」殿中侍御史張廷珪曰：「朝聞道，夕死可矣。」左史劉知幾曰：「無汙青史，史者，紀事之書，謂之青者，蓋古人以火炙簡，令汗出，取青易書，故其簡謂之青簡，而史亦謂之青史。爲子孫累！」及入，太后問之，說未對。昌宗從旁迫趣說，使速言。說曰：「陛下視之，在陛下前，猶逼臣如是，況在外乎！臣實不聞元忠有是言。」易之、昌宗遽呼曰：「張說與元忠同反！」太后問其狀，對曰：「說嘗謂元忠爲伊、周；伊尹放太甲，周公攝王位，非欲反而何？」說曰：「易之小人，徒聞伊、周之語，安知伊、周之道！伊尹、周公爲臣至忠，古今慕仰。陛下用宰相，不使學伊、周，當使學誰邪？」太后曰：「說反覆，宜并繫治

朱敬則疏理魏張
王晙申理元忠
張易之憚宋璟
崔玄暐相

之。」他日，更引問説，對如前。

朱敬則抗疏理之曰：「元忠素稱忠正，張説所坐無名，若令抵罪，失天下望。」竟貶元忠高要尉，流説嶺表。元忠入辭，言曰：「臣老，向嶺南，十死一生。但陛下他日必思臣言。」因指昌宗、易之曰：「此二小兒，終爲亂階。」

殿中侍御史王晙復奏申理元忠，晙音俊。宋璟謂之曰：「魏公幸已得全，今子復冒威怒，得無狼狽乎！」晙曰：「魏公以忠獲罪，晙爲義所激，顛沛無恨。」顛沛，傾覆流離也。璟歎曰：「璟不能伸魏公之枉，深負朝廷矣。」

太后嘗命朝貴宴集，易之兄弟皆位宋璟上。易之素憚璟，欲悦其意，虚位揖之曰：「公方今第一人，何乃下坐？」璟曰：「才劣位卑，張卿以爲第一，何也？」天官侍郎鄭杲謂璟曰：「中丞奈何卿五郎？」（時稱易之爲五郎。）璟曰：「以官言之，正當謂卿。足下非張卿家奴，何郎之有！」舉坐悚惕。時自武三思以下，皆謹事易之兄弟，璟獨不爲之禮。諸張積怒，嘗欲中傷之；太后知之，故得免。

綱　甲辰，二十一年，（七〇四）周武氏長安四年。春正月，帝在東宮。

綱　周平章事朱敬則致仕。

目　敬則爲相，以用人爲先，自餘細務不之視。

綱　夏四月，周以天官侍郎崔玄暐同平章事。

綱 周以姚元崇爲春官尚書。元崇字元之，時突厥叱列元崇反，太后命元崇以字行。

綱 秋七月，周以楊再思爲內史。

目 再思爲相，專以諂媚取容。司禮少卿張同休，易之之兄，嘗因宴集戲再思曰：「楊內史面似高麗。」再思欣然，剪紙帖巾，反披紫袍，爲高麗舞，舉坐大笑。時人或譽張昌宗之美曰：「六郎面似蓮花。」（時稱張昌宗爲六郎。）再思曰：「不然，乃蓮花似六郎耳。」

綱 周貶戴令言爲長社令。（長社縣，即今河南許昌市。）

目 左補闕戴令言，作兩足狐賦以譏楊再思，出爲長社令。

綱 九月，周以姚元之爲靈武道安撫大使。（靈武道置在靈州，在今寧夏回族自治區靈武縣西南。）

目 元之將行，太后令舉外司堪爲宰相者，對曰：「張柬之沉厚有謀，能斷大事，且其人已老，惟陛下急用之。」太后遂以柬之同平章事，時年且八十矣。

冬十月，以秋官侍郎張柬之同平章事。

綱 十二月，周以陽嶠爲右臺侍御史。

目 桓彥範、袁恕己共薦陽嶠爲御史。楊再思曰：「嶠不樂搏擊之任，御史職討奸猾，如鷹鸇之搏擊鳥雀。如何？」彥範曰：「爲官擇人，豈必待其所欲！所不欲者，尤須與之，所以長難進之風，抑躁求之路。」乃擢爲右臺侍御史。

綱 乙巳，神龍元年，（七〇五）春正月，張柬之等舉兵討武氏之亂，張易之、昌宗伏誅。

楊再思爲內史

再思諂媚

戴令言兩足狐賦

張柬之相

姚元之薦張柬之

陽嶠爲御史

張柬之等討武氏

帝復位，大赦。

目　太后疾甚，易之、昌宗居中用事，張柬之、崔玄暐與中臺右丞敬暉、司刑少卿桓彥範、相王司馬袁恕己謀誅之。柬之謂羽林大將軍李多祚曰：「將軍富貴，誰所致也？」多祚泣曰：「大帝也。」（大帝謂高宗。）柬之曰：「今大帝之子爲二豎所危，（二豎指易之、昌宗。）將軍不思報大帝之德乎！」多祚曰：「苟利國家，惟相公處分。」遂與定謀。

初，柬之與荆府長史楊元琰相代，（荆府，荆州都督府，治江陵，即今湖北江陵縣。）同泛江，至中流，語及太后革命事，元琰慨然有匡復之志。及柬之爲相，引元琰爲右羽林將軍，謂曰：「君頗記江中之言乎？今日非輕授也。」柬之又用彥範、暉及右散騎侍郎李湛皆爲羽林將軍，委以禁兵。易之等疑懼，乃更以其黨武攸宜參之，易之等乃安。

俄而姚元之自靈武至都，柬之、彥範相謂曰：「事濟矣！」遂以其謀告之。彥範以事白其母，母曰：「忠孝不兩全，先國後家可也。」

時太子於北門起居，（北門，宫寺門。）彥範、暉謁見，密陳其策，太子許之。柬之、玄暐、彥範乃與左威衛將軍薛思行等帥羽林兵五百餘人至玄武門，遣多祚、湛及內直郎王同皎詣東宮迎太子。斬關而入，斬易之、昌宗於廡下。進至太后所寢長生殿，太后驚起，問曰：「亂者誰邪？」多祚等對曰：「易之、昌宗謀反，臣等奉太子令誅之。」太后見太子曰：「小子既誅，可還東宮。」彥範進曰：「昔天皇以愛子託陛下，（天皇謂高宗。）今年齒已長，久在東宮，天意人心，久

斬張易之張昌宗

思李氏。願陛下傳位太子，以順天人之望！」於是以太后制命太子監國，明日，太后傳位於太子。中宗復位，大赦，惟易之黨不原。

中宗復位

綱　遷太后於上陽宮，（卽隋洛陽宮，在今河南洛陽市內。）上尊號曰則天大聖皇帝。

尊武后爲則天大聖皇帝

綱　以張柬之、袁恕己同三品，崔玄暐爲內史，敬暉、桓彥範爲納言，李多祚等進官、賜爵有差。

張柬之等相

綱　二月，復國號曰唐。流貶周宰相韋承慶、房融、崔神慶於嶺南。

復國號唐

綱　以楊再思同三品。

楊再思相

綱　姚元之爲亳州刺史。（亳州治譙縣，卽今安徽亳縣。）

目　太后之遷上陽宮也，同三品姚元之獨嗚咽流涕。桓彥範、張柬之謂曰：「今日豈公涕泣時邪！」元之曰：「前日從公誅姦逆，人臣之義也；今日別舊君，亦人臣之義也，雖獲罪，實所甘心。」遂出爲亳州刺史。

姚元之獨嗚咽流涕

綱　復立韋氏爲皇后，贈后父玄貞上洛王。（上洛爲商州治，卽今陝西商縣。）

目　上之遷房陵也，房陵卽房州。與后同幽閉，備嘗艱危，情愛甚篤。嘗與后私誓曰：「異時幸復見天日，當惟卿所欲，不相禁禦。」至是，上每臨朝則后必施帷帳坐於殿上，預聞朝政，如武后在高宗之世矣。桓彥範上表曰：「書稱『牝雞之晨，惟家之索。』（書牧誓文。）自古帝王，未有與婦人共政而不破國亡身者也。」先是，胡僧慧範與張易之兄弟善，韋后亦重之。

復立韋氏爲皇后

至是，復出入宮掖，彥範表言「慧範執左道以亂政」，請誅之。上皆不聽。

武三思爲司空

【綱】以武三思爲司空。

【目】二張之誅也，洛州長史薛季昶謂張柬之、敬暉曰：「二凶雖除，產、祿猶在，漢呂后時呂產、呂祿，以比武三思。去草不去根，終當復生。」二人曰：「大事已定，彼猶机上肉耳，机，案也。夫何能爲！」季昶歎曰：「吾不知死所矣。」朝邑尉劉幽求亦謂柬之等曰：（朝邑縣，在今陝西大荔縣東南。）「三思尚存，公輩終無葬地；若不早圖，噬臍無及。」左傳莊公六年：「若不早圖，後將噬臍。」謂口齧腹臍，喻不可及也。不從。上女安樂公主適三思子崇訓。上官儀女婉兒者，沒入掖庭，辯慧能文，明習吏事。太后愛之，及上卽位，使掌制命，益委任之，拜爲婕妤。三思通焉，故婉兒黨於武氏，又薦三思於韋后，上遂與三思圖議政事，柬之等皆受制於三思矣。上使后與三思雙陸，雙陸，博具也。而自爲點籌；三思遂與后通，由是武氏之勢復振。柬之等數勸上誅諸武，不聽。上遂以三思爲司空，同三品。

【綱】三月，徵武攸緒爲太子賓客。

【目】以安車徵武攸緒，（車以蒲裹輪行，故安。武攸緒事，見卷四十六天册萬歲二年。）既至，除太子賓客；固請還山，許之。

封敬暉等王

【綱】夏五月，賜敬暉等五人王爵，罷其政事。

【目】敬暉等畏武三思之讒，以考功員外郎崔湜爲耳目。湜音殖。湜見上親三思而忌暉等，乃悉以暉等謀告三思；三思引爲中書舍人。先是殿中侍御史鄭愔諂事二張，(愔音陰。(二張，張易之、張昌宗。)坐貶，亡入東都，謁三思，初見，哭甚哀，既而大笑。三思怪之，愔曰：「愔始哀大王將戮死而滅族，後乃喜大王之得愔也。大王雖得天子之意，然彼五人皆據將相之權，膽略過人，廢太后如反掌，日夜切齒，欲噬大王之肉，此愔所以爲大王寒心也。」三思大懽，與之登樓，問自安之策，引爲中書舍人，與崔湜皆爲三思謀主。三思與韋后日夜譖暉等，云「恃功專權，將不利於社稷。不若封以王爵，罷其政事，外不失尊寵功臣，內實奪之權」。上以爲然，封敬暉爲平陽王，(敬暉初封齊公，今改爲平陽王。平陽即臨汾縣，今山西臨汾縣。)桓彥範爲扶陽王，(桓彥範初封譙公，今改爲扶陽王。扶陽即譙縣，今安徽亳縣。)張柬之爲漢陽王，(張柬之初封漢陽公，今改爲王。漢陽，在今湖北武漢市舊漢陽縣東。)袁恕己爲南陽王，(袁恕己初封南陽公，今改爲王。南陽即宛縣，今河南南陽市。)崔玄暐爲博陵王，(崔玄暐初封博陵公，今改爲王。博陵，在今河北深縣北。)皆罷政事。三思令百官脩復太后之政，不附武氏者斥之，爲五王所逐者復之，大權盡歸三思矣。

綱 以宋璟爲黃門侍郎。

目 上嘉宋璟忠直，累遷黃門侍郎。武三思嘗以事屬璟，璟正色拒之曰：「今太后既復子明辟，(言太后既歸政於子明君。)王當以侯就第，何得尚預朝政！獨不見產、祿之事乎！」

綱 以楊元琰爲衞尉卿。

目 先是元琰知三思浸用事，請棄官爲僧，上不許。敬暉聞而笑之。元琰曰：「功成名逐，不退將危。此乃由衷之請，非徒然也。」及暉等得罪，元琰獨免。

【綱】以韋安石爲中書令，魏元忠爲侍中。

【綱】洛水溢。流二千餘家。

【綱】秋七月，河南、北十七州大水，（河南、北，河南道及河北道。）制求直言。

【綱】冬十一月，羣臣上皇帝、皇后尊號。上皇帝尊號曰應天皇帝，皇后曰順天皇后。

【綱】皇太后武氏崩。

【目】太后崩於上陽宮，年八十一，遺制去帝號。上居諒陰，諒陰天子居喪之次。以中書令魏元忠攝冢宰三日。九月以魏元忠爲中書令。元忠素負忠直之望，中外賴之；武三思矯太后遺制，慰諭元忠，賜實封百戶。元忠捧制，感咽涕泗，目出曰涕，鼻出曰泗。見者曰：「事去矣！」

【綱】丙午，二年，（七〇六）春正月，制太平、安樂公主各開府置官屬。太平，武后女。安樂，韋后女。

【綱】二月，制僧慧範、道士史崇恩等並加五品階。

【綱】置十道巡察使。

【綱】三月，殺駙馬都尉王同皎。

【目】初，宋之問及弟之遜皆坐附會張易之貶嶺南，逃歸東都，匿於友人王同皎家。同皎疾武三思及韋后所爲，每與所親言之，輒切齒。之遜密告三思，三思使人告同皎與武當

河南北十七州大水

公主開府置官屬

僧道並加五品階　置十道巡察使

置員外官　袁楚客書責魏元忠　貶敬暉等

承周憬等謀殺三思，（武當即均州治，見上。）廢皇后。皆坐斬；之問、之遜並除京官。

綱　大置員外官。

目　置員外官，自京師及諸州凡二千餘人，宦官超遷七品以上員外官者又將千人。魏元忠自端州還，爲相，（端州治高要縣，即今廣東肇慶市。）不復彊諫，惟與時俯仰，中外失望。酸棗尉袁楚客以書責之，（酸棗縣，在今河南延津縣北。）曰：「主上新服厥命，惟新厥德，當進君子，退小人，以興大化，豈可安其榮寵，循默而已！今不早建太子，擇師傅而輔之，一失也；公主開府置僚屬，二失也；崇長緇衣，緇衣，僧、道也。借勢納賂，三失也；俳優小人，俳音牌，戲也。優，倡也。盗竊品秩，四失也；有司選賢，皆以貨取勢求，五失也；寵進宦者，殆滿千人，六失也；王公貴戚，賞賜無度，競爲侈靡，七失也；廣置員外官，傷財害民，八失也；先朝宫女，出入無禁，交通請謁，九失也；左道之人，熒惑主聽，竊盗祿位，十失也。凡此十失，君侯不正，誰正之哉！」元忠得書，愧謝而已。

綱　夏五月，葬則天皇后于乾陵。

綱　六月，貶敬暉、桓彦範、張柬之、袁恕己、崔玄暐爲遠州司馬。

目　武三思使鄭愔告敬暉等與王同皎通謀，貶暉崖州、彦範瀧州、柬之新州、恕己竇州、玄暐白州司馬，（崖州治舍城縣，在今廣東瓊山縣東南。瀧州治瀧水縣，在今廣東羅定縣南。新州治新興縣，即今廣東新興縣。竇州治信義縣，在今廣東信宜縣南。白州治博白縣，即今廣西博白縣。）員外長任，削其勳封。

【綱】秋七月，立衞王重俊爲皇太子。

【綱】敬暉、桓彥範、張柬之、袁恕己、崔玄暐爲武三思所殺。

武三思殺敬暉等

【目】武三思陰令人疏皇后穢行，牓於天津橋，（牓同榜。天津橋，在今河南洛陽市西。）請加廢黜。上大怒，命李承嘉窮覈其事。承嘉奏言：「敬暉等所爲，請族誅之。」上可其奏。大理丞李朝隱奏稱：「暉等未經推鞫，不可遽就誅夷。」乃長流暉於瓊州，彥範於瀼州，柬之於瀧州，恕己於環州，（治正平縣，在今廣西環江縣西北。）玄暐於古州。（治樂古縣，在今越南民主共和國諒山境。）崔湜說三思遣使矯制殺之。三思問誰可者，湜以大理正周利用先爲五王所惡，貶官，乃薦之。三思使攝侍御史，奉使嶺外。比至，柬之、玄暐已死，執彥範、暉、恕己，皆殺之。利用還，擢拜御史中丞。

三思勢傾人主

三思既殺五王，勢傾人主，常言：「我不知代閒何者謂之善人，（代閒猶言世間。）何者謂之惡人；但於我善者則爲善人，於我惡者則爲惡人耳。」時宗楚客、宗晉卿、紀處訥、甘元柬皆爲三思羽翼。

五狗

周利用、冉祖雍、李俊、宋之遜、姚紹之皆爲三思耳目，時人謂之「五狗」。

【綱】冬十月，車駕還西京。

【綱】十一月，以竇從一爲雍州刺史。（從一舊名懷貞，避皇后父諱更名。）

李元紘判碾磑

【目】太平公主與僧寺爭碾磑，（磑音位。碾磑皆磨屬，所以礱穀出米者。）雍州司戶李元紘判歸僧寺。從一懼，命改判。元紘大署判後曰：「南山可移，此判無動！」從一不能奪。

太子起兵誅武三思

綱　丁未，景龍元年，（七〇七）秋七月，太子重俊起兵誅武三思、武崇訓，兵潰而死。

目　皇后以太子重俊非其所生，惡之；武三思尤忌太子。上官婕妤以三思故，（上官婕妤即上官婉兒。）每下制敕，推尊武氏。駙馬武崇訓又教安樂公主請廢太子。太子積不能平，與李多祚等矯制發羽林兵三百餘人，殺三思、崇訓於其第。太子與多祚斬關而入，叩閤索上官婕妤。上乃與韋后、安樂公主、上官婕妤登玄武門樓以避之。上俯謂多祚所將千騎曰：（千騎隸左右羽林，初太宗謂之百騎，則天時增爲千騎，後中宗增爲萬騎。）「汝輩皆朕宿衞之士，何爲從多祚反！苟能斬反者，勿患不富貴。」於是千騎斬多祚等，餘衆皆潰，太子亦爲左右所殺。

魏元忠貶死

綱　貶魏元忠爲務川尉，（務川爲思州治，即今貴州婺川縣。）道卒。

目　元忠以武三思擅權，意常憤鬱。及太子重俊起兵，遇元忠子太僕少卿升於永安門，脅以自隨；太子死，升爲亂兵所殺。元忠揚言曰：「元惡已死，雖鼎鑊何傷！但惜太子隕沒耳。」宗楚客等共誣元忠，云「與太子通謀，請夷三族。」制不許，乃貶務川尉，行至涪陵而卒。（涪陵，即今四川涪陵縣。）

綱　戊申，二年，（七〇八）春二月，赦。

目　宮中言皇后衣笥裙上有五色雲起，上令圖以示百官，侍中韋巨源請布之天下，從之，仍赦天下。迦葉志忠奏：「昔神堯未受命，（神堯即高祖。）天下歌桃李子；（隋煬帝大業十二年，民間謠歌曰：「桃李子，皇后繞揚州，宛轉花園裏，勿浪語，誰道許。」）文皇未受命，（文皇即太宗。）天下歌秦王破陣樂；則天未受命，天下歌斌媚娘；太宗始召武后爲才人，既見，賜號斌媚，永徽中民皆歌斌媚娘曲。皇后未受命，天下歌桑條韋，永徽末，里歌有桑條韋也、女條韋也樂。謹上桑條韋歌十二篇，請編之樂府，皇后祀先蠶則奏之。」太常卿鄭愔又引而申之。上悅，皆受厚賞。

綱　三月，朔方總管張仁愿築三受降城。（三受降城，中受降城在今內蒙古烏喇特中後聯合旗西黃河北岸，東受降城在今內蒙古托克托縣西黃河東岸，西受降城在今內蒙古杭錦旗西北黃河南岸。）

目　初，朔方軍與突厥以河爲境，仁愿於河北築三受降城，首尾相應，以絕其南寇之路。自是，突厥不敢度山畋牧，減鎮兵數萬人。仁愿建城，不置壅門守具。或問之，仁愿曰：「兵貴進取。寇至，當併力出戰，回首望城者斬之，安用守備生其退恧之心也！」恧音衄，慚也。

綱　夏四月，置脩文館學士。以學士名官始見於此。其後常元楷爲總管，始築壅門。人以是重仁愿而輕元楷。

目　置脩文館學士，選公卿善爲文者李嶠等二十餘人爲之。陪侍遊宴，賦詩屬和，使上官昭容上官昭容即上官婕妤，是年拜昭容。第其甲乙。於是天下靡然，爭以文華相尚，儒學忠讜之士莫得進矣。

綱　秋七月，以張仁愿同三品。

綱　始用斜封墨敕除官。

目　安樂、長寧公主、上官婕妤皆依勢用事，請謁受賕，賕音求。以財枉法相謝曰賕。降墨敕

葉志忠上桑條韋歌
張仁愿築三受降城
重仁愿而輕元楷
置脩文館學士
上官昭容第詩甲乙
張仁愿相
斜封墨敕

辛替否上疏

除官，斜封付中書，時人謂之「斜封官」。其員外、同正、試、攝、檢校、判、知官凡數千人。員外，員數外別置。同正，同正員資格，有試某官，攝某官，檢校某官，判某同事，知某事者，其名類不一，皆非本制。上及皇后、公主多營佛寺。左拾遺辛替否上疏曰：「臣聞古之建官，員不必備，故士有完行，家有廉節，朝廷有餘俸，百姓有餘食。今陛下百倍行賞，十倍增官，使府庫空竭，流品混淆。陛下又以愛女之故，竭人之力，費人之財，奪人之家；愛數子而取三怨，數子，謂安樂公主、長寧公主、上官婕妤等。三怨謂竭人力、費人財、奪人家也。使戰士不盡力，朝士不盡忠，人既散矣，獨提所愛，何所歸乎！君以人爲本，本固則邦寧，邦寧則陛下之夫婦母子長相保矣。若以造寺必爲理體，養人不足經邦，緩其所急，急其所緩，親未來而疎見在，失眞實而冀虛無；一旦風塵再擾，霜雹薦臻，沙彌不可操干戈，沙彌，僧始落髮後之稱。寺塔不足攘饑饉，臣竊惜之。」疏奏，不省。

綱　冬十一月，安樂公主適武延秀。

目　武崇訓之弟延秀，美姿儀，善歌舞，公主悅之。崇訓死，遂以延秀尚焉。

綱　徵武攸緒入朝。

目　召武攸緒於嵩山。敕禮官於兩儀殿設位，行問道之禮，令攸緒以山服見，不名不拜。攸緒至，趨立辭見班中，再拜而退。屢加寵錫，皆辭不受；親貴謁候，寒溫之外，不交一言。

綱　以婕妤上官氏爲昭容。昭容，婦官名，九嬪之一。

觀宮女拔河

綱　己酉，三年，(七〇九)春正月，幸玄武門，觀宮女拔河。拔河，戲名也，以麻絙亘竹，分朋而挽之，謂之拔河，以定勝負而祈農桑也。

迴波辭

目　幸玄武門與近臣觀宮女拔河。上每與近臣宴集，令各效伎藝以爲樂。國子司業郭山惲獨歌鹿鳴、蟋蟀。鹿鳴，詩小雅篇名，意取人之好我，示我周行之義。蟋蟀，詩唐風篇名，意取好樂無荒，良士瞿瞿之義。瞿瞿，却顧貌。明日，賜山惲敕，嘉美之。又嘗宴侍臣，使各爲迴波辭，諫議大夫李景伯曰：「迴波爾時酒巵。微臣職在箴規。侍宴既過三爵，喧譁竊恐非儀。」上不悅。蕭至忠曰：「此眞諫官也。」

韋楊崔趙相

綱　三月，以韋巨源、楊再思爲左右僕射，同三品，宗楚客爲中書令，蕭至忠爲侍中，韋嗣立同三品，崔湜、趙彥昭同平章事。

和事天子

目　監察御史崔琬對仗彈宗楚客、紀處訥潛通戎狄，受其貨賂，至生邊患。故事，大臣被彈，俯僂趨出，俯，低頭。僂，曲背。立於朝堂待罪。至是，楚客更忿怒作色，自陳忠鯁，爲琬所誣。上竟不窮問，命琬與楚客結爲兄弟以和解之，時人謂之「和事天子」。崔湜通於上官昭容，故引以爲相。時政出多門，濫官充溢，人以爲三無坐處，謂宰相、御史及員外官也。

綱　夏五月，流鄭愔於吉州，(治廬陵縣，即今江西吉安縣。)貶崔湜江州司馬。(江州治潯陽縣，即今江西九江市。)

目 崔湜、鄭愔俱掌銓衡，（銓衡，銓量衡平也，所以量度人物而爲之平也。）傾附勢要，贓賄狼藉，選法大壞。御史靳恆、李尚隱對仗彈之，下獄，流貶遠州。

綱 庚戌，四年，（七一〇）睿宗皇帝景雲元年。夏五月，宴近臣。

祝欽明作八風舞

目 國子祭酒祝欽明自請作八風舞，（八風，八方之風，見卷一帝顓頊「會八風之音」注。）搖頭轉目，備諸醜態。欽明素以儒學著名，盧藏用曰：「祝公五經掃地盡矣。」

裴張等相

綱 六月，皇后韋氏弑帝于神龍殿，以裴談、張錫同三品，張嘉福、岑羲、崔湜同平章事。立溫王重茂。（溫即溫州，治永嘉縣，即今浙江溫州市。）

目 許州參軍燕欽融上言：（許州治長社縣，即今河南許昌市。）「皇后淫亂，干預國政，宗楚客圖危社稷。」上面詰之。欽融抗言不撓，楚客矯制撲殺之，上意怏怏，由是后及其黨始懼。散騎常侍馬秦客、光祿少卿楊均皆幸於后，恐事泄；安樂公主亦欲后臨朝，以己爲皇太女；乃相與合謀，於餅餤中進毒，餤音淡，麪食。中宗崩。

韋氏祕不發喪，召宰相入禁中，徵諸府兵屯京城；以裴談、張錫同三品，張嘉福、岑羲、崔湜同平章事；太平公主與上官昭容謀草遺制，立溫王重茂爲太子，皇后知政事，相王旦參謀政事。宗楚客曰：「相王與皇后，嫂叔不通問，聽朝之際，何以爲禮！」遂率諸宰相表請罷相王政事。乃發喪，皇后攝政，改元唐隆。太子即位，年十六。宗楚客、葉靜能與諸韋勸后遵武后故事，以韋氏子弟領南北軍。楚客等上書稱韋氏宜革唐命，謀害少帝，深忌相王

臨淄王起兵討韋氏

及太平公主，密與韋溫、安樂公主謀去之。韋溫，后兄。

綱 臨淄王隆基起兵討韋氏，（臨淄縣，在今山東益都縣西北。）幷其黨皆伏誅。隆基爲平王，以鍾紹京、劉幽求參知機務，李日知同三品，蕭至忠等貶官有差。

目 相王子臨淄王隆基罷潞州別駕，（潞州治上黨，卽今山西長治市。）在京師陰聚才勇之士，密謀匡復。會兵部侍郎崔日用以楚客謀告隆基，乃與太平公主及公主子薛崇暕、苑總監鍾紹京、尙衣奉御王崇曅、前朝邑尉劉幽求、折衝麻嗣宗謀先事誅之。（折衝，見卷四十三貞觀十年「折衝果毅都尉」注。）會韋播數搒捶萬騎，萬騎皆怨。果毅葛福順、陳玄禮見隆基訴之，（果毅見同上。）隆基諷以誅諸韋，皆踴躍自效。或謂隆基當啓相王，隆基曰：「我曹爲此以徇社稷，事成福歸于王，不成以身死，不以累王也。且萬一不從，將敗大計。」遂不啓。微服與幽求等入苑中，逮夜，天星散落如雪，幽求曰：「天意若此，時不可失！」於是福順直入羽林營，斬諸韋典兵者以徇，徇，行示也。曰：「韋后酖殺先帝，酖，毒也。謀危社稷，今夕當共誅之，立相王以安天下。敢有懷兩端助逆黨者，罪及三族。」羽林士皆欣然聽命。

隆基勒兵入玄武門，諸衞兵皆應之。斬韋后及安樂公主、武延秀、上官昭容。幽求曰：「衆約今夕共立相王，何不早定！」隆基止之，比曉，內外皆定。隆基乃出見相王，叩頭謝不先白之罪。相王曰：「社稷宗廟不墜於地，汝之力也。」遂迎相王入輔少帝。閉城門，收捕諸韋親黨及宗楚客、晉卿、紀處訥、趙履溫、張嘉福、馬秦客、楊均、葉靜能等，皆斬之。梟韋后於市，諸韋襁褓兒無免者。封隆基爲平王，（平卽平州，治盧龍縣，在今河北昌黎縣西北。）押左右廂萬騎，賜崇暕爵立節王。（立節，爵名，非封地。）以紹京守中書侍郎，幽求守中書舍人，並參知機務。武氏宗屬，誅竄殆盡。以李日知、鍾紹京並同三品。隆基二奴王毛仲、李守德，皆超拜將軍。諸宰相蕭至忠等，貶官有差。

李鍾相

綱 相王旦卽位，廢重茂復爲溫王。

相王旦卽皇帝位

綱 立平王隆基爲皇太子。

隆基爲太子

目 上將立太子，以宋王成器嫡長，（宋卽宋州，治宋城縣，在今河南商丘市南。）平王隆基有功，疑不能決。成器辭曰：「國家安則先嫡長，危則先有功；苟違其宜，四海失望，臣死不敢居平王之上。」劉幽求曰：「除天下之禍者當享天下之福。平王拯社稷之危，救君親之難，論功、語德，無可疑者。」上從之。

綱 加太平公主實封萬戶。

封太平公主萬戶

目 公主沉敏多權略，武后以爲類己，獨愛幸；及誅張易之，公主有力焉。中宗之世，韋后、安樂皆畏之，又與太子共誅韋氏。旣屢立大功，益尊重，上嘗與之議政。宰相進退繫其一言，薦士驟歷清顯者，不可勝數，權傾人主，其門如市。

綱 秋七月，追復故太子重俊位號及敬暉、桓彥範、崔玄暐、張柬之、袁恕己、李多祚等官爵。

宋璟相　罷斜封官　置經略節度大使　蘇瓌卒　以公主爲女官

【綱】以宋璟同三品。

【目】璟與姚元之協心革中宗弊政，是年六月，以姚元之同三品。進忠良，退不肖，賞罰盡公，請託不行，紀綱脩舉，當時翕然以爲復有貞觀、永徽之風。貞觀，太宗年號。永徽，高宗初即位年號。

【綱】八月，罷斜封官。用姚元之、宋璟及御史大夫畢構之言也，所罷凡數千人。

【綱】冬十月，以薛訥爲幽州經略節度大使。（幽州治薊縣，即今河北薊縣。）節度之置始此。

【綱】十一月，以姚元之爲中書令。

【綱】葬定陵。（在今陝西銅川市南，接高陵縣界。）

【目】朝議以韋后有罪，不應祔葬，乃追謚故英王妃趙氏爲和思皇后，中宗初封周王，後徙爲英王。招魂祔葬。

【綱】許公蘇瓌卒。（許即許州長社縣，即今河南許昌市。）

【目】制起復瓌子頲爲工部侍郎，頲音廷，上聲。頲固辭。上使李日知諭旨，日知還奏曰：「臣見其哀毀，不敢發言。」上乃聽其終制。

【綱】十二月，以西城、隆昌二公主爲女官。官一作冠。謂女爲道家者流。

【目】上以二女爲女官，以資天皇、太后之福，天皇，高宗。太后，武后。欲爲造觀。諫議大夫甯原悌上疏切諫，上雖不能從而嘉其切直。二公主後改號金仙、玉眞公主。

宋璟姚元之爲尚書　貶祝郭

綱　以宋璟爲吏部尚書，姚元之爲兵部尚書。

綱　貶祝欽明、郭山惲爲諸州長史。

目　侍御史倪若水奏彈欽明、山惲亂常改作，希旨病君；於是左授。時侍御史楊孚彈糾不避權貴，權貴毁之，上曰：「鷹搏狡兔，須急救之，不爾必反爲所噬。御史繩奸慝亦然。苟非人主保衛之，則亦爲奸慝所噬矣。」

睿宗皇帝　名旦，中宗之弟。初封豫王，武后廢中宗立旦爲帝，及改唐爲周，廢旦爲皇嗣，後中宗立爲太子，又廢旦爲相王。中宗被弑，隆基討韋后誅之，迎睿宗即位，二年傳位於玄宗，壽五十五歲而崩。帝因子之功，在位不久，無可稱者，然監前代之禍，立嗣以功，所謂可與權矣。

命太子監國

綱　辛亥，睿宗皇帝景雲二年。（七一一）

綱　春二月，命太子監國，以宋王成器爲同州刺史，（同州治馮翊縣，即今陝西大荔縣。）豳王守禮爲豳州刺史，（豳州治新平縣，即今陝西邠縣。）太平公主蒲州安置。（蒲州治河東縣，在今山西芮城縣西北。）

太平公主欲危太子

目　初，太平公主以太子年少，意頗易之；易，輕也。既而憚其英武，數爲流言，云「太子非長，不可立。」每覘伺其所爲，覘，窺也。纖悉必聞於上。與益州長史竇懷貞結黨，（益州治成都，即今四川成都市舊成都縣。）竇懷貞即竇從一。欲危太子，邀韋安石至其第，安石固辭不往。上嘗密召安石謂曰：「聞朝廷皆傾心東宮，宜察之。」對曰：「陛下安得亡國之言！此乃太平之謀耳。太子有功於社稷，仁明孝友，天下所知，願陛下無惑。」上瞿然曰：「朕知之矣，卿勿言。」宋璟與姚元之密言於上曰：「宋王陛下之元子，豳王高宗之長孫，公主交構其閒，將使東宮不安。請出宋王、豳王皆爲刺史，太平公主、武攸暨皆於東都安置。」上曰：「朕惟一妹，豈可遠置東都！諸王惟卿所處。」頃之，上謂侍臣曰：「術者言五日中當有急兵入宮，卿等爲朕備之。」張說曰：（是年正月，以張說同平章事。）「此必姦人欲離閒東宮。願陛下早使太子監國，則流言自息矣。」元之曰：「張說所言，社稷之至計也。」上悅。以宋王成器爲同州刺史，豳王守禮爲豳州刺史，太平公主蒲州安置，命太子監國。

復斜封官

綱　復斜封官。

目　殿中侍御史崔涖言於上曰：「斜封官皆先帝所除，姚元之等建議奪之，彰先帝之過，爲陛下招怨。衆口沸騰，恐生非常之變。」太平公主亦以爲言，上然之。制諸斜封官，並量材敍用。

姚宋坐貶

綱　貶姚元之爲申州刺史，（申州治義陽縣，在今河南信陽市南。）宋璟爲楚州刺史。（楚州治山陽縣，即今江蘇淮安縣。）寢二王刺史之命。

目　太平公主聞姚元之、宋璟之謀，大怒，以讓太子。太子懼，奏二人離閒姑、兄，故有是命。

綱　夏五月，召太平公主還京師。

置十道按察使

司馬承禎

廣成之言無以過

終南仕宦捷徑

睿宗傳位太子

綱 六月，置十道按察使。按察使之名始此。

綱 冬十一月，召司馬承禎至京師，尋許還山。

目 上召天台道士司馬承禎，（天台山，在今浙江天台縣北。）問以陰陽數術。對曰：「道者，損之又損，以至於無爲，安肯勞心以學數術乎！」上曰：「理身無爲則高矣，如理國何？」對曰：「國猶身也，順物自然而心無所私，則天下理矣。」上歎曰：「廣成之言，（廣成子，軒轅時人，隱居崆峒山石室中，黃帝造焉，問以至道之要，答曰：「至道之精，窈窈冥冥；至道之極，昏昏默默。無視無聽，抱神以靜，形將自正，必靜必清，毋勞爾形，毋搖爾精，毋俾爾思慮營營，乃可長生。」）無以過也。」承禎固請還山，上許之。尚書左丞盧藏用指終南山謂承禎曰：（終南山即秦嶺，在今陝西西安市南。）「此中大有佳處，何必天台！」承禎曰：「以愚觀之，此乃仕宦之捷徑耳！」藏用嘗隱終南，則天時徵爲左拾遺，故承禎言之。

綱 壬子，太極元年，（七一二）玄宗皇帝先天元年。春正月，以蕭至忠爲刑部尚書。

目 蕭至忠自託於太平公主，公主引爲尚書。華州長史蔣欽緒，（華州治鄭縣，在今陝西華縣西北。）其妹夫也，謂之曰：「如子之才，何憂不達？勿爲非分妄求！」至忠不應。欽緒退而歎曰：「九代卿族，一舉滅之，可哀也哉！」至忠素有雅望，嘗自公主第門出，遇宋璟，璟曰：「非所望於蕭君也。」至忠笑曰：「善乎宋生之言！」遽策馬而去。

綱 秋七月，彗星出西方，入太微。

綱 八月，帝傳位于太子。太子即位，尊帝爲太上皇。

目 太平公主使術者言於上曰：「彗所以除舊布新，又帝座及心前星皆有變，（帝座，紫微天帝之所。心爲明堂大星，天王前後星，子屬。）皇太子當爲天子。」上曰：「傳德避災，吾志決矣。」公主及其黨皆以爲不可。太子聞之，固辭。上曰：「汝爲孝子，何必待柩前然後卽位邪！」太子流涕而出。制傳位於太子，太子又上表辭。太平公主勸上自總大政。上乃謂太子曰：「汝以天下事重，欲朕兼理之邪？朕雖傳位，豈忘家國！其軍國大事，當兼省之。」玄宗卽位，尊睿宗爲太上皇。上皇自稱曰朕，命曰誥，五日一受朝於太極殿。皇帝自稱曰予，命曰制、敕，日受朝於武德殿。三品以上除授及大刑政，乃奏上皇決之。大赦，改元。

綱 立妃王氏爲皇后。

綱 流劉幽求于封州。（治封川縣，卽今廣東封川縣。）

目 初，河內人王琚預于王同皎之謀，（河內縣，卽今河南沁陽縣。王同皎事，見上神龍二年。）上之爲太子也，琚至長安見上。至庭中，故徐行，宦者曰：「殿下在簾內。」琚曰：「何謂殿下？今獨有太平公主耳！」上遽召見，與語，琚曰：「韋庶人弒逆，（韋后追廢爲庶人。）人心不服，誅之易耳。太平公主凶猾無比，大臣多爲之用，琚竊憂之。」上引與同榻坐，泣曰：「主上同氣，唯有太平，言之恐傷主上之意，不言爲患日深，爲之奈何？」琚曰：「天子之孝，當以安宗廟社稷爲事，豈顧小節！」上悅。及卽位，以爲中書侍郎。是時，宰相多太平公主之黨，僕射劉幽

王琚

李日知不杖令史

求與羽林將軍張暐謀，使言於上曰：「竇懷貞、崔湜、岑羲皆因公主得進，日夜爲謀不軌，若不早圖，一旦事起，太上皇何以得安！請速誅之。」上以爲然。暐洩其謀，上大懼，遽列上其狀。有司奏流幽求於封州，張暐於豐州。（豐州治九原縣，在今內蒙古杭錦後旗西北。）

綱 冬十二月，刑部尚書李日知致仕。

目 日知在官，不待捶撻而事集。刑部有令史，受敕三日，忘不行。日知怒，欲捶之，既而謂曰：「我欲捶汝，天下人必謂汝能撩李日知嗔，（撩音聊，取也。嗔，怒也。）受李日知杖，不得比於人，妻子亦將棄汝矣。」遂釋之。吏皆感悅，無敢犯者。

綱鑑易知錄卷四八

唐紀

玄宗明皇帝

玄宗明皇帝 名隆基，睿宗第三子，以平韋氏之亂得立爲太子，在位四十四年，壽七十八歲而崩。帝開元之初，厲精政事，幾致太平，可謂盛矣。天寶以後，奸臣執權，艷妃亂政，至於竄身失國而不悔。「靡不有初，鮮克有終」，玄宗之謂也。

觀燈大酺

嚴挺之等諫觀燈

綱　癸丑，玄宗明皇帝開元元年，（七一三）春二月，御樓觀燈，大酺。酺，布也，王者布德大飲酒也。

目　開門然燈，大酺合樂。上皇與上御門樓臨觀，以夜繼晝，凡月餘。左拾遺嚴挺之上疏諫，以爲：「酺者因人所利，合醵爲歡。合醵，會錢飲酒也。今乃損萬人之力，營百戲之資，非所以光聖德美風化也。」敕以挺之忠直，宣示百官，厚賞之。晉陵尉楊相如上疏曰：（晉陵縣，即今江蘇常州市。）「隋氏以縱欲而亡，太宗以抑欲而昌，人主不可不慎擇也！夫人主莫不好忠正而惡佞邪，然忠正者常疎，佞邪者常親，以至於覆國危身而不悟，何哉？忠正者多忤意，佞邪者多順指，積忤生憎，積順生愛，此親疎之所以分也。誠能愛其忤以收忠賢，惡其順以去佞邪，則太宗之業，將何遠哉！」上覽而善之。

郭元振相

太平公主謀逆

崔日用請誅太平

斬蕭至忠等

綱 以高麗大祚榮爲渤海郡王。大祚榮，高麗別種。大，氏；祚榮，姓。（高麗，見卷四十四貞觀十四年「幸國子監」注。渤海郡卽渤海國，武后時靺鞨人大祚榮所建，其地有今朝鮮咸鏡、平安等地，玄宗因封爲渤海郡王。）

綱 夏五月，罷脩大明宮。（卽蓬萊宮，在今陝西西安市東北。）

目 脩大明宮未畢，敕以農務方勤，罷之。

綱 六月，以郭元振同三品。

綱 秋七月，太平公主謀逆，賜死；蕭至忠、岑羲、竇懷貞、崔湜伏誅。

目 太平公主依上皇之勢，擅權用事，宰相七人，五出其門，文武之臣，大半附之。與竇懷貞、岑羲、蕭至忠、崔湜、薛稷、僧慧範等謀廢立，又與宮人元氏謀於赤箭粉中置毒以進。赤箭，草部藥名，研爲粉而服之，味辛溫，主殺鬼精物蠱毒惡氣，消癰腫，久服益氣力，長陰肥健。 中書侍郎王琚言於上曰：「事迫矣，不可不速發。」左丞張說自東都遣人遺上佩刀，荊州長史崔日用入奏事，（荊州治江陵縣，卽今湖北江陵縣。）言於上曰：「太平謀逆有日，陛下往在東宮，猶爲臣子，若欲討之，須用謀力。今但下一制書，誰敢不從？萬一姦宄得志，悔之何及！」上曰：「誠如卿言，直恐驚動上皇。」日用曰：「天子之孝在於安四海，若姦人得志，則社稷爲墟，安在其爲孝乎！請先定北軍，京城之兵謂之北軍，衛宮之兵謂之南軍。 後收逆黨，則不驚上皇矣。」上以爲然，乃與岐王範、薛王業、郭元振、王毛仲、姜皎、李令問、王守一及內給事高力士等定計。以兵三百餘人入虔化門，召至忠、羲斬之，懷貞自縊死，戮其尸。

上皇聞變，登承天門樓。郭元振奏，皇帝前奉誥誅竇懷貞等，上皇之命曰誥，謂皇帝先前曾承此誥命。無他也。上皇乃下誥：「自今軍國政刑，一取皇帝處分。」徙居百福殿。太平公主賜死，諸子及黨與死者數十人。崔湜與右丞盧藏用俱坐私侍公主，流嶺南。尋以湜與逆謀，與同預。追賜死。

太平公主等賜死

初，太平公主與湜等謀廢立，陸象先獨以爲不可。景雲二年以陸象先同平章事。公主曰：「廢長立少，已爲不順；且又失德，若之何不去！」象先曰：「既以功立，當以罪廢。今實無罪，象先終不敢從。」上既誅懷貞等，召象先謂曰：「歲寒知松柏，信哉！」時窮治公主枝黨，象先密爲申理，所全甚多，然未嘗自言，時無知者。

陸象先不肯廢立

綱　以高力士爲右監門將軍，知內侍省事。

高力士爲內侍

目　初，太宗定制，內侍省不置三品官，黄衣廩食，守門傳命而已。中宗時，七品以上至千餘人，然衣緋者尙寡。緋音非，絳色。上在藩邸，邸，舍也。凡郡國朝宿之舍在京師者，率名邸。力士傾心奉之，及爲太子，奏爲內給事，至是以誅蕭、岑功賞之。是後宦官增至三千人，除三品將軍者寖多，宦官之盛自此始。

綱　以張說爲中書令。八月，以劉幽求爲左僕射、平章軍國大事。

綱　罷諸道按察使。

罷諸道按察使

綱　冬十月，引見京畿縣令。

引見京畿縣令

講武驪山

姚元之相

目 引見京畿縣令，戒以惠養黎元之意。

綱 講武于驪山。（在今陝西臨潼縣東南。）

目 上幸新豐，（在今陝西臨潼縣東北。）講武於驪山之下，徵兵二十萬，以軍容不整，坐兵部尚書郭元振於纛下，將斬之。劉幽求、張說諫曰：「元振有大功於社稷，不可殺。」乃流新州，（治新興縣，即今廣東新興縣。）而斬給事中知禮儀事唐紹。上始欲立威，亦無殺紹之意，將軍李邈遽宣敕斬之。上尋罷邈官，廢棄終身。時二大臣得罪，諸軍震懾失次，惟薛訥、解琬二軍不動，上遣輕騎召之，皆不得入其陳。上深歎美之。

綱 以姚元之同三品。

目 上欲以姚元之爲相，張說疾之，使御史大夫趙彥昭彈之，上不納。又使殿中監姜皎言於上曰：「陛下常欲擇河東總管而難其人，（河東即河東道，見卷四十二貞觀元年「分爲十道」注。）臣今得之矣。」問爲誰，皎曰：「元之文武全才，眞其人也。」上曰：「此張說之意，汝何得面欺！」皎叩頭首服，卽召元之詣行在，乘輿所至曰行在。拜以爲相。

上勵精爲治，每事訪之，元之應答如響，同僚唯諾而已。元之嘗奏請序進郎吏，上仰視殿屋，再言之，終不應；元之懼，趨出。罷朝，高力士諫曰：「陛下新總萬幾，宰臣奏事，當面加可否，奈何一不省察！」上曰：「朕任元之以庶政，大事當奏聞共議之；郎吏卑秩，乃以煩朕邪！」聞者皆服上識人君之體。

張九齡以元之有重望，爲上所信任，奏記勸其遠謟躁，進純厚，略曰：「任人當才，爲政大體，與之共理，無出此塗。繇之用人，非無知人之鑒，其所以失溺，在緣情之舉。緣情，因緣私情。今君侯登用未幾，而淺中弱植之徒，淺中，其中淺狹。弱植，弱於樹立。已延頸企踵而至，延，引也。企，舉也。謟親戚以求譽，媚賓客以取容，豈不有才，所失在於無恥。」元之納其言。

張九齡勸姚元之

新興王晉坐太平公主逆黨伏誅，僚吏皆奔散，惟司功李撝步從，撝音揮。不失在官之禮，仍哭其尸。元之曰：「欒布之儔也。」（漢高帝誅梁王彭越，梁大夫欒布祠而哭之。）擢爲尚書郎。

擢李撝爲尚書郎

綱　十二月，改官名。

改官名

目　僕射爲丞相，中書爲紫微省，門下爲黄門省，侍中爲監，雍州爲京兆府，（雍州治萬年縣，即今陝西西安市。）洛州爲河南府，（洛州治河南縣，即今河南洛陽市。）長史爲尹，司馬爲少尹。

綱　以姚崇爲紫微令，張說爲相州刺史。（相州治安陽縣，即今河南安陽市。）

目　元之避開元尊號，復名崇。崇既爲相，張說懼，乃潛詣岐王申款。（岐王名範，睿宗子。岐即岐州，治雍縣，在今陝西鳳翔縣南。）他日崇對於便殿，行微蹇。上問：「有足疾乎？」對曰：「臣有腹心之疾，非足疾也。」上問其故。對曰：「岐王陛下愛弟，張說爲輔臣，而密乘車入王家，恐爲所誤，故憂之。」遂左遷說爲相州刺史。

姚崇有腹心之疾

綱　劉幽求罷，以盧懷慎同平章事。

盧懷慎相

綱　甲寅，二年，（七一四）春正月，定內外官出入恆式。

定內外官出入恆式

置教坊

梨園弟子

復置十道按察使

罷魏知古

目 制：「選京官有才識者除都督、刺史，有政迹者除京官，使出入常均，永爲恒式。」

綱 以盧懷慎檢校黃門監。

綱 置左右教坊。教坊之名始此。

目 舊制，雅俗之樂，皆隸太常。上以太常禮樂之司，不應典倡優雜伎；倡優，女樂也。乃更置左右教坊，以教俗樂，又選樂工宮女數百人，自教之，謂之「皇帝梨園弟子」。（梨園在唐宜春北苑中，即在今陝西西安市內。）

綱 三月朔，太史奏日食，不應。

目 太史奏太陽應虧不虧，姚崇表賀，請書史册，從之。

綱 復置十道按察使。

綱 夏五月，魏知古罷。

目 知古本起小吏，姚崇薦之，以至爲相。崇意輕之，請知古知東都選事，遣吏部尚書宋璟於門下過官；唐制，凡選事，侍郎以下，三注三唱，仍過門下省審之，故謂之過官。知古銜之。銜，恨也。崇二子分司東都，有所請託；知古歸，悉以聞。他日，上問崇：「卿子何官，才性何如？」崇揣知上意，對曰：「臣三子，兩在東都爲人多欲而不謹；是必以事干知古，臣未及問之耳。」上問：「安從知之？」對曰：「知古微時，臣常卵而翼之。臣子愚，以爲知古容其爲非，故敢干之耳。」上於是以崇爲無私，而薄知古，欲斥之。崇固請曰：「臣子無狀，陛下赦之已幸；苟逐知古，累聖政矣。」上久乃許之。知古竟罷爲工部尚書。

綱　六月，以宋王成器等爲諸州刺史。

目　宋王成器、申王成義，上兄也。岐王範、薛王業，上弟也。豳王守禮，從兄也。上素友愛，近世帝王莫能及。初即位，爲長枕大被，與兄弟同寢。聽朝罷，多從諸王遊。在禁中，拜跪如家人禮，飲食起居，相與同之。業嘗疾，上親爲煮藥，火爇上鬚，爇音屑。左右驚救之。上曰：「但使飲此而愈，鬚何足惜！」成器尤恭愼，未嘗及時政，妄結交；上愈信重之，故讒閒無自而入。羣臣以成器等地逼，請循故事出刺外州。乃以成器領岐州，成義領豳州，守禮領虢州，範領濟州，業領同州，（岐州見上。豳州治新平縣，即今陝西邠縣。虢州治弘農縣，在今河南靈寶縣南。濟州治盧縣，在今山東茌平縣西南。同州治馮翊縣，即今陝西大荔縣。）到官但領大綱，州務皆委上佐。是後，諸王領州者並準此。

綱　秋七月，焚珠玉錦繡於殿前。

目　上以風俗侈靡，制：「乘輿服御、金銀器玩，令有司消毀，以供軍國之用；其珠玉、綿繡，焚於殿前；后妃以下，皆毋得服。自今天下更毋得采珠玉，織錦繡等物。」罷兩京織錦坊。

綱　作興慶宮。

目　宋王成器等請獻興慶坊宅爲離宮；許之，仍賜成器等宅，環於宮側。又於宮西南

玄宗友愛長枕大被

焚珠玉錦繡

作興慶宮

置樓，西曰「花萼相輝」，義取詩小雅棠棣之篇「棠棣之華，鄂不韡韡，凡今之人，莫如兄弟」之義。南曰「勤政務本」。

綱 八月，以武后鼎銘頒告中外。

目 太子賓客薛謙光，以武后鼎銘有云「上天降鑒，方建隆基」，爲上受命之符，獻之。姚崇表賀，請宣示史官，頒告中外。

綱 敕諸州脩常平倉法。

綱 冬十二月，立皇子嗣眞爲郯王，郯音情。（郯，古郯國，漢繒縣，在今山東嶧縣東。）嗣謙爲皇太子。

目 上長子嗣眞，母曰劉華妃。次子嗣謙，母曰趙麗妃；麗妃以倡進，有寵，故立之。

綱 乙卯，三年，（七一五）春正月，以盧懷愼爲黃門監。

目 懷愼淸謹儉素，不營資產，俸賜隨散親舊，妻子不免飢寒，所居不蔽風雨。姚崇謁告十餘日，謁，請也。休假曰告。政事委積，懷愼不能決，惶恐，入謝。上曰：「朕以天下事委姚崇，以卿坐鎭雅俗耳。」崇既出，須臾，裁決俱盡，頗有得色，自得之色。顧謂紫微舍人齊澣曰：澣音緩。「我爲相，可比何人？」澣未對。崇曰：「何如管、晏？」（管仲、晏嬰。）澣曰：「管、晏之法雖不能施於後，猶能沒身。公所爲法，隨復更之，似不及也。」崇曰：「然則竟何如？」澣曰：「可謂救時之相耳。」崇喜，投筆曰：「救時之相，豈易得乎！」懷愼自以其才不及崇，每事推

脩常平倉法

盧懷愼坐鎭雅俗

姚崇救時之相

伴食宰相

之，時人謂之「伴食宰相」。

綱 夏四月，山東大蝗。

目 山東蝗，民不敢殺，拜祭之，姚崇遣御史督州縣捕而瘞之。瘞音意，埋也。議者以爲蝗多，除不可盡，崇曰：「河南、北之人，（河南、北，謂河南道及河北道。）流亡殆盡，豈可坐視，借使除之不盡，猶勝養以成災。」上乃從之。盧懷愼以爲殺蝗太多，恐傷和氣。崇曰：「昔楚莊呑蛭而愈疾，楚莊王食寒葅而得蛭，恐左右見，而監食不誅則廢法，遂呑之。令尹賀曰：「王有仁德，天所輔也。」是夜嘔而蛭出，久疾得愈。蛭，水蟲也，一名馬蟥。孫叔殺蛇而致福，孫叔敖爲兒時，見兩頭蛇，殺而埋之。歸而泣，其母問故，叔敖曰：「聞之見兩頭蛇者死，恐他人又見，已殺而埋之矣。」母曰：「吾聞有陰德者天報以福，汝不死也。」及長，爲楚令尹。奈何不忍於蝗而忍人之飢死乎！若使殺蝗有禍，臣請當之。」

置侍讀官

綱 秋九月，置侍讀官。侍讀之名始見於此。

鄮王陝王爲大都護

綱 丙辰，四年，（七一六）春正月，以鄮王嗣眞爲安北大都護，（安北都護府時移治中受降城，在今內蒙古烏喇特中後聯合旗西，黃河北岸。）陝王嗣昇爲安西大都護。（陝即陝州，治陝縣，即今河南陝縣。安西都護府，治交河城，即今新疆吐魯番縣地。）

目 二王皆不出閤，諸王遙領節度自此始。

倪若水爲汴州刺史

綱 以倪若水爲汴州刺史。（汴州治浚儀縣，在今河南開封市北。時倪若水爲尙書右丞。）

目 上欲重都督、刺史，選京官才望者爲之，然當時猶輕外任。揚州採訪使班景倩入

班生何異登仙

賤人貴鳥

召新除縣令試理人策

盧懷慎卒

爲大理少卿，（揚州治江都縣，即今江蘇揚州市。）過大梁，（即汴州。）若水餞之，望其行塵，久之，謂官屬曰：「班生此行，何異登仙！」上嘗遣宦官詣江南取鵁鶄、鸂鶒等，（鵁鶄音交精，似鳧，脚高，有毛冠，辟火災，長目睛交，故名。鸂鶒，音溪敕，水鳥，五色，小於鴨。淮賦：「鸂鶒尋邪而逐害。」其宿若有勑令，故名。）欲置苑中，所至煩擾。若水言：「今農桑方急，而羅捕禽鳥，水陸傳送，（傳，驛遞。）道路觀者，豈不以陛下爲賤人而貴鳥乎！」上手敕謝之，縱散其鳥。

綱 山東復大蝗。

目 山東蝗復大起，姚崇又命捕之。倪若水謂：「蝗乃天災，非人力所及，宜脩德以禳之。」劉聰時，嘗捕埋之，爲害益甚。」拒不從命。崇牒若水曰：（移文曰牒。）「劉聰僞主，德不勝妖；今日聖朝，妖不勝德。古之良守，蝗不入境。若其脩德可免，彼豈無德致然！」因敕使者察捕蝗者勤惰以聞，由是不至大饑。

綱 召新除縣令，試理人策。

目 或言於上曰：「今歲選敍太濫，縣令非才。」上悉召至殿庭，試理人策。惟韋濟詞理第一，擢爲醴泉令。（醴泉縣，在今陝西乾縣東北。）餘二百人不入第，且令之官；四十五人放歸學問。

綱 夏六月，太上皇崩。冬十月，葬橋陵。（在今陝西蒲城縣南。）

目 十一月，黄門監盧懷慎卒。

目　懷慎疾亟，上表薦宋璟、李傑、李朝隱、盧從愿；上深納之。既薨，家無餘蓄，惟老蒼頭，蒼頭，奴也，服純黑以別於良人，故名。請自鬻以辦喪事。

源乾曜相

綱　以源乾曜同平章事。十二月，以宋璟爲西京留守。

目　姚崇無居第，寓居罔極寺，以病謁告，上遣使問之，日數十輩。源乾曜奏事稱旨，上曰：「此必姚崇之謀。」或不稱旨，則曰：「何不與姚崇議之！」崇子彝、异，頗受賂遺，爲時所譏。又崇所親信主書趙誨受賂，事覺。崇由是請避位，薦廣州都督宋璟自代。（廣州治南海縣，即今廣東廣州市。）上將幸東都，以璟爲刑部尚書、西京留守，遣內侍楊思勖迎之。璟風度凝遠，人莫測其際，在塗不與思勖交言。思勖素貴幸，歸，訴於上，上嗟歎良久，益重璟。

姚崇薦宋璟

綱　閏月，姚崇、源乾曜罷，以宋璟爲黃門監，蘇頲同平章事。

蘇頲相

目　璟爲相，務在擇人，隨材授任，使百官各稱其職；刑賞無私，犯顏正諫，上甚敬憚。突厥默啜自武后世爲中國患，朝廷旰食，旰，日晚也。傾天下之力不能克；郝靈荃得其首，自謂不世之功。璟以天子好武功，恐好事者競生心儌倖，痛抑其賞，逾年始授郎將；靈荃慟哭而死。

宋璟抑郝靈荃之賞

璟與頲相得甚厚，璟每論事則頲助之。璟嘗謂人曰：「吾與蘇氏父子同居相府，僕射寬厚，頲父瓌爲僕射。誠爲國器，若獻可替否，則黃門過其父矣。」頲初爲黃門省。

房杜姚宋

知古知今

宋璟禁立遺愛碑

罷十道按察使

幸東都

復舊官名

姚、宋相繼爲相，崇善應變成務，璟善守法持正；二人志操不同，然協心輔佐，使賦役寬平，刑罰淸省，百姓富庶。唐世賢相，前稱房、杜，房玄齡、杜如晦。後稱姚、宋，他人莫得比焉。二人每進見，上輒爲之起，去則臨軒送之。及李林甫爲相，雖寵任過於姚、宋，然禮遇殊卑薄矣。

紫微舍人高仲舒博通典籍，齊澣練習時務，姚、宋每坐二人以質所疑，既而歎曰：「欲知古，問高君，欲知今，問齊君，可以無闕政矣。」

廣州請爲璟立遺愛碑。璟請禁之，以革諂諛之風，於是他州皆不敢立。山人范知璿獻所爲文，璿音旋。璟判之曰：「觀其良宰論，頗涉諂諛；文章若高，宜從舉選，不可別奏。」

綱 罷十道按察使。

綱 丁巳，五年，（七一七）春正月，太廟四室壞。行幸東都。

目 上將幸東都，會太廟四室壞，上素服避殿。以問宋璟、蘇頲，對曰：「陛下三年之制未終，遽爾行幸，恐未契天心，故災異爲戒；願且停之。」姚崇曰：「太廟屋材，皆苻堅時物，朽腐而壞，適與行會，何足異也！百司供擬已備，不可失信；但遷神主於太極殿，更脩太廟耳。」上大喜，從之。遂幸東都。

綱 秋九月，復舊官名。（改官名，見上開元元年十二月。）令史官隨宰相入侍，羣臣對仗奏事。

（對仗，見卷四十五高宗永徽五年「或仗下面陳」注。）

御史服豸冠對仗讀彈文

目 貞觀之制，貞觀，太宗年號。中書、門下及三品官入奏事，必使諫官、史官隨之，有失則匡正，美惡必記之；諸司皆正衙奏事，正衙，正殿也。御史彈百官，服豸冠，（豸冠，見卷四十六武后天授元年「獬豸何嘗識字」注。）對仗讀彈文；故大臣不得專君，而小臣不得爲讒慝。及許敬宗、李義府用事，政多私僻，奏事官多俟仗下，於御座前屏人密奏，監察御史及待制官遠立以俟其退；諫官、史官皆隨仗出，仗下後事，不復預聞。武后以法制羣下，諫官、御史得以風聞言事，互相彈奏，於是多以險詖相傾。詖音祕，不平之言。宋璟欲復貞觀之政，制：「自今事非的須祕密者，皆令對仗奏聞，史官自依故事。」

宋璟欲復貞觀之政

綱 冬十二月，詔訪逸書。

訪逸書

綱 戊午，六年，（七一八）春正月，禁惡錢。謂鉛鐵相雜，及摩質取鉛盜鑄者。

禁惡錢

綱 徵嵩山處士盧鴻爲諫議大夫，（嵩山，在今河南登封縣北。）不受。

綱 夏四月，敕度鄭銑、郭仙舟爲道士。

目 河南參軍鄭銑、朱陽丞郭仙舟投匭獻詩，（朱陽縣，在今河南靈寶縣西。匭，以銅爲之，武后時鑄以受告密者書。）敕曰：「觀其文理，乃崇道法；至於時用，不切事情。宜從所好。」度爲道士。

綱 秋八月，令州縣歲十二月行鄉飲酒禮。禮，季冬之月，正齒位，則縣令爲主人，鄉之老人年六十以上有德望者一人爲賓，其次爲介，爲三賓，爲衆賓。賓主燕飲，則司正北面揚觶，而戒之以忠孝之本。

令州縣行鄉飲酒禮

綱 冬十一月，帝還西京。

宋璟蘇頲罷

優人魃戲

復置十道按察使

源乾曜爲侍中張嘉貞爲中書令

【綱】己未，七年，（七一九）夏五月朔，日食。

【目】上素服以俟變，徹樂減膳，命中書、門下察繫囚，賑饑乏，勸農功。宋璟奏曰：「陛下勤恤人隱，此誠蒼生之福。然臣聞日食脩德，月食脩刑；親君子，遠小人，絶女謁，女謁，婦人請託也。除讒慝，所謂脩德也。君子恥言浮於行，苟推至誠以行之，不必數下制書也。」

【綱】秋九月，徙宋王憲爲寧王。（宋王成器改名憲。寧即寧州，治定安縣，在今甘肅寧縣一帶。）

【綱】庚申，八年，（七二〇）春正月，宋璟、蘇頲罷。

【目】先是，朝集使往往齎貨入京師，朝集使，謂自外入朝與朝班者。將還，多遷官；璟奏一切勒還，以革其弊。璟又疾負罪而妄訴不已者，悉付御史臺治之，人多怨之者。會天旱，優人作魃狀戲於上前，魃音跋，旱神也。神異經：南方有人長二三尺，袒身，目在頂上，走行如風，名曰魃，所見之國大旱，赤地千里。一名旱母。問魃：「何爲出？」對曰：「奉相公處分。」又問：「何故？」對曰：「負冤者三百餘人，相公悉以繫獄，故不得不出爾。」上心以爲然。時江、淮閒惡錢尤甚，璟使監察御史蕭隱之括之。隱之嚴急煩擾，怨嗟盈路，於是貶隱之官，罷璟、頲，弛錢禁，而惡錢復行矣。

【綱】夏五月，復置十道按察使。

【綱】以源乾曜爲侍中，張嘉貞爲中書令。

【目】乾曜上言：「刑要之家，多任京官，使俊乂之士沉廢於外。俊乂，才過千人曰俊，百人曰乂。

以宇文融爲勸農使

虞書:「俊乂在官。」臣三子皆在京,請出其二。」上從之。於是出者百餘人。嘉貞吏事彊敏,剛躁自用。引進苗延嗣、呂太一、員嘉靜、崔訓與論政事。員音運。四人頗招權,時人語曰:「令公四俊,苗、呂、崔、員。」

綱　六月,瀍、穀溢。瀍音蟬。(瀍水出今河南孟津縣西北。穀水出今河南陝縣東,二水均流經洛陽市境入洛水。)

目　漂溺幾二千人。

綱　辛酉,九年,(七二一)春正月,改蒲州爲河中府,置中都。(蒲州治河東縣,在今山西芮城縣西北。河中府又名中都。)

綱　二月,以宇文融爲勸農使。

目　監察御史宇文融上言:「天下戶口逃移,巧僞甚衆,請加簡括。」源乾曜贊成之。敕有司議招集流移、按詰巧僞之法以聞。制:「州縣逃亡戶口聽百日自首,或於所在附籍,或牒歸故鄉,各從所欲。過期不首,讁徙邊州。」以融充使,奏置勸農判官十人,分行天下。行,巡察也。其新附客戶,免六年賦調。使者競爲刻急,州縣承風勞擾,百姓苦之。陽翟尉皇甫憬上疏言之,(陽翟縣,即今河南禹縣。)坐貶。州縣希旨,虛張其數,或以實戶爲客,凡得戶八十餘萬,田亦如之。

綱　夏六月,罷中都。

陸象先

張說相

吳兢直筆

楊思勖平安南亂

募兵充宿衞

【目】蒲州刺史陸象先政尚寬簡，吏民有罪，曉諭遣之。嘗謂人曰：「天下本無事，但庸人擾之耳。苟清其源，何憂不治！」

【綱】秋九月，梁文獻公姚崇卒。以張說同三品。

【綱】冬十一月，安州別駕劉子玄卒。（安州治安陸縣，在今湖北安陸縣北。）

【目】子玄卽知幾也，以字行。初，著作郎吳兢撰則天實錄，言宋璟激張說使證魏元忠事。後說脩史見之，謬曰：「劉五殊不相借！」劉五謂子玄。兢起對曰：「此兢所爲，史草具在，不可使明公枉怨死者。」同僚皆失色。其後說陰祈兢改數字，兢曰：「若徇公請，則此史不爲直筆，何以取信於後！」

【綱】壬戌，十年，（七二二）春正月，幸東都。

【綱】夏五月，伊、汝水溢。（伊水出今河南盧氏縣東南，東北流入洛水。汝水出今河南安陽市北，東流入淮水。）

【目】漂溺數千家。

【綱】六月，博州河決。（博州治聊城縣，在今山東聊城市東北。）

【綱】秋，安南亂，（安南卽今越南。）遣內侍楊思勖討平之。此後世內臣專兵之始。

【綱】始募兵充宿衞。

【目】初，諸衞府兵，（府兵，見卷四十三太宗貞觀十年。）自成丁從軍，六十而免，其家不免雜傜，浸以貧弱，逃亡略盡，百姓苦之。張說建議，請召募壯士充宿衛，不問色役，諸色雜徭役。優爲之制，逋亡者必爭出應募；上從之。旬日得精兵十三萬，分隸諸衛，更番上下。兵農之分，自此始矣。

綱　癸亥，十一年，（七二三）春正月，帝北巡；詔潞州給復五年；復，除其賦役。（潞州治上黨縣，卽今山西長治市。）以幷州爲太原府，置北都。（幷州治太原縣，在今山西太原市西南。）

綱　二月，張嘉貞罷。

張嘉貞罷相

目　張說與嘉貞不平，會嘉貞弟嘉祐贓發，說勸嘉貞素服待罪於外，遂左遷幽州刺史。（幽州治薊縣，卽今河北薊縣。）初，廣州都督裴伷先下獄，上與宰相議其罪。嘉貞請杖之，說曰：「刑不上大夫，禮曲禮辭。爲其近君，且所以養廉恥也。蓋士可殺不可辱。臣曏巡北邊，去年秋張說巡邊。聞姜皎杖於朝堂；去年秋杖祕書監姜皎，流之欽州，卒於道。皎官登三品，亦有微功，奈何以皁隸待之！事往，不可返，豈宜復蹈前失。」上深然之。嘉貞不悅，退謂說曰：「何論事之深也！」說曰：「宰相時來則爲之，若大臣皆可笞辱，行及吾輩矣！此言非爲伷先，乃爲天下士君子也。」嘉貞無以應。

張說諫杖裴伷先

綱　三月，帝至西京。

綱　夏五月，置麗正書院。易離卦彖傳：「重明以麗乎正，乃化成天下。」

置麗正書院

目　上置麗正書院，聚文學之士，或脩書，或侍講；以張說爲使。有司供給優厚，中

置長從宿衞

停按察使

復以宇文融爲勸農使

書舍人陸堅以爲無益，徒費，欲奏罷之。説曰：「自古帝王於無事之時，莫不崇宮室，廣聲色；今天子獨延禮文儒，發揮典籍，所益者大，所損者微。陸子之言，何不達也！」

綱 冬，始置長從宿衞。

目 命尚書左丞蕭嵩，與京兆、蒲、同、岐、華州長官，（京兆即雍州。蒲、同、岐州均見上。華州治鄭縣，在今陝西華縣西北。）選府兵及白丁一十二萬，謂之「長從宿衞」，一年兩番，州縣毋得役使。

綱 十二月，改政事堂爲中書門下。列五房於其後，分掌庶政。

綱 甲子，十二年，（七二四）夏五月，停按察使。自景雲二年至是十四年，凡三置三罷。

綱 復以宇文融爲勸農使。

目 制聽逃戶自首，闢所在閑田，隨宜收租，毋得差科、征役，租調一皆蠲免。遣宇文融巡行州縣，議定賦役。

綱 六月，制選臺閣名臣爲諸州刺史。

目 上以山東旱，命選臺閣名臣出爲刺史。初，張説引崔沔爲中書侍郎。沔音勉。故事，承宣制皆出宰相，侍郎署位而已。沔曰：「設官分職，上下相維，各申所見，事乃無失。侍郎，令之貳也，豈得拱默而已！」由是事多異同，説因是出之。

綱 秋七月，以楊思勖爲輔國大將軍。宦者稱大將軍始此。

目 溪州蠻覃行璋反，（溪州治大鄉縣，在今湖南龍山縣東。）以思勖爲招討使，擊擒之，故有是命。

綱　廢皇后王氏。上寵武惠妃，欲廢后者累歲，后兄守一以后無子，使僧明悟爲后祭南、北斗，剖霹靂木，書「天地」字及上名佩之。事覺，廢爲庶人，守一賜死。廢后尋卒。霹靂木，雷所震之木。

綱　八月，以宇文融爲御史中丞。

目　融爲御史中丞，乘驛周流天下，事無大小，州縣先上勸農使，然後申中書；省司亦待融指撝，撝同揮。然後處決。上將大攘四夷，攘，除也。急於用度，融以歲終所增緡錢數百萬，緡音民，錢貫也。悉進入官，由是有寵。議者多言煩擾，上令百寮議之。公卿畏融，皆不敢言。戶部侍郎楊瑒獨抗議，瑒音唱。以爲：「括客免稅，括，簡括。客，客戶。不利居人；徵籍外田稅，籍外括出之田，皆民所隱匿者。使百姓困弊，所得不補所失。」未幾，出爲華州刺史。

綱　冬十一月，帝如東都。

綱　羣臣請封禪。

目　時張說首建封禪之議，而源乾曜不欲爲之，由是與說不平。

綱　乙丑，十三年，(七二五)春二月，以宇文融兼戶部侍郎。

目　制以所得客戶稅錢均充所在常平倉本，又委使司與州縣議作勸農社，使貧富相恤，耕耘以時。

綱　更命長從宿衛爲彍騎。彍音擴。滿張弩曰彍。

宇文融爲御史中丞

羣臣請封禪

彍騎

目　總十二萬人，分隸十二衛、六番。唐書百官志，八衛各有左右，曰左右衛，曰驍衛，曰武衛，曰威衛，曰領軍，曰金吾，曰監門，曰千牛，共十六衛。自左右衛至領軍，並掌宮禁宿衛；金吾，掌宮中京城警；監門，掌諸門禁衛；千牛，掌侍衛。凡五府，外府之番上者，十二衛受其名簿而配以職；除監門、千牛凡左右四衛不須，故但十二衛。每衛萬人，分爲六番。番者，更代宿衛也。

綱　選諸司長官爲諸州刺史。

目　上自選諸司長官有聲望者十一人爲刺史。命宰相、百官餞於洛濱，洛水之濱。供張甚盛，供，供具。張，陳設也。自書十韻詩賜之。左丞楊承令在行中，意怏怏；上怒，貶睦州別駕。（睦州治雉山縣，在今浙江淳安縣西南。）

綱　夏四月，更集仙殿爲集賢殿。

目　上與中書門下及禮官學士宴於集仙殿。上曰：「仙者憑虛之論，朕所不取。賢者濟理之具，今與卿曹合宴，宜更名曰集賢。」其書院官五品以上爲學士，六品以下爲直學士；以張說知院事，右散騎常侍徐堅副之。

綱　秋九月，禁奏祥瑞。

綱　冬十月，作水運渾天成。水運渾天，上具列宿，注水激輪，令其自轉，晝夜一周。別置二輪，絡在天外，綴以日月，逆天而行，淹速合度。置木匱爲地平，令儀半在地下，又立二木人，每刻擊鼓，每辰擊鐘，機械皆在匱中。

綱　十一月，封泰山。（在今山東泰安市北。）

更集仙殿爲集賢殿

作水運渾天

封泰山

目　車駕發東都，百官、四夷從行。有司輦載供具，數百里不絕。上備法駕，至山足，御馬登山。與宰相及祠官俱登，問禮部侍郎賀知章曰：「前代玉牒之文，（玉牒，見卷十四漢武帝元封元年「封下官玉牒書」注。）何故祕之？」對曰：「或密求神仙，故不欲人見。」上曰：「吾爲蒼生祈福耳。」乃出玉牒，宣示羣臣。於是親祀昊天上帝於山上，羣臣祀五帝、百神於山下。明日，祭皇地祇於社首。（社首山，在今山東泰安市東南。）又明日，御帳殿，受朝覲，赦天下，封泰山神爲天齊王。

綱　以王毛仲爲開府儀同三司。

目　上初即位，牧馬有二十四萬匹，以王毛仲爲閑廄使，張景順副之。至是有馬四十三萬。上之東封，以數萬匹從，別色爲羣，望之如雲錦。加毛仲開府儀同三司。

綱　車駕還，幸孔子宅。

綱　至宋州。（治宋城縣，在今河南商丘市南。）

目　宴從官於宋州。上謂張說曰：「懷州刺史王丘，（懷州治河內縣，即今河南沁陽縣。）餼牽之外，一無他獻。牛、羊、豕爲牲，熟曰饔，腥曰餼，生曰牽。魏州崔沔供帳無錦繡，（魏州治貴鄉縣，在今河北大名縣東。）示我以儉。濟州裴耀卿表數百言，（濟州治盧縣，在今山東茌平縣西南，濟水北岸。）莫非規諫。且曰：『人或重擾，則不足以告成。』告成功於天。朕常寘之座隅。如三人者，不勞人以市恩，眞良吏矣。」顧謂刺史寇泚曰：泚音妻，上聲。寇泚爲宋州刺史。「比亦屢有以酒饌不豐訴於朕

吳兢諫親決試判

李元紘相

杜暹相

者，知卿不借譽於左右也。」自舉酒賜之。由是以丘爲尚書左丞，沔爲散騎侍郎，耀卿爲定州刺史。（定州治安喜縣，即今河北定縣。）

綱 十二月，帝還東都。

綱 分吏部爲十銓，銓，衡也，量也。親決試判。

目 上疑吏部選試不公，御史中丞宇文融密奏，請分爲十銓。以禮部尚書蘇頲等十人掌之。試判將畢，遽召入禁中決定，尚書侍郎皆不得預。左庶子吳兢表言：「陛下曲受讒言，不信有司，非居上臨人推誠感物之道。昔漢之賢相，尚不對錢穀之數，（漢文帝問陳平一歲錢穀出入，平答有主者。）不問鬬死之人；（漢丙吉爲丞相，出逢羣鬬，死傷不問。）況萬乘之君，豈得下行銓選之事乎！」上雖不即從，明年復故。

綱 大有年。

綱 丙寅，十四年，（七二六）夏四月，以李元紘同平章事。紘音宏。張說罷。

綱 秋七月，河南、北大水。

綱 八月，魏州河溢。

綱 以杜暹同平章事。

綱 丁卯，十五年，（七二七）夏五月，夏至，賜貴近絲，人一綟。綟音例。一綟，猶言一緰。

目 上命妃嬪以下宮中育蠶，以知女功。至是，以其絲賜貴近。

【綱】秋七月，冀州河溢。（冀州治信都縣，在今河北衡水縣西南。）

【綱】許文憲公蘇頲卒。

【綱】冬十月，帝還西京。

【綱】戊辰，十六年，（七二八）春二月，以張說兼集賢院學士。

【目】說雖罷政事，專文史之任，朝廷每有大事，上常遣中使訪之。

【綱】改彍騎爲羽林飛騎。

【綱】冬，以蕭嵩同平章事。

【綱】己巳，十七年，（七二九）春三月，限明經、進士及第每歲毋過百人。

【目】國子祭酒楊瑒奏：「流外出身，每歲二千餘人，而明經、進士不能居其什一，則是服勤道業之士不如胥吏之得仕也。臣恐儒風浸墜，廉恥日喪。若以出身人太多，則應諸色裁損。」諸色猶言雜科。又奏：「主司帖試明經，帖試，謂以所習經掩其兩端，中間推開一行，裁紙爲帖；凡帖三字，隨時增損，可否不一，或得四、得五、得六者爲通。不求大指，專取難知，問以孤經絕句，章句斷截，其疑似可以惑人，故謂之孤絕。或年月日；請自今並帖平文。」試以平易之文。上甚然之。

【綱】夏五月，復置按察使。

【綱】秋八月，以帝生日爲千秋節。

【目】八月五日，上以生日宴百官於花萼樓下。丞相源乾曜、張說表請以是日爲千秋

羽林飛騎
蕭嵩相
楊瑒諫限明經進士
復置按察使
千秋節

節，布於天下，咸令宴樂。移社就之。

綱 工部尚書張嘉貞卒。

目 嘉貞不營家產，有勸其市田宅者，曰：「吾貴爲將相，何憂寒餒！比見朝士廣占良田，身沒之日，適足爲無賴子弟酒色之資，吾不取也。」

綱 貶宇文融爲汝州刺史。（汝州治梁縣，即今河南臨汝縣。）

目 融以治財賦得幸，廣置諸使，競爲聚斂，由是上心益侈，百姓苦之。在相位，是年五月同平章事。謂人曰：「使吾居此數月，則海內無事矣。」信安王禕以軍功有寵，禕音衣。（信安王禕五月平吐蕃石堡城有功。信安即端州，舊信安郡，在今廣東肇慶市。）融疾之，使御史李寅彈之。禕聞之，先以白上。明日，寅奏果入，上怒，融坐貶。既而國用不足，上復思之。會有飛狀告融贓賄隱沒官錢事，飛狀，無姓名告狀者，若飛來也。坐流巖州，（治常樂縣，在今廣西横縣、貴縣間。）道卒。然是後言財利以取貴仕者，皆祖之。

綱 庚午，十八年，（七三〇）春正月，以裴光庭爲侍中。

綱 二月，初令百官休日選勝行樂。休日，休假之日也。選勝，選擇勝概去處。

綱 夏四月，以裴光庭兼吏部尚書。

目 先是，選司注官，惟視其人之能否，或不次超遷，或老於下位，有出身二十餘年不得祿者。光庭始奏用循資格，各以罷官若干選而集，各以，謂下文官高者、卑者也。罷官，謂罷劇就閒

張嘉貞不市田宅

貶宇文融

初令休日選勝行樂

裴光庭奏用循資格

者也。若干，數未定之辭。不拘多少爲一選，聚集而銓注也。官高者選少，卑者選多，無問能否，選滿則注，非負譴者，有升無降；庸愚皆喜，謂之「聖書」，而才俊之士無不怨歎。宋璟爭之不能得。

忠王浚爲行軍元帥

綱　六月，以忠王浚領河北道行軍元帥，（忠即忠州，治臨江縣，即今四川忠縣。）帥十八總管討奚、契丹。東胡種名。

目　浚即陝王嗣昇，更封改名也。契丹可突干弒其王李邵固，叛降突厥。制以忠王浚領元帥，御史大夫李朝隱、京兆尹裴伷先副之，帥十八總管以討奚、契丹。命浚與百官相見，張說謂人曰：「吾嘗觀太宗畫像，雅類忠王，此社稷之福也。」然浚竟不行。

綱　冬十月，是歲天下奏死罪二十四人。

王毛仲嫁女

綱　辛未，十九年，（七三一）春正月，王毛仲有罪，賜死。

目　初，毛仲以嚴察幹力有寵，百官附之輻湊。毛仲嫁女，上問：「何須？」毛仲頓首謝曰：「臣萬事已備，但未得客。」上曰：「知卿所不能致者一人耳，必宋璟也，朕爲汝召客。」明日，詔宰相與諸達官詣之。達官，謂諸司長官皆得專達於天子，故稱。日中璟乃至，先執酒，西向拜謝，飲不盡巵，巵，飲酒器。遽稱腹痛而歸。其剛直之操，老而彌篤如此。

毛仲驕恣日甚，龍武將軍葛福順倚其勢，葛福順，毛仲與爲婚。多爲不法，毛仲求兵部尚書不得，怏怏，上由是不悅。時上寵任宦官，楊思勖、高力士尤貴幸，毛仲視之若無人。毛仲妻產子，三日，上命力士賜之甚厚，且授兒五品官。毛仲抱兒示力士曰：「此豈不堪作三品邪！」力士歸，奏之，上大怒曰：「昔誅韋氏，（事見卷四十七睿宗景雲元年。）此賊心持兩端；今日乃敢以赤子怨我！」力士因言：「北門奴，（北門謂宦寺。）官太盛，不早除之，必生大患。」上恐其黨驚懼爲變，貶毛仲、福順等於遠州，追賜毛仲死。自是宦官勢盛，力士尤爲上所寵信，表奏皆先呈之，小事卽決，勢傾內外。

綱　以詩、書賜吐蕃。

目　吐蕃使者稱公主求毛詩、春秋、禮記、正字。（吐蕃卽今西藏，中宗時以宗室女金城公主嫁吐蕃。）于休烈上疏曰：「東平王，名蒼，漢明帝母弟。漢之懿親，求史記、諸子，漢猶不與。況吐蕃，國之寇讎，今資之以書，使知權略，愈生變詐，非中國之利也。」裴光庭等奏：「吐蕃久叛新服，因其有請，賜以詩、書，庶使漸陶聲教，化流無外。休烈徒知書有權略變詐之語，不知忠、信、禮、義皆從書出也。」遂與之。

綱　上躬耕于興慶宮側。盡三百步。

綱　三月，置太公廟。

目　令兩京諸州各置太公廟，兩京，西京長安，東京洛陽。以張良配享，選古名將以備十哲；十哲，張良、田穰苴、孫武、吳起、白起、樂毅、韓信、諸葛亮、李靖、李勣。以二、八月上戊致祭，如孔子禮。

綱　癸酉，二十一年，（七三三）春三月，裴光庭卒。

韓休相

【綱】以韓休同平章事。

【目】上問蕭嵩可以代光庭者，嵩欲薦散騎常侍王丘，丘讓於韓休。嵩言之，上以爲相。休爲人陗直，（陗，峻也。）不干榮利，始嵩以爲恬和易制，故引之。及與共事，守正不阿，嵩漸惡之。宋璟歎曰：「不意韓休乃能如是！」上或宴樂遊獵，小有過差，輒謂左右曰：「韓休知否？」言終，諫疏已至。左右曰：「韓休爲相，陛下殊瘦於舊，何不逐之！」上歎曰：「吾貌雖瘦，天下必肥。蕭嵩奏事，常順指，既退，吾寢不安；休常力爭，既退，吾寢乃安。吾用休爲社稷耳，非爲身也。」

【綱】夏六月，制選人有才行者，委吏部，臨時擢用。

【目】時雖有此制，而有司以循資格便於己，猶踵行之。

【綱】冬十月，左丞相宋璟致仕，歸東都。

【綱】蕭嵩、韓休罷。

裴耀卿張九齡相

【綱】以裴耀卿同平章事，起復張九齡同平章事。

【目】休數與嵩爭論於上前，面折嵩短。嵩因乞骸骨，上曰：「朕未厭卿，卿何爲遽去？」對曰：「陛下未厭臣，故臣得從容引去；若已厭臣，首領且不保，安能自遂！」因泣下。上亦爲之動容，乃皆以爲丞相，罷政事。時九齡居母喪，自韶州入見，（韶州治曲江縣，即今廣東韶關市。張九齡韶州人，時居喪在家。）求終喪；不許。

分天下爲十五道置采訪使

綱 分天下爲十五道，置采訪使。

目 京畿、都畿、關內、河南、河東、河北、隴右、山南東、山南西、劍南、淮南、江南東、江南西、黔中、嶺南，凡十五道，各置采訪使，（京畿采訪使治西京城內，即今陝西西安市。都畿采訪使治東都城，即今河南洛陽市。關內采訪使以京官領之。河南采訪使治汴州，即今河南開封市。河東采訪使治蒲州，在今山西芮城縣西北。河北采訪使治魏州，在今河北大名縣東。隴右采訪使治鄯州，即今青海樂都縣。山南東道采訪使治襄州，即今湖北襄樊市。山南西道采訪使治梁州，在今陝西漢中市東。劍南采訪使治益州，即今四川成都市。淮南采訪使治揚州，即今江蘇揚州市。江南東道采訪使治蘇州，即今江蘇蘇州市。江南西道采訪使治洪州，在今江西進賢縣西北。黔中采訪使始黔州，即今四川彭水縣。嶺南采訪使治廣州，即今廣東廣州市。）以六條簡察非法；兩畿以中丞領之，餘皆擇賢刺史領之。惟變革舊章，乃須報可；自餘聽便宜從事，先行後聞。

綱鑑易知錄卷四九

唐紀

玄宗明皇帝

李林甫相　張九齡請不禁鑄錢

綱　甲戌，二十二年，（七三四）春正月，幸東都。

綱　二月，秦州地震。（秦州治上邽縣，在今甘肅天水市西南。）

綱　夏五月，以裴耀卿爲侍中，張九齡爲中書令，李林甫同三品。

目　張九齡請不禁鑄錢，敕百官議之。裴耀卿等曰：「一啓此門，恐小人棄農逐利，而濫惡更甚。」祕書監崔沔曰：「若稅銅折役，計估度庸，（估，市稅。度音鐸。庸同傭。）則官冶可成，而私鑄無利矣。且錢之爲物，貴以通貨，利不在多，何待私鑄然後足用乎！」左監門錄事參軍劉秩曰：「夫人富不可以賞勸，貧不可以威禁。若許私鑄，貧者必不能爲之；臣恐貧者益貧而役於富，富者益富而逞其欲也。」上乃止。

林甫柔佞多狡數，深結宦官及妃嬪家，伺候上動靜，無不知之，由是每奏對，常稱旨。時武惠妃寵傾後宮，生壽王瑁，（壽即壽州，治壽春縣，即今安徽壽縣。）太子浸疎薄。林甫乃因宦官言於惠妃，願盡力保護壽王；妃德之，陰爲內助。

芟麥於苑中

張果

張守珪斬奚契丹王

宰相非賞功之官

御樓酺宴

綱 上芟麥於苑中。（芟音衫，刈也。）

目 上種麥苑中，帥太子以下親往芟之，謂曰：「此所以薦宗廟，不敢不親，且欲使汝曹知稼穡艱難耳。」（曹，輩也。）

綱 以方士張果爲銀青光祿大夫。

目 初，張果自言有神仙術，堯時爲侍中，多往來恆山中。（恆山，在今河北定縣西。）相州刺史韋濟薦之，（相州治安陽縣，即今河南安陽市。）上遣璽書迎入禁中。以爲光祿大夫，號通玄先生，厚賜遣歸。後卒，好事者以爲尸解；（後漢書方術傳注：「尸解，言將登仙，假托爲尸以解化也。葛洪年八十卒，其顏色如生，體亦柔輭，舉尸入棺甚輕，如空衣然，以爲尸解得仙也。」）上由是頗信神仙。

綱 冬十二月，幽州節度使張守珪斬奚、契丹王屈烈及可突干。（幽州治薊縣，即今河北薊縣。）

目 上美守珪之功，欲以爲相。張九齡曰：「宰相代天理物，非賞功之官也。」上曰：「假以名而不使任其職，可乎？」對曰：「惟器與名不可以假人，君之所司也。守珪纔破契丹，即以爲相；若盡滅奚、厥，（奚、契丹、突厥。）將以何官賞之！」乃以爲羽林大將軍、兼御史大夫，賜二子官，賞賚甚厚。

綱 乙亥，二十三年，（七三五）春正月，耕藉田，御樓酺宴。

目 上耕藉田，九推乃止；公卿以下皆終畝。（古者天子親耕藉田，爲天下先。天子三推，三公五推，卿大夫九推，庶人終畝；今天子九推，公卿終畝。）上御五鳳樓酺宴，時命三百里內刺史、縣令各率所部音樂集樓下，較勝負。懷州刺史以車載樂工數百，（懷州治河內縣，即今河南沁陽縣。）皆衣文繡。魯山令元德秀惟遣樂工數人，（魯山，縣名，即今河南魯山縣。）連袂歌于蔿。蔿音委。于蔿，歌名，元德秀所作。帝聞而異之，歎曰：「賢人之言哉！」上曰：「懷州之人，其塗炭乎！」立以刺史爲散官。德秀性介潔質樸，士大夫服其高。

連袂歌于蔿

張瑝張琇復父讎

綱　三月，張瑝、張琇殺殿中侍御史楊汪以復父讎；敕杖殺之。

目　初，汪既殺張審素，十九年冬，或告嶲州都督張審素贓污，制遣楊汪按之。汪奏審素謀反，審素坐斬。審素二子瑝、琇皆幼，坐流嶺表；尋逃歸，手殺汪於都城。繫表於斧，言父冤狀；欲之江外殺與汪同謀者，爲有司所得。議者多言二子稚年孝烈，宜加矜宥；張九齡亦欲活之。裴耀卿、李林甫以爲壞法，不可。上然之，乃下敕曰：「國家設法，期於止殺。各伸爲子之志，誰非徇孝之人！展轉相讎，何有限極！宜付河南府杖殺。」（河南府即洛州，今河南洛陽市。時玄宗居此，故宜付河南府。）士民憐之，爲作哀誄，斂錢葬之。

冊壽王妃

綱　冬十二月，冊壽王妃楊氏。妃，故蜀州司戶玄琰之女也。

綱　丙子，二十四年，（七三六）春二月，皇太子更名瑛。初名嗣謙。

目　諸皇子皆更之，忠王浚改曰璵。

敕禮部侍郎掌貢舉

綱　三月，敕禮部侍郎掌貢舉。

安祿山討奚契丹

目　舊制，考功員外郎掌貢舉。有進士陵侮之，議者以員外郎位卑，不能服衆；敕委禮部侍郎。

綱　夏四月，張守珪使討擊使安祿山討奚、契丹，敗績。

張九齡請殺安祿山

目　張守珪使平盧討擊使安祿山討奚、契丹，（平盧節度使治營州。營州治柳城縣，即今遼寧朝陽縣。）敗績，大崩曰敗績。守珪奏請斬之。祿山臨刑呼曰：「大夫欲滅奚、契丹，奈何殺祿山！」乃更執送京師。張九齡批曰：「昔穰苴誅莊賈，史記（司馬穰苴傳），司馬穰苴者，田完之苗裔也，晏嬰薦於齊景公，召爲將軍，將兵扞燕、晉之師，使寵臣莊賈監軍。穰苴與莊賈約曰：「且日日中會於軍門。」莊賈後期，穰苴斬莊賈以徇三軍，三軍之士皆振栗。孫武斬宮嬪。史記（孫武傳），孫子武者，齊人也，以兵法見吳王闔廬。闔廬曰：「子之十三篇，吾盡觀之矣，可以小試勒兵乎？」對曰：「可。」闔廬曰：「可試以婦人乎？」曰：「可。」於是出宮中美女，得百八十人。孫子分爲二隊，以王之寵姬二人爲隊長。孫子乃三令五申而鼓之，婦人大笑；孫子遂斬隊長二人以徇。於是闔廬知孫子能用兵，卒以爲將。守珪軍令若行，祿山不宜免死。」上惜其才，敕之。九齡固爭曰：「失律喪師，易師卦：「師出以律，失律凶也。」不可不誅。且其貌有反相，不殺必爲後患。」上曰：「卿勿以王夷甫識石勒，晉王衍，字夷甫，見石勒，識其有反相，後果叛據襄國，僭稱後趙，卒禍晉室。枉害忠良。」竟赦之。

赦安祿山

祿山本營州雜胡，初名阿犖山。犖音落。母再適安氏，冒其姓。後其部落破散，遂與安氏子思順逃來。狡黠善揣人情，守珪愛之，養以爲子。

史思明

又有史容干者，與祿山同里閈，閈音翰。里門曰閈。亦以驍勇聞。守珪奏爲果毅，累遷將軍，後入奏事，上與語，悅之，賜名思明。

張九齡上千秋金鑑錄

【綱】秋八月，張九齡上千秋金鑑錄。

【目】千秋節，羣臣皆獻寶鏡。九齡以爲以鏡自照見形容，以人自照見吉凶。乃述前世興廢之源，爲書五卷，謂之千秋金鑑錄，上之；賜書褒美。

【綱】冬十月，帝還西京。

【目】上過陜州，（陜州治陜縣，即今河南陜縣。）以刺史盧奐有異政，題贊於聽事而去。聽事，中庭也。

賜牛仙客爵

【綱】十一月，賜朔方節度使牛仙客爵隴西縣公。（朔方節度使治靈州，後改爲靈武節度使，在今寧夏自治區靈武縣。隴西縣，在今甘肅隴西縣西。）

張九齡諫加牛仙客尚書

【目】仙客前在河西，（開元十五年牛仙客爲河西節度判官。河西治涼州城，即今甘肅武威縣。）能節用度，勤職業，倉庫充實，器械精利；上嘉之，欲加尚書。張九齡曰：「不可。尚書，古之納言，虞書，帝曰：「龍，汝作納言，夙夜出納朕命惟允。」蔡氏曰：「周之內史，漢之尚書，魏、晉以來所謂中書門下者，皆此職也。」唐興以來，惟舊相及揚歷中外有德望者乃爲之。仙客本河、湟使典，河、湟二水名。仙客前判涼州別駕，故云。今驟居清要，恐羞朝廷。」上曰：「然則但加實封，可乎？」對曰：「封爵所以勸有功也。邊將實倉庫，脩器械，乃常務耳，不足爲功。欲賞其勤，賜之金帛可也；裂土封之，恐非其宜。」上默然。李林甫曰：「仙客，宰相才也，何有於尚書！九齡書生，不達大體。」上悅，乃賜仙客爵，食實封三百戶。

【綱】裴耀卿、張九齡罷爲左右丞相，以李林甫兼中書令，牛仙客同三品。

【目】初，上欲以李林甫爲相，問於張九齡，九齡對曰：「宰相繫國安危，陛下相林甫，臣恐異日爲廟社之憂。」上不從。是時上在位歲久，漸肆奢欲，怠於政事，而九齡遇事無細大皆力爭之。

上之在藩也，趙麗妃生太子瑛，皇甫德儀生鄂王瑤，劉才人生光王琚。及卽位，幸武惠妃，生壽王瑁，麗妃等愛皆弛。太子與瑤、琚以母失職，有怨望語。駙馬都尉楊洄尚咸宜公主，武惠妃女。常伺三子過失以告惠妃。惠妃泣訴於上，上大怒，欲皆廢之。九齡曰：「陛下享國長久，子孫蕃昌，天下之人，方以爲慶。今三子皆已成人，不聞大過，奈何一旦以無根之語廢之乎！且太子天下本，不可輕搖。昔晉獻公聽驪姬之讒殺恭世子，三世大亂；漢武帝信江充之誣罪戾太子，京城流血；晉惠帝用賈后之譖廢愍懷太子，中原塗炭；隋文帝納獨孤后之言黜太子勇，立煬帝，遂失天下。由此觀之，不可不愼。陛下必欲爲此，臣不敢奉詔。」上不悅，林甫退而私謂宦官之貴幸者曰：「此主上家事，何必問外人！」上猶豫未決。惠妃密使宮奴謂九齡曰：「有廢必有興，公爲之援，宰相可長處。」九齡叱之，以其語白上；上爲之動色，故訖九齡罷相，太子得無動。

林甫日夜短九齡於上，上浸疎之。林甫引蕭炅爲戶部侍郎。炅音憬。炅素不學，嘗讀「伏臘」爲「伏獵」。中書侍郎嚴挺之言於九齡曰：「省中豈容有『伏獵侍郎』！」乃出炅刺岐州，

張九齡諫廢三子

伏獵侍郎

(治雍縣，在今陝西鳳翔縣南。)故林甫怨挺之。上積前事，以耀卿、九齡阿黨；並拜丞相罷政事。而以林甫爲中書令，牛仙客同三品，領節度如故。貶挺之爲洛州刺史。(洛州治永年縣，在今河北永年縣東南。)上卽位以來，所用之相，姚崇尚通，宋璟尚法，張嘉貞尚吏，張說尚文，李元紘、杜暹尚儉，韓休、張九齡尚直，各有所長也。

李林甫爲中書令　明皇用相各有所長

九齡既得罪，朝廷之士，皆容身保位，無復直言。林甫欲蔽主擅權，明謂諸諫官曰：「今明主在上，羣臣將順之不暇，孝經：「將順其美。」注：「將，行也。君有美善，則順而行之。」烏用多言！諸君不見立仗馬乎？飛龍廐日以人馬列宮門外，號南衙立仗馬。食三品料，一鳴輒斥去，悔之何及！」補闕杜璡嘗上書言事，璡音津。黜爲下邽令。(下邽縣，在今陝西渭南縣東北。)自是諫爭路絕矣。

仙客既爲林甫所引進，專給唯諾而已。林甫城府深密，人莫窺其際。好以甘言啗人而陰中傷之，啗，餌之也。不露辭色。凡爲上所厚者，始則親結之，及位勢稍逼，輒以計去之。雖老姦巨猾，無能逃其術者。

李林甫城府深密

綱　丁丑，二十五年，(七三七)春正月，置玄學博士。

置玄學博士

目　每歲依明經舉。

綱　二月，立明經問義，進士試經法。

立明經問義進士試經法

目　敕曰：「進士以聲韻爲學，多昧古今；明經以帖誦爲功，帖試集覽：「明經誦帖括，謂爲機括而誦之，以求僥倖。」(帖誦，見卷四十八開元十五年「主司帖試明經」注。)罕窮旨趣。自今明經問大義十條、對時務策三首；進士試大經十帖。」以左氏傳爲大經，一帖凡三言。

殺周子諒貶張九齡

綱 夏四月，殺監察御史周子諒，貶張九齡爲荆州長史。

目 子諒彈牛仙客非宰相才。上怒甚，命撲於殿庭，絶而復蘇，仍杖之朝堂；流瀼州，（治臨江縣，在今廣西上思縣南。）至藍田而死。（藍田縣，即今陝西藍田縣。）李林甫言：「子諒，九齡所薦也。」乃貶九齡荆州長史。（荆州治江陵縣，即今湖北江陵縣。）

綱 廢太子瑛、鄂王瑤、光王琚而殺之。（鄂王瑤、光王琚皆玄宗子。鄂即鄂州，治江夏縣，即今湖北武漢市武昌城。光即光州，治光山縣，即今河南光山縣。）

目 楊洄又譖太子、鄂王、光王潛構異謀，上召宰相謀之。李林甫對曰：「此陛下家事，非臣等所宜預。」上意乃決。使宦官宣制於宫中，廢爲庶人，尋賜死。

李牛賜爵公

綱 秋七月，大理寺奏有鵲來巢。賜李林甫爵晉國公，牛仙客豳國公。（晉即晉州，治臨汾縣，即今山西臨汾縣。豳即豳州，治新平縣，即今陝西邠縣。賜爵非實封。）

目 大理少卿徐嶠奏：「今歲天下斷死刑五十八，獄院由來殺氣太盛，鳥雀不栖，今有鵲巢其樹。」於是百官以刑措表賀。上歸功宰輔，故有是命。

宋璟卒

綱 冬十月，開府儀同三司、廣平文貞公宋璟卒。（廣平縣，在今河北曲周縣北。）

令州縣里皆置學

綱 戊寅，二十六年，（七三八）春正月，令天下州、縣、里皆置學。

立太子亨

綱 夏六月，立忠王璵爲太子，改名亨。

追謚孔子爲文宣王　張九齡卒　開元戶口數　立賑饑法　得玄元皇帝像

目　李林甫數勸上立壽王瑁。上以忠王璵年長，孝謹，好學，意欲立之，猶豫不決。常忽忽不樂。高力士請其故，上曰：「汝揣我何意！」力士曰：「得非以郎君未定邪？」上曰：「然。」對曰：「但推長而立，誰復敢爭！」上曰：「汝言是也！」由是遂立璵爲太子，更名亨。

綱　己卯，二十七年，（七三九）秋八月，追謚孔子爲文宣王。

目　先是，祀先聖、先師，周公南向，孔子東向坐。制：「自今孔子南向坐，被王者之服，釋奠用宮懸。」（釋奠，見卷四十二武德七年「釋奠于先師」注。宮懸，天子樂。）贈弟子爲公、侯、伯。

綱　庚辰，二十八年，（七四〇）春正月，荆州長史張九齡卒。

目　上雖以九齡忤旨逐之，然愛重其人，每宰相薦士，輒問曰：「風度得如九齡不乎？」

綱　冬十一月，是歲戶、口之數。

目　戶，八百四十一萬二千八百；口，四千八百一十四萬三千六百。西京、東都米斛直錢不滿三百，絹匹亦如之。海內富安，行者萬里不持寸兵。

綱　辛巳，二十九年，（七四一）春正月，立賑饑法。

目　制曰：「承前饑饉，皆待奏報，然後開倉。道路悠遠，何救懸絕！自今委州縣及採訪使給訖奏聞。」

綱　夏閏四月，得玄元皇帝像。（高宗乾封元年，尊老子爲玄元皇帝。）

目　上夢玄元皇帝云：「吾像在京城西南百餘里。」遣使求，得之於盩厔。（盩厔音周質。）

洛水溢

以安祿山爲營州都督

以安祿山爲平盧節度使

置十節度經略使

厔縣，即今陝西盩厔縣。）迎至興慶宮。

綱 秋七月，洛水溢。

目 溺死者千餘人。

綱 八月，以安祿山爲營州都督。

目 祿山傾巧，善事人，人多譽之。上左右至平盧者，祿山皆厚賂之，由是上益以爲賢。又賂采訪使張利貞，利貞盛稱之。上乃以爲營州都督，充平盧軍使。

綱 壬午，天寶元年，（七四二）春正月，以安祿山爲平盧節度使。

目 是時，天下聲教所被之州三百三十一，聲謂風聲，教謂教化。羈縻之州八百，羈縻猶言維繫。置十節度、經略使以備邊，安西節度撫寧西域，治龜茲城；（在今新疆庫車、沙雅兩縣間。）北庭節度防制突騎施、堅昆，（俱西域國。）治北庭都護府；北庭本高昌國地，唐立庭州，改北庭都護府。（庭州治金滿城，即今新疆烏魯木齊市。）河西節度斷隔吐蕃、突厥，治涼州；朔方節度捍禦突厥，治靈州；河東節度與朔方掎角以禦突厥，治太原府；（即幷州，治太原縣，在今山西太原市西南。）范陽節度臨制奚、契丹，治幽州；（治薊縣，即今河北薊縣。）平盧節度鎮撫室韋、靺鞨，室韋，契丹之別種，丁靈之苗裔。靺鞨，北狄種。治營州；隴右節度備禦吐蕃，治鄯州；（治湟水縣，即今青海樂都縣。）劍南節度西抗吐蕃，南撫蠻獠，獠音老，西南夷。治益州；（治成都縣，即今四川成都市。）嶺南五府經略綏靜夷、獠，治廣州；（治南海縣，即今廣東廣州市。）此外又有長樂經略，福州領之；（福州治閩縣，即今福建福州市。）東萊守捉，唐制，兵之戍邊者大曰軍，小曰守捉，即團結營也。萊州領之；（萊州治掖縣，即今山東掖縣。）東牟守捉，登州領之：（登州治蓬萊縣，即今山東蓬萊縣。）凡鎮兵四十九萬人，馬八萬餘匹。開元之前，每歲供邊兵衣、糧費不過二百萬；天寶之後，益兵浸多，每歲用衣千二十萬匹，糧百九十萬斛，公私勞費，民始困矣。

綱 羣臣請加尊號。

目 陳王府參軍田同秀言：「玄元皇帝告以『藏靈符，在尹喜故宅』。」尹喜，周康王時爲函谷關令，東見紫氣，知有神人過，果得老子，喜求著書，老子爲著道德經以授之。上遣使求得之。羣臣上表，以「寶符潛應年號，請於尊號加『天寶』字」，從之。

綱 二月，改官名。

改官名

目 侍中、中書令爲左、右相，丞相改爲僕射；東、北都皆爲京，州爲郡，刺史爲太守。

綱 以田同秀爲朝散大夫。

目 時人皆疑寶符同秀所爲也。

綱 三月，以韋堅爲江、淮租庸轉運使。

韋堅爲轉運使

目 堅，太子之妃兄也。督江、淮租運，歲增巨萬，上以爲能，故擢任之。王鉷亦以善治租賦爲戶部員外郎。

綱 以盧絢、嚴挺之爲員外詹事。

李林甫口蜜腹劍
盧絢風標清粹

李適之相
安祿山入朝

目 李林甫爲相，凡才望功業出己右者，必百計去之；尤忌文學之士，或陽與之善，而陰陷之。世謂林甫「口有蜜，腹有劍」。上嘗陳樂於勤政樓下，垂簾觀之。兵部侍郎盧絢謂上已起，垂鞭按轡，橫過樓下；絢風標清粹，上目送之。林甫知之，乃召絢子弟謂曰：「交、廣藉才，（交、廣，謂交州、廣州。）上欲以尊君爲之，若憚遠行，則當左遷；姑以賓、詹分務東洛，賓、詹，太子賓客及詹事官。何如？」絢懼，請之，乃除華州刺史。（華州治鄭縣，在今陝西華縣西北。）未幾，誣其有疾，除員外詹事。

上又嘗問林甫：「嚴挺之可用，今安在？」挺之時爲絳州刺史。（絳州治正平縣，在今山西侯馬市西北。）林甫退，召挺之弟，諭以「上意甚厚，盍稱疾求還，可以見上。」挺之從之。林甫以其奏白上云：「挺之老疾，宜且授以散秩，以便醫藥。」上歎吒久之；亦以爲員外詹事。

綱 秋七月，牛仙客卒，以李適之爲左相。

綱 癸未，二年，（七四三）春正月，安祿山入朝。

目 安祿山入朝；上寵待甚厚，謁見無時。祿山奏言：「去秋營州蟲食苗，臣焚香祝天云：『臣若操心不正，事君不忠，願使蟲食臣心；若不負神祇，願使蟲散。』即有羣鳥從北來，食蟲立盡。請宣付史館。」從之。

李林甫領吏部尚書，日在政府，選事悉委侍郎宋遙、苗晉卿。時選人集者以萬計，遙、晉卿以御史中丞張倚得幸於上，擢其子奭爲首。祿山言於上，上召入面試之，奭手持試紙，終日不成一字，時人謂之「曳白」。曳音異，引也。白，白紙。於是三人皆坐貶。

綱　甲申，三載，（七四四）春正月，改「年」曰「載」。

綱　二月，以安祿山兼范陽節度使。

目　河北黜陟使席建侯稱祿山公直；李林甫、裴寬亦順旨稱譽其美。由是祿山之寵益固。

綱　冬，初令百姓十八爲中，二十三成丁。

綱　乙酉，四載，（七四五）春正月，帝聞空中神語。

目　上謂宰臣曰：「朕於宮中爲壇，爲百姓祈福，自草黃素置案上，俄飛升天，聞空中語云：『聖壽延長。』又煉藥成，置壇上，及夜欲收，又聞空中語云：『藥未須收，此自守護。』」羣臣表賀。

綱　秋七月，册壽王妃韋氏。八月，以楊太眞爲貴妃。

目　初，武惠妃薨，開元二十五年惠妃武氏薨，追謚貞順皇后。後宮無當意者。或言壽王妃楊氏之美。上見而悅之，乃令妃自以其意乞爲女官，號太眞；更爲壽王娶郎將韋昭訓女。潛內太眞宮中，不朞歲，寵遇如惠妃，宮中號曰「娘子」，凡儀體皆如皇后。至是册爲貴妃；贈其父玄琰兵部尚書，以從兄銛爲殿中少監，錡爲駙馬都尉，三姊皆賜第京師，寵貴赫然。楊釗者，貴妃之從祖兄也，不學無行。從軍於蜀，至長安，見諸妹，引之見上，得出入禁中，授金

改年曰載

以安祿山兼范陽節度使

聞空中神語

以楊太眞爲貴妃

吾兵曹參軍。

【綱】九月，以韋堅爲刑部尚書，楊愼矜爲租庸轉運使。

【綱】安祿山討奚、契丹，破之。

【綱】冬，安祿山奏立李靖、李勣廟。

【目】祿山奏：「臣討契丹，至北平郡，（即平州，治盧龍縣，即今河北昌黎縣西北。）夢先朝名將李靖、李勣從臣求食。」遂命立廟。又奏：「薦享之日，廟梁產芝。」

【綱】以王鉷爲京畿采訪使。（京畿采訪使治西京城，即今陝西西安市。）

【目】初，上在位久，用度日侈，又不欲數於左、右藏取之。鉷知上旨，歲貢額外錢帛百億萬，貯於內庫，以供宴賜，曰：「此皆不出於租、庸、調。」上以鉷爲能富國，益厚遇之。中外歎怨。至是，以爲御史中丞、京畿采訪使。

【綱】丙戌，五載，（七四六）春正月，貶韋堅爲縉雲太守，（縉雲郡即處州，治麗水縣，後移治縉雲縣，即今浙江縉雲縣。）皇甫惟明爲播州太守。（播州治遵義縣，即今貴州遵義市。）

【目】李適之性疏率，李林甫嘗謂之曰：「華山有金礦，（華山，在今陝西渭南縣東。）采之可以富國，上未之知也。」他日，適之言之。上以問林甫，對曰：「臣久知之，但華山陛下本命，王氣所在，鑿之非宜，故不敢言。」上以林甫爲愛己，謂適之曰：「自今奏事，宜先與林甫議之。」適之由是束手，而與韋堅益親，林甫愈惡之。

安祿山奏立李靖李勣廟

貶韋堅皇甫惟明

李林甫紿李適之

初，太子之立，非林甫意。林甫恐異日爲己禍，欲動搖之。隴右節度使皇甫惟明嘗爲忠王友，太子爲忠王時。時破吐蕃，入獻捷，見林甫專權，勸上去之。林甫知之，使楊愼矜密伺其所爲。會正月望夜，太子出遊，與堅相見，堅又與惟明會於景龍觀。愼矜遂告堅與惟明謀立太子。收下獄，林甫使愼矜等鞫之。鞫，推窮罪也。上亦疑堅與惟明有謀，而不顯其罪，皆貶之。太子表請與妃離昏。妃，韋妃，堅妹。

王忠嗣爲四道節度

綱　以王忠嗣爲河西、隴右、朔方、河東節度使。

高估馬價

目　忠嗣始在朔方、河東，去年忠嗣以朔方節度兼河東。每互市，高估馬價，論價曰估。諸胡聞之，爭以馬求市，由是胡馬少，唐兵益壯。忠嗣杖四節，控制萬里，天下勁兵重鎮皆在掌握，與吐蕃戰於青海、積石，（青海卽今庫庫諾爾。積石山，在今青海甘德縣。）皆大捷。又討吐谷渾於墨離軍，（卽舊月氏國，武德初置軍，在今新疆境。）虜其全部而歸。

李適之罷

綱　夏四月，李適之罷。

目　韋堅等既貶，適之懼，自求散地，散地，猶言閑處。罷政事。初，適之與林甫有隙。適之領兵部尙書，林甫使人發兵部銓曹奸利事，收吏六十餘人，付京兆。京兆尹蕭炅使法曹吉溫鞫之。溫置吏於外，先取二重囚訊之，號呼之聲所不忍聞。吏聞之大懼，引入皆自誣服，頃刻獄成。

始太子文學薛嶷薦溫才，上召見，顧嶷曰：「是一不良人，朕不用也。」及林甫欲除不附

羅鉗吉網

已者，求治獄吏。炅薦溫於林甫，林甫大喜。又有羅希奭者，爲吏深刻，林甫引爲殿中侍御史。二人皆隨林甫所欲，深淺鍛鍊，猶工冶陶鑄鍛鍊也。成獄，無能自脫者。時人謂之「羅鉗吉網」。

馳驛致生荔枝

綱 秋七月，加嶺南經略使張九章三品，以王翼爲戶部侍郎。

目 楊貴妃方有寵，中外爭獻珍玩。九章、翼所獻精美，九章加三品，翼爲戶部侍郎。民間歌之曰：「生男勿喜女勿悲，君今看女作門楣。」楣，門上橫梁也。妃欲得生荔枝，歲命嶺南馳驛致之。嘗以妒悍不遜，送歸銛第。上遂不食，及夜，高力士奏請迎妃歸院，遂開禁門而入。後復以忤旨遣歸。吉溫因宦官言於上曰：「陛下何愛宮中一席之地，使之就死而辱之於外舍邪！」上亦悔之，遣中使賜以御膳。妃對使者涕泣曰：「金玉珍玩，皆陛下所賜，惟髮者父母所與。」乃剪髮一繚而獻之。繚音了。一繚，猶言一緌。上遽召還，寵待益深。

綱 冬，殺驍衛兵曹柳勣、贊善大夫杜有鄰。唐東宮官有左右贊善大夫。

殺李邕等

目 有鄰女爲太子良娣，其長女爲勣妻。勣喜結交豪俊，淄川太守裴敦復、北海太守李邕皆與定交。（淄州郡卽淄州，治淄川縣，卽今山東淄川縣。北海郡卽青州，治益都縣，卽今山東益都縣。）勣與妻族不協，欲陷之，爲飛語告有鄰妄稱圖讖，飛語猶言飛狀。交構東宮，指斥乘輿。林甫令吉溫鞫之，乃勣首謀。遂與有鄰皆杖死，太子亦出良娣爲庶人。

綱 丁亥，六載，（七四七）春正月，殺北海太守李邕及皇甫惟明、韋堅等，王琚、李適之自

盧藏用戒李邕

殺。

目　江華司馬王琚，（江華郡即道州，治營道縣，即今湖南道縣。）性豪侈，與李邕皆自謂耆舊，久在外，意怏怏，李林甫惡其負材使氣，欲因事除之。因別遣羅希奭按邕與裴敦復，皆杖死。邕才藝出衆，盧藏用常語之曰：「君如干將、莫邪，干將、莫邪，二劍名。干將，吳王闔廬劍師，吳王使鑄劍二口，陽曰干將，陰曰莫邪。難與爭鋒，然終虞缺折耳。」邕不能用。林甫又奏分遣御史賜皇甫惟明、韋堅等死。希奭所過，殺遷謫者，所經過處，有坐遷謫者盡殺之。李適之仰藥，琚自縊。

安祿山兼御史大夫

綱　以安祿山兼御史大夫。

腹中止有赤心

目　祿山體肥，腹垂過膝。外若癡直，內實狡黠。其在上前，應對敏給，雜以詼諧，上嘗戲指其腹曰：「此胡腹中何所有？」祿山本營州雜胡，故稱。其大乃爾！」對曰：「更無餘物，止有赤心耳！」上悅。

又嘗命見太子，祿山不拜，左右趣之拜，祿山曰：「太子何官？」上曰：「此儲君也，朕千秋萬歲後，代朕君汝者也。」祿山曰：「臣愚，曏者唯知有陛下一人，不知乃更有儲君。」不得已，然後拜。上以爲信然，益愛之。

胡人先母而後父

祿山得出入禁中，因請爲貴妃兒。上與貴妃共坐，祿山先拜貴妃。上問何故，對曰：「胡人先母而後父。」上悅。

貶王忠嗣

王忠嗣二部將哥舒翰李光弼

王忠嗣諫攻吐蕃

綱 冬十月，將軍董延光攻吐蕃石堡城，（在今青海東部。）不克。十一月，以哥舒翰充隴右節度使，哥舒，複姓。貶王忠嗣爲漢陽太守。（漢陽郡卽沔州，治漢陽縣，卽今湖北武漢市舊漢陽縣。）

目 王忠嗣以部將哥舒翰爲大斗軍副使，（大斗軍，在今甘肅永昌縣西南。）李光弼爲河西兵馬使。翰本突騎施別部酋長，光弼，契丹王楷洛之子也，皆以勇略爲忠嗣所重。每歲積石軍麥熟，吐蕃輒來穫之，穫，刈禾也。無能禦者。翰先伏兵於其側，虜至，斷其後，夾擊之，無一人得返，自是不敢復來。

上欲使忠嗣攻吐蕃石堡城，忠嗣上言："石堡險固，吐蕃舉國守之，非殺數萬人不能克；臣恐所得不如所亡，不如厲兵秣馬，厲，磨也，以穀飼馬曰秣。左傳僖三十三年「東載厲兵秣馬矣。」俟其有釁，然後取之。"上意不快。

將軍董延光請行，上命忠嗣分兵助之。忠嗣不得已奉詔，而不盡如其所欲。李光弼曰："大夫以多殺士卒之故，不欲成延光之功。今以數萬衆授之而不立重賞，士卒安肯爲之盡力乎！然此天子之意也，彼無功，必歸罪於大夫。大夫何愛數萬段帛，不以杜其讒口乎！"忠嗣曰："今以數萬之衆爭一城，得之未足以制敵，不得亦無害於國，故忠嗣不欲爲之。忠嗣今受責，天子不過以一將軍歸宿衛，其次不過黔中上佐；別駕、長史、司馬，通謂之上佐。（黔中卽今四川彭水縣，時爲徊、蠻雜居之地，謂最終不過貶謫爲黔中佐吏耳。）忠嗣豈以數萬人之命易一官乎！"光弼曰："大夫能行古人之事，非光弼所及也。"延光過期不克，言忠嗣沮撓軍計，上

以哥舒翰爲隴右節度使

高仙芝爲安西四鎮節度使

怒。敕徵忠嗣入朝，委三司鞫之。

上聞哥舒翰名，召見，悅之，以爲隴右節度使。翰之入朝也，或勸多齎金帛以救忠嗣。翰曰：「若直道尚存，王公必不冤死；如其將喪，多賂何爲！」三司奏忠嗣罪當死，翰力陳其冤，上感悟，貶忠嗣漢陽太守。

綱　十二月，以天下歲貢賜李林甫。

目　命百官閱歲貢物於尚書省，悉以車載賜林甫。上或時不視朝，百司悉集林甫第門，臺省爲空。林甫子岫爲將作監，頗以盈滿爲懼，嘗從林甫遊後園，指役夫言曰：「大人久處鈞軸，鈞，陶瓦輪也，其中旋轉者，取周回調均之義。軸，車軸也，所以持輪者。鈞軸皆在物之要者，故謂宰相秉鈞當軸，言其居中用事也。怨仇滿天下，一朝禍至，欲爲此得乎！」林甫不樂曰：「勢已如此，將若之何！」先是，宰相皆以德度自處，騶從不過數人。林甫自以多結怨，常虞刺客，出則步騎百餘人，爲左右翼；居則重關複壁，如防大敵，一夕屢徙牀，雖家人莫知其處。

綱　以高仙芝爲安西四鎮節度使。貞觀十四年平高昌，以其地置西州，建安西都護府，撫寧西域，統龜茲、于闐、焉耆、疏勒四國，故謂之四鎮。

目　仙芝，本高麗人，從軍安西。驍勇善騎射，累官四鎮節度副使。小勃律王及其旁二十餘國，小勃律，西域國。皆附吐蕃，貢獻不入，討之不克。制仙芝爲行營節度使，討之。仙芝虜小勃律王及吐蕃公主而還，上以仙芝爲安西四鎮節度使。仙芝署封常清判官，任以軍事。

自唐興以來，邊帥皆用忠厚名臣，不久任，不遙領，不兼統，功名著者往往入爲宰相。其四夷之將，雖才略如阿史那社爾、契苾何力，猶不專大將之任，皆以大臣爲使以制之。及開元中，天子有吞四夷之志，爲邊將者十餘年不易，始久任矣；皇子則慶、忠諸王，慶王名琮，忠王即肅宗，並領節度，不出閤。宰相則蕭嵩、牛仙客，蕭、牛並領節度。始遙領矣；蓋嘉運、王忠嗣專制數道，開元二十八年以蓋嘉運爲河西、隴右節度使。始兼統矣。

李林甫欲杜邊帥入相之路，以胡人不知書，乃奏言：「文臣爲將，怯當矢石，不若用寒族胡人；胡人則勇決習戰，寒族則孤立無黨，陛下誠以恩洽其心，彼必能爲朝廷盡死。」上悅其言，始用安祿山。至是，諸道節度使盡用胡人，精兵咸戍北邊，天下之勢偏重，卒使祿山傾覆天下，皆出於林甫專寵固位之謀也。

李林甫請用胡人爲邊帥

綱　戊子，七載，（七四八）夏四月，以高力士爲驃騎大將軍。

以高力士爲驃騎大將軍

目　力士承恩歲久，中外畏之，太子亦呼之爲兄，諸王公呼之爲翁，駙馬輩直謂之爺。自李林甫、安祿山輩皆因之以取將相。然性和謹少過，不敢驕橫，故天子終親任之，士大夫亦不疾惡也。

初，上自東都還，李林甫、牛仙客知上厭巡幸，乃增近道粟賦及和糴以實關中。即西京長安也。數年，蓄積稍豐，上謂力士曰：「朕不出長安近十年，天下無事，朕欲悉以政事委林甫，何如？」對曰：「天子巡狩，古之制也。且天下大柄，不可假人，彼威勢既成，誰敢復議之者。」上不悦。力士自是亦不敢深言天下事矣。

賜安祿山鐵券

綱　五月，賜安祿山鐵券。鐵券：券，符契也，以鐵鐫之，朱書字也。

綱　以楊釗判度支事。

目　釗善窺上意所愛惡而迎之，以聚斂驟遷，一歲中領十五使，恩幸日隆。

貴妃三姊封國夫人

綱　冬十一月，以貴妃姊爲國夫人。貴妃姊三人皆有才色，上呼之爲姨，出入宫掖，勢傾天下，至是封韓、虢、秦國夫人。

帥羣臣觀左藏

綱　己丑，八載，（七四九）春二月，帥羣臣觀左藏，賜楊釗金紫。

目　是時州縣殷富，倉庫積粟帛，動以萬計。釗請令糶變爲輕貨，輸京師；屢奏帑藏充牣，帑音倘。牣，音忍，去聲，滿也。古今罕儔，故上帥羣臣觀之，賜釗紫衣金魚。

紫衣金魚

高祖初給隨身魚袋，三品以上賜紫則給金魚，五品以上賜緋則給銀魚。上由是視金帛如糞壤，賞賜無限。

停折衝府上下魚書

綱　夏五月，停折衝府上下魚書。

目　先是，折衝府皆有木契、銅魚，朝廷徵發，下敕書、契、魚，都督、郡府參驗皆合，然後遣之。自募置彍騎，府兵日壞，死亡不補，器械秏散略盡。府兵入宿衛者謂之侍官，言其爲天子侍衛也。其後本衛多以假人，役使如奴隸；長安人羞之，至以相詬病。詬病猶恥辱也。其戍邊者，又多爲邊將苦使，利其死而沒其財。由是應爲府兵者皆逃匿，至是無兵可交。

以姚思藝爲檢校進食使

楊釗賜名國忠

李林甫遂奏停折衝府上下魚書；是後府兵徒有官吏而已。彍騎之法，天寶以後，稍亦變廢，應募者皆市井負販、無賴子弟，未嘗習兵。時承平日久，議者多謂中國兵可銷，於是民間挾兵器者有禁；子弟爲武官，父兄擯不齒。擯，斥也。齒猶錄也。禮記王制：「屏之遠方，終身不齒。」猛將精兵，皆聚於西北邊，中國無武備矣。

綱 庚寅，九載，（七五〇）春二月，以姚思藝爲檢校進食使。

目 時諸貴戚競以進食相尙，上命宦官姚思藝爲檢校進食使，水陸珍羞數千盤，周禮天官膳夫：「羞用百有二十品，珍用八物。」一盤費中人十家之產。

綱 夏五月，賜安祿山爵東平郡王。（東平郡即鄆州，治須昌縣，即今山東東平縣。）

目 唐將帥封王自此始。

綱 秋八月，以安祿山兼河北道採訪處置使。

綱 冬十月，安祿山入朝。

綱 賜楊釗名國忠。釗以圖讖有「金刀」，請改也。

綱 辛卯，十載，（七五一）春正月，爲安祿山起第於親仁坊。

目 命有司爲安祿山起第於親仁坊，敕令但窮壯麗，不限財力。祿山置酒新第，上命宰相赴之。日遣諸楊與之遊宴。祿山生日，上及楊妃賜予甚厚。後三日，召入禁中，貴妃以錦繡爲大襁褓，襁褓，負兒衣。裹之，使宮人以綵輿舁之。舁音預，對舉也。上聞，問故，左右以貴妃洗祿兒對。上賜貴妃洗兒金銀錢，復厚賜祿山，盡歡而罷。自是祿山出入宮掖，通宵不出，頗有醜聲聞於外，上亦不疑也。

貴妃洗祿兒　賜洗兒金銀錢

綱　以安祿山兼河東節度使。

目　祿山領河東，奏戶部郎中吉溫爲副使，知留後，以大理司直張通儒爲判官，委以軍事。

林甫與祿山語，每揣知其情，先言之，祿山驚服。每見，雖盛冬，常汗霑衣。林甫引與坐於中書廳，撫以溫言，自解披袍以覆之。祿山忻荷，言無不盡，謂林甫爲「十郎」。既歸范陽，劉駱谷每自長安來，必問：「十郎何言？」得美言則喜；或但云「語安大夫，須好檢校！」即反手據牀曰：「噫嘻，我死矣！」

祿山既兼領三鎮，范陽、平盧、河東三道藩鎮。日益驕恣。自以曩時不拜太子，見上春秋高，頗內懼；又見武備墮弛，有輕中國之心，孔目官嚴莊、掌書記高尚因爲之解圖讖，勸之作亂。祿山以尙、莊、通儒及將軍孫孝哲爲腹心，史思明、安守忠、李歸仁、蔡希德、牛廷玠、向潤容、李庭望、崔乾祐、尹子奇、何千年、武令珣、能元皓、田承嗣、田乾貞、阿史那承慶爲爪牙。

安祿山謀作亂

綱　秋八月，武庫火。燒兵器三十七萬。

綱　冬十一月，以楊國忠領劍南節度使。

武庫火　楊國忠領劍南節度

文武憲部
王鉷伏誅
安思順爲朔方節度
李林甫卒
楊國忠相
張彖隱居嵩山

綱 壬辰，十一載，(七五二)春三月，改吏、兵、刑部爲文、武、憲部。

綱 夏，戶部侍郎京兆尹王鉷伏誅。

目 鉷權寵日盛，領二十餘使。宅旁爲使院，文案盈積，吏求署一字，累日不得前，雖李林甫亦畏避之。鉷弟戶部郎中銲，銲音翰。凶險不法，召術士任海川，問：「我有王者之相否？」海川懼，亡匿。鉷恐事洩，捕得，托以他事杖殺之。事發，鉷賜自盡，銲杖死於朝堂。

綱 以安思順爲朔方節度使。

綱 冬十一月，李林甫卒。

目 上晚年自恃承平，以爲天下無復可憂，遂深居禁中，專以聲色自娛，悉委政事於林甫。林甫媚事左右，迎合上意，以固其寵；杜絕言路，掩蔽聰明，以成其姦；妒賢嫉能，排抑勝己，以保其位；屢起大獄，誅逐貴臣，以張其勢。自皇太子以下，畏之側足。凡在相位十九年，養成天下之亂，而上不之寤也。

綱 以楊國忠爲右相，兼文部尚書。

目 國忠爲人強辯而輕躁，無威儀。既爲相，裁決機務，果敢不疑；攘袂扼腕，公卿以下，頤指氣使，莫不震慴。慴同懾。凡領四十餘使。臺省官有時名，不爲己用者皆出之。或勸陝郡進士張彖謁之，(陝郡即陝州，治陝縣，即今河南陝縣。)彖曰：「君輩倚楊右相如泰山，吾以爲冰山耳！若皎日既出，君輩得無失所恃乎！」遂隱居嵩山。(在今河南登封縣北。)

綱 以吉溫爲御史中丞。

目 楊國忠薦之也。溫詣范陽辭安祿山，祿山令其子慶緒送至境。溫至長安，凡朝廷動靜輒報祿山，信宿而達。

綱 癸巳，十二載，（七五三）春正月，楊國忠注選人於都堂。

目 故事，兵、吏部尚書知政事者，選事悉委侍郎以下，三注三唱，（注唱，見卷四十五高宗總章二年「定銓注法」目。）仍過門下省審，（過即過官，見卷四十八開元二年「過官」注。）自春及夏，乃畢。至是，國忠欲自示精敏，乃遣令史先於私第密定名闕。召左相陳希烈及給事中、諸司長官皆集尚書都堂，唱注一日而畢，曰：「今左相、給事中俱在座，已過門下矣。」其閒資格差謬甚衆，無敢言者。於是門下不復過官，侍郎但掌試判而已。（試判，見卷四十五高宗總章二年「取人以身言書判」注。）

綱 二月，追削李林甫官爵，剖其棺。

目 楊國忠說安祿山使阿布思部落降者詣闕，（阿布思，突厥西葉護之名，天寶元年帥衆千餘帳相次來降。）誣告李林甫與阿布思謀反。上信之，下吏按問；林甫壻諫議大夫楊齊宣懼爲所累，證成之。時林甫尚未葬，制削官爵；子孫皆流嶺南、黔中；剖棺，抉含珠，（含珠，口中珠也。以珠玉實尸之口中曰含。）褫金紫，（褫奪也。）更以小棺如庶人禮葬之。

綱 秋八月，以哥舒翰兼河西節度使。

李林甫削爵剖棺

哥舒翰兼河西節度

劉迺遺宋昱書

楊國忠言安祿山必反

目 祿山以李林甫狡猾踰己，故畏服之。及楊國忠爲相，視之蔑如也，由是有隙。國忠屢言祿山有反狀；上不聽。國忠欲厚結隴右節度使哥舒翰與共排安祿山，奏以翰兼河西節度。是時，中國盛彊，自安遠門西盡唐境，（安遠門，長安西北面第一門。）凡萬二千里，閭閻相望，桑麻翳野，翳，蔽也。天下稱富庶者莫如隴右。翰每遣使入奏，常乘白橐駝，日馳五百里。

綱 冬十月，以中書舍人宋昱知選事。昱音欲。

目 前進士劉迺遺昱書曰：「禹、稷、皐陶同居舜朝，猶曰載采有九德，虞書皐陶謨「亦行有九德，亦言其人有德，乃言曰載采」。蔡傳：「亦行有九德者，總言德之見於行者其凡有九也。亦言其人有德者，總言其人之有德也。載，行；采，事也。總言其人有德，必言其行某事某事爲可信驗也。」考績亦九載。近代主司，察言於一幅之判，觀行於一揖之閒，何古今遲速不侔之甚哉！借使周公、孔子今處銓廷，考其辭華，則不及徐、庾，南北朝徐陵、庾信皆仕梁，詞並綺艷。觀其利口，則不若嗇夫，（嗇夫，事見卷十一漢文帝三年「以張釋之爲廷尉」目。）何暇論聖賢之事業乎！」

綱 甲午，十三載，（七五四）春正月，安祿山入朝。

目 是時楊國忠言祿山必反，且曰：「陛下試召之，必不來。」上使召之，祿山卽至。見上泣曰：「臣本胡人，陛下寵擢至此，爲國忠所疾，臣死無日矣！」上憐之，賞賜巨萬，由是國忠之言不能入矣。太子亦言祿山必反，上不聽。

綱 加安祿山左僕射。

北門學士　待詔　安祿山還范陽

目　上欲加安祿山同平章事，已令太常張垍草制。垍音忌。楊國忠曰：「祿山雖有軍功，目不知書，豈可爲宰相！制書若下，恐四夷輕唐。」上乃以祿山爲僕射。唐初詔敕，皆中書、門下官有文者爲之。乾封以後，乾封，高宗年號。始召文士草諸文辭，常於北門候進止，北門，宮寺門。時人謂之「北門學士」。上卽位，始置翰林院，密邇禁庭，延文章之士，下至僧、道、書、畫、琴、棊、數術之工，皆處之，謂之待詔。刑部尚書張均及弟垍，皆翰林院供奉。（未授以官職曰供奉。）

綱　二月，以楊國忠爲司空。

綱　三月，安祿山歸范陽。

目　祿山辭歸范陽。上解御衣以賜之，祿山驚喜。恐楊國忠奏留之，疾驅出關。乘船而下，晝夜兼行，日數百里。

初，上令高力士餞祿山，還，上問：「祿山慰意乎？」對曰：「觀其意怏怏，必知欲命爲相而中止也。」上以告國忠。國忠曰：「此議他人不知，必張垍兄弟告之也。」上怒，貶均、垍官。

綱　夏六月朔，日食，不盡如鉤。

綱　劍南留後李宓擊南詔，西南夷國名，本烏蠻別種，夷語王爲詔，其渠帥有六詔，惟蒙舍詔在諸部南，故稱南詔，治太和城。開元二十六年册南詔爲雲南王，天寶九載南詔反，陷雲南郡。（太和城，卽今雲南大理縣舊城。）敗

韋見素同平章事

沒。

目 宓擊南詔，全軍皆沒。楊國忠隱其敗，更以捷聞，益發中國兵討之，前後死者幾二十萬人，無敢言者。

上嘗謂高力士曰：「朕今老矣，朝事付之宰相，邊事付之諸將，夫復何憂！」力士對曰：「臣聞雲南數喪師，又邊將擁兵太盛，陛下將何以制之！臣恐一旦禍發，不可復救，何謂無憂也！」上曰：「卿勿言，朕徐思之。」

綱 秋八月，陳希烈罷，以韋見素同平章事。

綱鑑易知錄卷五十

唐紀

玄宗明皇帝

安祿山請以蕃將代漢將

綱　乙未，十四載，(七五五)春二月，安祿山請以蕃將代漢將，從之。

目　祿山使副將何千年入奏，請以蕃將三十二人代漢將。韋見素謂楊國忠曰：「祿山久有異志，今又有此請，其反明矣。」明日，入見，上迎謂曰：「卿等疑祿山邪？」見素因極言祿山反已有迹，所請不可許，上不悅，竟從祿山之請。

楊韋謀除安祿山

他日，國忠、見素言於上曰：「臣有策可坐消祿山之謀。若除祿山平章事，召詣闕，以賈循、呂知誨、楊光翽分領范陽、平盧、河東節度，(范陽、平盧、河東節度使，俱見卷四十九天寶元年「置十節度」注。)則勢自分矣。」上從之。已草制而不發，更遣中使輔璆琳以珍果賜祿山，潛察其變。璆琳受祿山厚賂，還，盛言祿山無二心。上謂國忠等曰：「朕推心待之，必無異志。朕自保之，卿等勿憂也！」事遂寢。

綱　哥舒翰入朝。得疾留京師，家居不出。

綱　秋七月，安祿山表請獻馬，遣中使諭止之。於是上稍寤，始有疑祿山之意。

安祿山反

楊國忠揚揚有得色

以郭子儀爲朔方節度使

綱　冬十月，帝如華清宮。（在今陝西臨潼縣驪山下，唐太宗所建，以溫湯所在，初名溫泉宮，玄宗改曰華清。）

綱　十一月，安祿山反，遣封常清如東京募兵以禦之。（東京卽東都，今河南洛陽市。）

目　祿山專制三道，（范陽、平盧、河東。）陰蓄異志，殆將十年，以上待之厚，欲俟上晏駕然後作亂。會楊國忠屢言祿山且反，數以事激之，欲其速反以取信於上。祿山由是決意遽反。會有奏事官自京師還，祿山詐爲敕書，示諸將曰：「有密旨，令祿山將兵入朝討楊國忠。」衆愕然相顧，莫敢異言。於是發所部兵及奚、契丹凡十五萬，反於范陽。命賈循守范陽，呂知誨守平盧，高秀巖守大同；（卽大同軍，置在朔州城，卽今山西朔縣。）大閱誓衆，引兵而南。時承平久，百姓不識兵革，河北州縣望風瓦解。（河北謂河北道。）

上聞祿山已反，乃召宰相謀之。楊國忠揚揚有得色，曰：「今反者獨祿山耳，將士皆不欲也。不過旬日，必傳首詣行在。」（傳，驛遞。乘輿所至曰行在。）上以爲然。安西節度使封常清入朝，上問以討賊方略，常清大言：「請詣東京，開府庫，募驍勇，挑馬箠度河，計日取祿山之首獻闕下！」上悅。以爲范陽、平盧節度使。乘驛詣東京募兵，旬日，得六萬人；乃斷河陽橋，爲守禦之備。（河陽橋卽河橋，在今河南孟縣南。）

綱　帝還京師，安慶宗伏誅，（慶宗，祿山子，尙宗女，在京師。）以郭子儀爲朔方節度使。（朔方節度使治靈州迴樂縣，在今寧夏回族自治區靈武縣西南。）

【綱】十二月，以高仙芝爲副元帥，統諸軍屯陝。（陝即陝州，治陝縣，即今河南陝縣。）

【目】以榮王琬爲元帥，高仙芝副之，統諸軍東征。仙芝以五萬人發京師，遣宦者邊令誠監其軍，屯於陝。

【綱】祿山陷滎陽，（即今河南滎陽縣。）殺其太守崔無詖。

安祿山陷東京

【綱】封常清與賊戰于武牢，（關名，在今河南滎陽縣西北。）敗績，祿山遂陷東京。留守李憕、御史中丞盧奕死之。

【綱】高仙芝退保潼關，（在今陝西渭南縣東。）河南多陷。

議親征

【綱】制太子監國。

【目】上議親征，制太子監國。謂宰相曰：「逆賊橫發，朕當親征，且使太子監國。事平之日，朕將高枕無爲矣。」楊國忠大懼，退謂三夫人曰：（三夫人，貴妃姊韓、虢、秦國夫人。）「太子素惡吾家，若一旦得天下，吾與姊妹併命在旦暮矣！」使說貴妃，銜土請命於上，事遂寢。

顏眞卿起兵討賊

【綱】平原太守顏眞卿起兵討賊。（平原郡即德州，治安德縣，即今山東德州市。）

【目】初，眞卿知祿山且反，因霖雨，完城浚壕，浚，深也。壕，城下池也。料丁壯，實倉廩；祿山以其書生，易之。及反，牒眞卿將兵防河津，移文曰牒。眞卿遣平原司兵李平閒道奏之。閒道，微道也。上始聞河北郡縣皆從賊，歎曰：「二十四郡，曾無一人義士邪！」及平至，大喜曰：「朕不識顏眞卿作何狀，乃能如是！」眞卿使親客密懷購賊牒詣諸郡，購，以財求也。由是諸郡多應者。召募勇士，旬日至萬餘人，諭以舉兵討祿山，繼以涕泣，士皆感憤。祿山使張獻誠將兵萬人圍饒陽。

饒陽太守盧全誠據城不受代；（饒陽郡即深州，治饒陽縣，在今河北獻縣西北。）

殺高仙芝
封常清
拜哥舒翰
副元帥

綱 殺高仙芝、封常清，以哥舒翰爲副元帥。

目 邊令誠數以事干仙芝，仙芝不從。令誠入奏事，遂言：「常清以賊搖衆，而仙芝棄陝地數百里，又盜減糧賜。」上大怒，遣令誠齎敕即軍中斬仙芝及常清。上以哥舒翰有威名，且素與祿山不協，召見，拜兵馬副元帥，將兵八萬以討祿山。

綱 祿山遣兵寇振武，（振武軍治單于都護府，在今內蒙古和林格爾縣。）郭子儀使兵馬使李光弼、僕固懷恩擊破之。進圍雲中，（即雲中郡，又即雲州，治雲中縣，即今內蒙古托克托縣。）拔馬邑。（在今山西朔縣東北。）

顏杲卿起
兵討賊

綱 常山太守顏杲卿起兵討賊，（常山郡即恆州，治眞定縣，即今河北正定縣。）河北諸郡皆應之。

目 祿山之至藁城也，（藁城縣，即今河北藁城縣。）常山太守顏杲卿力不能拒，與長史袁履謙往迎之。祿山輒賜杲卿金紫，（金紫，見卷四十九天寶七年「賜釗紫衣金魚」注。）質其子弟，使仍守常山；又使其將李欽湊將數千人守井陘口，（在今河北石家莊市西井陘山上。）以備西軍。杲卿歸途中，指其衣謂履謙曰：「何爲著此？」履謙悟其意，乃陰與杲卿謀起兵討祿山。至是，將起兵，會從弟眞卿自平原遣甥盧逖潛告杲卿，欲連兵斷祿山歸路，以緩其西入之謀。杲卿以祿山命召李欽湊，使帥衆受犒；醉而斬之，悉散井陘之衆。賊將高邈、何千年適至，皆擒之。杲卿用千年策，張獻誠解圍遁去。杲卿乃使人入饒陽城，慰勞將士。於是河北諸郡響應，凡十七郡皆歸朝廷，兵合二十餘萬；其附祿山者，惟范陽、盧龍、密雲、漁陽、汲、鄴六郡而已。（范陽郡治薊縣，即今河北薊縣，即幽州改名。密雲郡即檀州，治密雲縣，即今北京市密雲縣。漁陽郡即薊州，治漁陽縣，在今北京市密雲縣西南。汲郡即衞州，治汲縣，即今河南汲縣。鄴郡即相州，治安陽縣，即今河南安陽市。）

馬燧說賈循

杲卿又密使人入漁陽招賈循，郟城人馬燧說循曰：（郟城，即今河南郟縣。）「祿山負恩悖逆，終歸夷滅。公若以范陽歸國，傾其根柢，此不世之功也。」循然之，猶豫不時發。別將牛潤容知之，以告祿山，祿山召循，殺之。馬燧亡入西山，（范陽郡西山。）隱者徐遇匿之，得免。

安祿山僭號

【綱】丙申，十五載，肅宗皇帝至德元載，（七五六）春正月，安祿山僭號。

【目】祿山欲攻潼關，至新安，（今河南新安縣。）聞河北有變而還。祿山自稱大燕皇帝，改元聖武，以達奚珣爲侍中，張通儒爲中書令，高尙、嚴莊爲中書侍郎。

【綱】以李隨爲河南節度使，（河南節度使治汴州城，在今河南開封市北。）許遠爲睢陽太守。（睢陽郡即宋州，治宋城縣。在今河南商丘市南。）

顏杲卿死

【綱】賊將史思明陷常山，顏杲卿死之。復陷九郡，進圍饒陽。

【目】杲卿起兵纔八日，守備未完，史思明、蔡希德引兵皆至城下。杲卿告急於太原尹王承業，（太原郡即并州，治太原縣，在今山西太原市西南。）承業擁兵不救。杲卿晝夜拒戰，糧盡矢竭；城遂陷。賊執杲卿及袁履謙等送洛陽。（時安祿山陷洛陽。）杲卿至洛陽，祿山數之曰：「我奏汝爲判官，不數年超至太守，何負於汝而反？」杲卿罵曰：「汝本營州牧羊羯奴，（營州治柳城縣，即今遼寧朝陽縣。）天子擢汝爲三道節度使，恩幸無比，何負於汝而反？我世爲唐臣，（杲卿，顔師古五世孫。）祿位皆唐有，雖爲汝所奏，豈從汝反邪！我爲國討賊，恨不斬汝，何謂反也？臊羯狗，（臊音騷，豕犬膏臭。）何不速殺我！」祿山大怒，并履謙縛而冎之。（冎音寡，即剮字。）二人比死，罵不絶口。顔氏死者三十餘人。

思明既克常山，引兵擊諸郡之不從者，於是鄴、廣平、鉅鹿、趙、上谷、博陵、文安、魏、信都等郡復爲賊守。（廣平郡即洛州，治永年縣，在今河北永年縣東北。鉅鹿郡即邢州，治龍崗縣，即今河北邢臺縣。趙郡即趙州，治平棘縣，在今河北寧晋縣西北。上谷郡即易州，治易縣，即今河北易縣。博陵郡即定州，治安喜縣，即今河北定縣。文安郡即莫州，治莫縣，在今河北任丘縣北。魏郡即魏州，治貴鄉縣，在今河北大名縣東。信都郡即冀州，治信都縣，在今河北衡水縣西南。）盧全誠獨不從，思明等圍之。

綱 以李光弼爲河東節度使。

目 上命郭子儀罷圍雲中，還朔方，益發兵進取東京；選良將分兵先出井陘，以定河北。郭子儀薦光弼以爲河東節度使，分朔方兵萬人與之。

綱 二月，李光弼入常山，執賊將安思義。遂與史思明戰，大破之。

顔杲卿罵安祿山

郭子儀薦李光弼

張巡起兵討賊

綱　眞源令張巡起兵雍丘討賊。（眞源縣，在今河南鹿邑縣東，本名谷陽縣，以玄元皇帝廟所在改名、雍丘，即今河南杞縣。）

張巡哭廟起兵

目　先是，譙郡太守楊萬石以郡降安祿山，（譙郡即亳州，治譙縣，即今安徽亳縣。）逼眞源令張巡爲長史，使西迎賊。巡至眞源，帥吏民哭於玄元皇帝廟，起兵討賊，樂從者數千人；巡選精兵千人西至雍丘，與賈賁合。初，雍丘令令狐潮以縣降賊，引精兵攻雍丘；賁出戰，敗死。巡力戰却賊，因兼領賁衆。潮復與賊將李懷仙等四萬餘衆奄至城下。奄，忽也。巡使千人乘城；自帥千人，分數隊，開門突出。巡身先士卒，直衝賊陳，人馬辟易，辟易，驚却貌。史記項羽本紀「辟易數里」，顏師古曰：「謂開張而易其本處也。」賊遂退。明日，復進，蟻附攻城，巡束蒿灌脂，焚而投之，賊不得上。積六十餘日，大小三百餘戰，帶甲而食，裹瘡復戰，瘡，傷也。賊遂敗走，軍聲大振。

綱　以李光弼爲河北節度使。

綱　加顏眞卿河北採訪使。眞卿擊魏郡，拔之。

李萼乞師顏眞卿

目　先是，清河客李萼，（清河郡即貝州，治清河縣，在今河北南宮縣東南。）年二十餘，爲郡人乞師於眞卿曰：「公首唱大義，河北諸郡恃公以爲長城。今清河，公之西鄰，國家平日聚江、淮、河南錢帛於彼以贍北軍。昔討默啜，（謂武后聖曆元年突厥默啜陷趙州時事。）兵甲皆貯其庫。竊計財足以三平原之富，兵足以倍平原之彊。公誠資以士卒，撫而有之，以二郡爲腹心，則餘郡如四

李萼說顏眞卿書

孟津

支，無不隨所使矣。」眞卿曰：「吾兵新集未練，何暇及鄰！然子之請兵，欲何爲乎？」萼曰：「清河非力不足，而借公之師也，亦以觀大賢之名義耳。今仰瞻高意，未有決辭定色，僕何敢遽言所爲乎！」眞卿奇之，欲與之兵。衆以爲萼年少，輕慮，必無所成，眞卿不得已辭之。

萼就館，復爲書說眞卿曰：「清河去逆効順，奉粟帛器械以資軍，公乃不納而疑之。僕回轅之後，清河不能孤立，必有所繫託，將爲公西面之彊敵，公能無悔乎？」眞卿大驚，遽詣其館，以兵六千借之；送至境，執手別。因問之曰：「兵已行矣，可以言子之所爲乎？」萼曰：「聞朝廷遣程千里將兵十萬出崞口，（崞山之口，崞山在今山西原平縣西南。）賊據險拒之，不得前。今當引兵先擊魏郡，執其守將；分兵開崞口，以出千里之師，因討汲、鄴以北至於幽陵；（謂幽州。）然後帥諸同盟，合兵十萬，南臨孟津，分兵循河，據守要害，在我爲要，在彼爲害，故曰要害。制其北走之路。計官軍東討者不下二十萬，河南義兵西向者亦不減十萬。公但當表朝廷堅壁勿戰，壁，軍壘。不過月餘，賊必有內潰相圖之變矣。」眞卿曰：「善！」命參軍李擇交等將其兵，會清河、博平兵五千人軍於堂邑。（博平郡即博州，治聊城縣，在今山東聊城市東北。堂邑縣，在今山東聊城市西北。）祿山所署魏郡太守袁知泰逆戰，大敗，遂克魏郡，軍聲大振。

綱 以賀蘭進明爲河北招討使。

目 時北海太守賀蘭進明亦起兵，（北海郡即青州，治益都縣，即今山東益都縣。）眞卿以書召之併力，進明將步騎五千渡河，眞卿陳兵逆之，逆，迎也。相揖，哭於馬上，哀動行伍。進明屯平原城南，眞卿每事咨之，由是軍權稍移於進明，眞卿不以爲嫌，復以堂邑之功讓之；敕加進明河北招討使。

郭李九門之捷

綱　夏四月，郭子儀、李光弼與史思明戰於九門，（九門，縣名，在今河北藁城縣西北。）敗之，進拔趙郡。

郭李嘉山之捷

綱　五月，郭子儀、李光弼與史思明戰于嘉山，大破之，復河北十餘郡。

目　郭子儀、李光弼還常山，史思明收散卒數萬踵其後。子儀選驍騎更戰，三日，賊疲，乃退。祿山復使蔡希德將步騎二萬人北就思明，又使牛珽玠發范陽等郡兵，合五萬餘人。子儀至恆陽，（在今河北定縣西北。）深溝高壘以待之；賊來則守，去則追之，晝則耀兵，夜斫其營，賊不得休息。數日，子儀、光弼議曰：「賊倦矣，可以出戰。」戰於嘉山，（在今河北定縣城西。）大破之，斬首四萬級，捕虜千餘人。思明奔博陵；光弼就圍之，軍聲大振。於是河北十餘郡皆殺賊守將而降。漁陽路再絕，賊往來者，多爲官軍所獲，賊衆家在漁陽者，無不搖心。祿山大懼，召高尙、嚴莊詬之曰：「汝教我反，以爲萬全。今守潼關，數月不能進，北路已絕，諸軍四合，萬全何在？」尙、莊懼，數日不敢見。田乾眞說祿山曰：「自古帝王經營大業，皆有勝敗，豈能一舉而成！尙、莊皆佐命元勳，一旦絕之，諸將誰不內懼！」祿山卽置酒酣宴，待之如初。遂議棄洛陽走歸范陽，計未決。

哥舒翰靈寶之敗

綱　六月，哥舒翰與賊戰于靈寶，大敗，賊遂入關。

目　是時，天下以楊國忠召亂，莫不切齒。王思禮密說哥舒翰使抗表請誅國忠，翰曰：「如此，乃翰反，非祿山也。」或說國忠：「朝廷重兵盡在翰手，翰若援旗西指，於公豈不危哉！」國忠大懼，募萬人屯灞上，（地名，在灞水之上，在今陝西西安市東。）令所親杜乾運將之，名爲禦賊，實備翰也。翰聞之，亦恐爲國忠所圖，乃表請灞上軍隸潼關，召乾運斬之，國忠益懼。

會有告賊將崔乾祐在陝，兵不滿四千，皆羸弱無備，上遣使趣翰進兵復陝、洛。翰奏曰：「祿山久習用兵，豈肯無備！是必羸師以誘我，若往，正墮其計中。且賊遠來，利在速戰；官軍據險，利在堅守。況賊勢日蹙，將有內變；因而乘之，可不戰擒也。要在成功，何必務速！今諸道徵兵尚多未集，請且待之。」國忠疑翰謀己，言於上，以賊方無備而翰逗留，將失機會。上以爲然，續遣中使趣之，項背相望。項背猶言前後。翰不得已，撫膺慟哭，引兵出關，遇賊於靈寶西原。（靈寶，即今河南靈寶縣。）高平之地曰原。乾祐先據險，南薄山，薄，迫也。北阻河，隘道七十里。翰使王思禮等將精兵五萬居前，龐忠等將餘兵十萬繼之，翰以兵三萬登河北阜望之，大陸曰阜。鳴鼓以助其勢。乾祐所出兵不過萬人，兵既交，賊偃旗如欲遁者，官軍懈，不爲備。賊乘高下木石，擊殺士卒甚衆。道隘，乾祐遣精騎自後擊之，官軍大敗；後軍自潰，河北軍望之亦潰。獨翰與麾下百餘騎走入關。乾祐進攻潼關，克之。蕃將火拔歸仁等執翰，降賊，俱送洛陽。祿山問翰曰：「汝常輕我，今定何如？」翰伏地對曰：「臣肉眼不識聖人。」祿山以翰爲司空。謂歸仁不忠，斬之。於是河東、華陰、馮翊、上洛防禦使皆棄郡走。（河東郡即并州，華陰郡即華州。馮翊郡即同州，治馮翊縣，即今陝西大荔縣。上洛郡即商州，治上洛縣，即今陝西商縣。各郡皆置防禦使。）

玄宗奔蜀

綱　帝出奔蜀。（蜀指今四川。）

目　哥舒翰麾下來告急，上始懼，召宰相謀之。楊國忠首唱幸蜀之策，上然之，以崔光遠爲西京留守。既夕，命龍武大將軍陳玄禮整比六軍。比，齊也。黎明，黎，黑也，天將明而猶黑也。上獨與貴妃姊妹、皇子、妃、主、皇孫及親近宦官、宮人出延秋門，妃、主、皇孫之在外者皆委之而去。

郭從謹進言

上至咸陽望賢宮，日向中，上猶未食，民獻糲飯，糲，麤米。雜以麥豆；皇孫輩爭以手掬食之，掬，撮也。須臾而盡。

有父老郭從謹進言曰：「祿山包藏禍心，固非一日；有告其謀者，陛下往往誅之，使得逞其姦逆，致陛下播越。是以先王務延訪忠良以廣聰明，蓋爲此也。臣猶記宋璟爲相，宋璟，開元賢相。數進直言，天下賴以安。自頃以來，在廷之臣以言爲諱，闕門之外陛下皆不得知。草野之臣，必知有今日久矣，但九重嚴邃，天子之門九重。邃音歲，深遠也。區區之心無路上達。事不至此，臣何由得睹陛下之面而訴之乎！」上曰：「朕之不明，悔無所及！」慰諭而遣之。命軍士散詣村落求食。夜將半，乃至金城縣。（即今陝西興平縣。）

楊貴妃死

綱　次于馬嵬，（馬嵬驛，在今陝西興平縣西。）楊國忠及貴妃楊氏伏誅。

留太子東討賊

目　明日，至馬嵬驛，將士飢疲，皆憤怒。陳玄禮以禍由楊國忠，欲誅之，因李輔國以告太子，未決。會吐蕃使者二十餘人遮國忠馬，訴以無食，軍士呼曰：「國忠與胡虜謀反！」追殺之，以槍揭其首於驛門外，槍，槊也。并殺韓國、秦國夫人。貴妃姊。上聞諠譁，出門慰勞，令收隊，軍士不應。上使高力士問之，玄禮對曰：「國忠謀反，貴妃不宜供奉，願陛下割恩正法。」上曰：「朕當自處之。」入門，倚杖傾頭而立。久之，京兆司錄韋諤前言曰：韋諤，見素之子。「今衆怒難犯，安危在晷刻，願陛下速決！」因叩頭流血。上曰：「貴妃常居深宮，安知國忠反謀？」高力士曰：「貴妃誠無罪，然將士已殺國忠，而貴妃在陛下左右，豈敢自安！願陛下審思之，將士安則陛下安矣。」上乃命力士引貴妃於佛堂縊殺之。輿尸寘驛庭，寘同置。召玄禮等入觀之。玄禮等乃免胄釋甲，頓首謝罪，軍士皆呼萬歲，於是始整部伍爲行計。國忠妻子及虢國夫人走陳倉，虢國夫人亦貴妃姊。（陳倉，在今陝西寶雞市東。）縣令薛景仙誅之。

綱　發馬嵬，留太子東討賊。

目　明日，將發馬嵬，朝臣惟韋見素一人，乃以韋諤爲御史中丞，充置頓使。將士皆曰：「國忠將吏皆在蜀，不可往。」諤曰：「不如且至扶風，（即岐州，治雍縣，在今陝西鳳翔縣南。）徐圖去就。」衆以爲然，上乃從之。父老遮道請留，上命太子宣慰之。父老曰：「至尊既不肯留，某等願帥子弟從殿下東破賊，取長安。若殿下與至尊皆入蜀，使中原百姓誰爲之主？」須臾聚至數千人。太子不可，涕泣，跋馬欲西。跋，回也。建寧王倓與李輔國執鞚諫曰：鞚音控，馬勸也。「逆胡犯闕，四海分崩，不因人情，何以興復！殿下不如收西北邊之兵，召郭、李舉河北，與之併力東討逆賊，克復二京，（西京長安，東京洛陽。）削平四海，使社稷危而復安，宗廟毀而更存，掃除宮禁以迎至尊，豈非孝之大者。何必區區溫凊爲兒女之戀乎！」（溫凊，見卷四十三貞觀六年三月「溫凊之禮」注。）廣平王俶亦勸太子留。（俶、倓皆太子之子。）父老共擁太子馬，不得行。太子乃使俶馳白上。上曰：「天也！」命分後軍二千人及飛龍廄馬從太子，諭之曰：「太子仁孝，可奉宗廟，汝曹善輔佐之。」又使諭太子曰：「汝勉之，勿以吾爲念。西北諸胡，吾撫之素厚，汝必得其用。」且宣旨欲傳位太子，太子不受。

綱　帝至扶風。

目　上至扶風，士卒流言不遜，陳玄禮不能制。會成都貢春綵十餘萬匹至，（成都，今四川成都市。）上命陳之於庭，召將士諭之曰：「朕昏耄，託任失人，致逆胡亂常，須遠避其鋒。卿等倉猝從朕，不得別父母妻子，茇涉至此，（茇同跋。）勞苦至矣，朕甚愧之。蜀路阻長，郡縣褊小，人馬衆多，或不能供，今聽卿等各還家，朕獨與子孫、中官前行入蜀，亦足自達。今日與卿等訣別，可共分此綵以備資糧。若歸，見父母及長安父老，爲朕致意，各好自愛也！」因泣下沾襟。衆皆哭曰：「臣等死生從陛下，不敢有貳！」上良久曰：「去留聽卿。」自是流言始息。

綱　太子至平涼。（即原州，治平高縣，即今寧夏自治州固原縣。）

綱　帝至河池，（即鳳州，治梁泉縣，即今陝西鳳縣東北鳳州城。）以崔圓同平章事。

扶風諭將士

孫孝哲陷長安

房琯相

綱 陳倉令薛景仙殺賊將，克扶風而守之。

綱 賊將孫孝哲陷長安。

目 祿山不意上遽西幸，止崔乾祐兵留潼關，凡十日，遣孫孝哲將兵入長安，殺妃、主、皇孫數十人，王、侯、將、相扈從車駕家留長安者，誅及嬰孩。陳希烈以晚節失恩，怨上，與張均、張垍等皆降於賊。祿山以希烈、垍爲相，自餘朝士皆授以官。於是賊勢大熾。既陷長安，賊將日夜縱酒，專以聲色寶賄爲事，無復西出之意，故上得安行入蜀，太子北行亦無追迫之患。

綱 郭子儀、李光弼引兵入井陘。劉正臣襲范陽，不克。

目 郭子儀、李光弼聞潼關不守，引兵入井陘，留王俌守常山。劉正臣將襲范陽，劉正臣爲平盧節度使。未至，史思明擊敗之。

綱 帝至普安，（即今四川劍閣縣。）以房琯同平章事。

目 上之發長安也，羣臣多不知，至咸陽，謂高力士曰：「朝臣誰當來，誰不來？」對曰：「張均、張垍受恩最深，且連戚里，是必先來。時論皆謂房琯宜爲相，陛下不用，又祿山嘗薦之，恐或不來。」上曰：「事未可知。」及琯至，上問均兄弟，對曰：「臣帥與偕來，逗留不進；逗留，不進貌。觀其意，似有所蓄而不能言也。」上顧力士曰：「朕固知之矣。」即日以琯爲相。陳希烈罷相，上許以垍代之，垍拜謝。既而不用，故垍懷怏怏。

太子卽位於靈武　杜鴻漸等謀迎太子

綱　秋七月，太子卽位於靈武，尊帝爲上皇天帝，以裴冕同平章事。

目　初，太子至平涼，朔方留後杜鴻漸、水陸運使魏少游、判官崔漪、盧簡、李涵相與謀曰：「平涼散地，非屯兵之所，靈武兵食完富，若迎太子至此，北收諸城兵，西發河、隴勁騎，（河謂河西，隴謂隴右。）南向以定中原，此萬世一時也。」乃使涵奉牋於太子。會河西司馬裴冕至平涼，亦勸太子之朔方。鴻漸自迎太子於平涼北境，說以興復之計。少游盛治宮室，幃帳皆倣禁中，飲膳備水陸。太子至，悉命撤之。至是，冕、鴻漸等上太子牋，請遵馬嵬之命，傳位太子之命。不許。牋五上，太子乃許之。是日，卽位於靈武，尊帝爲上皇天帝，大赦，改元。以杜鴻漸、崔漪並知中書舍人事，裴冕爲中書侍郎、同平章事。

裴冕相

時文武官不滿三十人，披草萊，立朝廷，制度草創，武人驕慢。大將管崇嗣在朝堂，背闕而坐，言笑自若，監察御史李勉奏彈之，繫於有司。上特原之，歎曰：「吾有李勉，朝廷始尊。」

以太子統天下兵馬元帥

綱　上皇制：「以太子充天下兵馬元帥，諸王分總天下節制。」

綱　上皇至巴西。（卽今四川綿陽縣。）以崔渙同平章事，韋見素爲左相。

李泌至靈武

綱　李泌至靈武。

目　初，京兆李泌，幼以才敏著聞。玄宗欲官之，不可；使與太子爲布衣交。楊國忠惡之，奏徙蘄春，（在今湖北蘄春縣北。）後隱居潁陽。（在今河南登封縣西南。）上自馬嵬遣使召之，謁見於靈武。上大喜，出則聯轡，寢則對榻，如爲太子時，事無大小皆咨之，言無不從。上欲以泌爲右相，泌固辭曰：「陛下待以賓友，則貴於宰相矣，何必屈其志！」上乃止。

玄宗至成都

綱 上皇至成都。

張巡擊走令狐潮

綱 令狐潮圍雍丘，張巡擊走之。

目 令狐潮攻雍丘。潮與張巡有舊，於城下相勞苦如平生。潮因說巡曰：「天下事去矣，足下堅守危城，欲誰爲乎？」巡曰：「足下平生以忠義自許，今日之舉，忠義何在！」潮慚而退。圍守四十餘日，朝廷聲問不通。潮聞上皇已幸蜀，復以書招巡。大將六人，白巡以兵勢不敵，且上存亡不可知，不如降賊。巡陽許諾。明日，堂上設天子畫像，帥將士朝之，人人皆泣。引六將於前，責以大義，斬之。士心益勸。

藁人縋城

城中矢盡，巡縛藁爲人千餘，被以黑衣，夜縋城下，潮兵爭射之；得矢數十萬。其後復夜縋人，賊笑不設備，乃以死士五百斫潮營；（斫，斬也。）潮軍大亂，焚壘而遁，追奔十餘里。潮益兵圍之。巡使郎將雷萬春於城上與潮相聞，語未絕，賊弩射之，面中六矢而不動。潮疑其木人，使諜問之，（諜，間諜。）乃大驚，遙謂巡曰：「向見雷將軍，方知足下軍令矣，然其如天道何！」巡謂之曰：「君未識人倫，焉知天道！」未幾，出戰，擒賊將十四人，斬首百餘級。賊乃夜遁。自是，數擊破賊軍。分別其衆，凡胡兵悉斬之；脅從者皆令歸業。旬日間，民去賊來歸者萬餘戶。

顏眞卿爲工部尚書

綱 以顏眞卿爲工部尚書。

目　初，眞卿聞李光弼下井陘，卽斂軍還平原。及聞郭、李西入，始復區處河北軍事。以蠟丸達表於靈武。以蠟爲丸，置表其中，所謂蠟書也。以眞卿爲工部尚書，兼御史大夫，領使如故，領河北採訪使。并致敕書，亦以蠟丸達之。眞卿頒下諸郡，又遣人頒於河南、江、淮，由是諸道始知上卽位於靈武，徇國之心益堅矣。

郭李並相

綱　八月，以郭子儀爲靈武長史，李光弼爲北都留守，並同平章事。

目　子儀等將兵五萬，自河北至靈武，靈武軍威始盛，人有興復之望矣。光弼以景城、河間兵五千赴太原。（景城，縣名，在今河北交河縣東北。河間，縣名，卽今河北河間縣。）其後上謂李泌曰：「今子儀、光弼已爲宰相，若克兩京，平四海，則無官以賞之，奈何？」對曰：「古者有功，則錫以茅土，古者天子大社，以五色土爲壇，廣五丈，凡封諸侯，受天子社之土，各割其所封之方色土與之；東方青，南方赤，西方白，北方黑。使立社於其國，燾以黃土，苴以白茅。茅取其潔，所以供祭祀縮酒之用，黃取王者覆燾四方之義。傳之子孫。太宗欲復古制，大臣議論不同而止，由是賞功以官。夫以官賞功有二害，非才則廢事，權重則難制。曏使祿山有百里之國，亦惜之以遺子孫而不反矣。爲今計，莫若疏爵土以賞功臣，疏，分也。則雖大國不過二三百里，可比今之小郡，豈難制哉！」上曰：「善。」

回紇吐蕃請助討賊

綱　回紇、吐蕃遣使請助討賊。

綱　上皇以第五琦爲江、淮租庸使。

目　賀蘭進明遣參軍第五琦入蜀奏事，琦言：「今方用兵，財賦爲急。財賦所產，江、淮居多。乞假臣一職，可使軍無乏用。」上皇以爲租庸使。

【綱】上皇遣使奉册寶如靈武。

【目】靈武使者至蜀，上皇喜曰：「吾兒應天順人，吾復何憂！」制：「自今改制敕爲誥，表疏稱太上皇。軍國事皆先取皇帝進止，仍奏朕知；俟克復上京，朕不復預事。」命韋見素、房琯、崔渙奉傳國寶及玉册詣靈武傳位。

（旁注：遣使奉册寶如靈武傳位）

【綱】祿山取長安樂工、犀、象詣洛陽。

【目】初，上皇每酺宴，先設太常雅樂，繼以鼓吹、胡樂、散樂、雜戲；又出宮人舞霓裳羽衣；楊妃外傳：「河西節度使楊欽忠獻霓裳羽衣曲十一遍。凡曲終必遽，唯此曲將畢，引聲益緩也。」又教舞馬百匹，銜杯上壽；又引犀象入場，或拜，或舞。安祿山見而悅之，至是，命搜捕送洛陽。宴其羣臣於凝碧池，（在陝西西安市東南唐禁苑中。）盛奏衆樂；梨園弟子往往歔欷泣下，歔欷，悲泣氣咽而抽息也。（梨園弟子，見卷四十八開元二年「皇帝梨園弟子」注。）賊皆露刃睨之。樂工雷海清不勝悲憤，擲樂器於地，西向慟哭。祿山怒，支解之。以刀鋸分人之肌骨曰支解。

（旁注：安祿山徙長安樂工於洛陽）

祿山聞嚮日百姓乘亂多盜庫物，既得長安，命大索三日，幷其私財盡掠之。民閒騷然，益思唐室。民閒相傳太子北收兵來取長安，日夜望之，或時相驚曰：「太子大軍至矣！」則皆走，市里爲空。賊望見北方塵起，輒驚欲走。京畿豪傑，往往殺賊官吏，遙應官軍；誅而復起，相繼不絶，賊不能制。至是，四門之外率爲敵壘，賊兵力所及者，南不出武關，（在今陝

（旁注：安祿山大索長安）

西商縣東。) 北不過雲陽，(在今陝西三原縣西南) 西不過武功。（即今陝西興平縣西。）江、淮奏請貢獻之蜀、之靈武者，（玄宗在蜀，肅宗在靈武。）皆自襄陽取上津路抵扶風，（襄陽，今湖北襄樊市。上津，縣名，在今湖北鄖縣西北。）道路無壅，皆薛景仙之功也。

綱　九月，以廣平王俶爲天下兵馬元帥，李泌爲侍謀軍國元帥長史。

廣平王俶爲元帥

目　建寧王倓，英果有才略，上欲以爲元帥。李泌曰：「建寧誠元帥才；然廣平，兄也。若建寧功成，豈可使廣平爲吳太伯乎！」上曰：「廣平，冢嗣也，何必以元帥爲重！」泌曰：「廣平未正位東宮。今天下艱難，衆心所屬，在於元帥，若建寧大功既成，陛下雖欲不以爲儲副，同立功者豈可已乎！太宗、上皇，卽其事也。」乃以廣平王俶爲元帥，諸將皆屬。倓聞之，謝泌曰：「此固倓之心也！」

上與泌出行軍，行，巡視也。軍士指之，竊言曰：「衣黃者，聖人也。衣白者，山人也。」上聞之，以告泌，曰：「艱難之際，不敢相屈以官，且衣紫袍以絕羣疑。」泌不得已，受之；上笑曰：「既服此，豈可無名稱！」出懷中敕，以泌爲侍謀軍國元帥府行軍長史。泌固辭，上曰：「朕非敢相臣，以濟艱難耳。俟賊平，任行高志。」泌乃受。

衣白山人

綱　同羅叛，（同羅，敕勒部之一，在薛延陀北。）遣郭子儀發兵討破之。

郭子儀破同羅

綱　遣使徵兵回紇。

徵兵回紇

綱　帝如彭原。（在今甘肅慶陽縣南。）

賜張良娣七寶鞍

目 李泌勸上「且幸彭原，俟西北兵將至，進幸扶風以應之；於時庸調亦集，可以贍軍。」上從之。

至彭原，廨舍隘狹，廨音介。廨舍，官舍也。上與張良娣博打子，聲聞於外。李泌言諸軍奏報停壅，上乃潛令刻乾樹雞爲子，樹雞卽木耳，樹朽則生，乾則稍堅，刻以爲棋，擲之不響。不欲有聲。良娣以是怨泌。

綱 寶冊至自成都。

目 韋見素等至自成都，奉上寶冊，上不肯受，曰：「比以中原未靖，權總百官，豈敢乘危，遽爲傳襲！」羣臣固請，上不許，寘於別殿，朝夕事之，如定省之禮。

上以見素本附楊國忠，意薄之；素聞房琯名，虛心待之。琯見上言時事，辭情慷慨，上爲改容，由是軍國事多謀於琯。琯亦以天下爲己任，知無不爲；諸將拱手避之。

上皇賜張良娣七寶鞍，李泌曰：「今四海分崩，當以儉約示人，良娣不宜乘此。請撤其珠玉付庫吏，以賞戰功。」上遽從之。建寧王倓泣於廊下，上驚，問之，對曰：「臣比憂禍亂未已，今陛下從諫如流，不日當見陛下迎上皇還長安，是以喜極而悲耳。」

上又謂泌曰：「良娣，上皇所念。朕欲使正位中宮，何如？」對曰：「陛下在靈武，以羣臣望尺寸之功，故踐大位，非私己也。至於家事，宜待上皇之命，不過晚歲月之閒耳。」良娣由是惡泌及倓。

上嘗從容與泌語及李林甫，欲敕諸將克長安日，發其冢，焚骨揚灰。泌曰：「陛下方定天下，奈何讎死者！彼枯骨何知，徒示聖德之不弘耳。且方今從賊者，皆陛下之讎也，若聞此舉，恐阻其自新之心。」上不悅，曰：「此賊昔日百方危朕，（謂李林甫動搖太子，事見卷四十九天寶五載正月。）奈何矜之！」對曰：「臣豈不知此！顧以上皇春秋高，聞陛下此敕，必以爲用韋妃之故。萬一感憤成疾，是陛下以天下之大，不能安君親也。」言未畢，上流涕被面曰：「朕不及此。」

制諫官言事勿白宰相

綱 制諫官言事勿白宰相。懲李林甫及楊國忠之專權也。

綱 冬十月朔，日食既。

綱 加第五琦山南等道度支使。

目 琦作榷鹽法，（榷，見卷十四漢武帝天漢三年「初榷酒酤」注。）用以饒。

房琯陳濤斜之敗

綱 以房琯爲招討節度等使，與賊戰于陳濤斜，（地名，卽咸陽斜，在今陝西咸陽市東。）敗績。

目 房琯喜賓客，好談論，多引拔知名之士，而輕鄙庸俗，人多怨之。北海太守賀蘭進明詣行在，上命琯以爲御史大夫，琯以爲攝御史大夫。進明入謝，上怪之，進明因言與琯有隙，且曰：「晉用王衍爲三公，祖尚浮虛，致中原板蕩。（板蕩，見卷四十三貞觀九年「板蕩識誠臣」注。）今房琯專爲迂闊大言以立虛名，所引用皆浮華之黨，眞王衍之比也！陛下用爲宰相，恐非社稷之福。」上由是疎之。

房琯用車戰

史思明陷河北諸郡

張興說史思明

琯請自將兵復兩京，上許之。琯請以李揖爲司馬，劉秩爲參謀，悉以戎務委之。曰：「賊曳落河雖多，（初安祿山養同羅、奚、契丹降者八千餘人，號曰曳落河。胡語曳落河，華言壯士也。）安能當我劉秩！」二人皆書生，不閑軍旅。遇賊將安守忠於咸陽之陳濤斜。琯效古法，用車戰，以牛車二千乘，馬步夾之；賊順風鼓譟，牛皆震駭。縱火焚之，人畜大亂，死傷四萬餘人。上大怒。李泌爲之營救，上乃宥之，待琯如初。

綱 史思明攻陷河北諸郡，饒陽裨將張興死之。

目 史思明陷河間、景城，又使其將攻平原，顏眞卿力不敵，棄郡走。思明攻清河、博平，皆陷之。進圍信都，烏承恩以城降。饒陽裨將張興，（裨將，偏將也。）力舉千鈞，性復明辨；賊攻饒陽，彌年不能下。及諸郡皆陷，思明併力圍之，外救俱絕，城陷。擒興，謂曰：「將軍眞壯士，能與我共富貴乎？」興曰：「興，唐之忠臣，固無降理。今數刻之人耳，願一言而死。」思明曰：「試言之。」興曰：「主上待祿山，恩如父子，羣臣莫及，不知報德，乃興兵指闕，塗炭生人。大丈夫不能剪除凶逆，乃北面爲之臣乎！且足下所以從賊，求富貴耳，譬如燕巢於幕，（左傳襄公二十九年，吳季札云：「夫子之在此者，猶燕之巢於幕上。」謂至危也。）豈能久安！何如乘閒取賊，轉禍爲福，長享富貴，不亦美乎！」思明怒，鋸殺之，罵不絕口，以至於死。思明還博陵。

綱 回紇遣葛邏支將兵入援。十一月，與郭子儀合擊同羅，破之。

安祿山陷潁川

李泌料敵

以兩軍縶四將

于闐王將兵入援

【綱】十二月，安祿山遣兵陷潁川，（即許州，治長社縣，即今河南許昌市。）執太守薛愿、長史龐堅，殺之。

【目】上問李泌：「今敵彊如此，何時事定？」對曰：「以臣料之，不過二年，天下無寇矣。」上曰：「何故？」對曰：「賊之驍將不過史思明、安守忠、田乾眞、張忠志、阿史那承慶等數人而已。今若令李光弼自太原出井陘，郭子儀自馮翊入河東，則思明、忠志不敢離范陽、常山，守忠、乾眞不敢離長安，是以兩軍縶其四將也，縶音執。從祿山者獨承慶耳。願敕子儀勿取華陰，使兩京之道常通，陛下軍於扶風，與子儀、光弼互出擊之，彼救首則擊其尾，救尾則擊其首，使賊往來數千里，疲於奔命，我常以逸待勞，賊至則避其鋒，去則乘其弊，不攻城，不遏路。來春復命建寧爲范陽節度大使，並塞北出，並，依也。與光弼南北掎角以取范陽，覆其巢穴。賊退則無所歸，留則不獲安，然後大軍四合而攻之，必成擒矣。」上悅。

張良娣與李輔國相表裏，皆惡泌。建寧王倓謂泌曰：「先生舉倓於上，得展臣子之效，無以報德，請爲先生除害。」泌曰：「何也？」倓以良娣爲言。泌曰：「此非人子所言，願王置之。」倓不從。

【綱】張巡移軍寧陵，（在今河南寧陵縣南。）與賊將楊朝宗戰，大破之。

【綱】于闐王勝將兵入援。（于闐一作于寘，西域國名，即今新疆和闐縣。）

【目】勝聞亂，使弟曜攝國事，自將兵五千入援。上嘉之，以爲殿中監。

綱鑑易知錄卷五一

唐紀

肅宗皇帝

名亨，玄宗太子，因祿山之亂即位於靈武，在位七年，壽五十二歲而崩。帝以國之元子，收兵靈武，反旆而東，不失舊物，可謂能矣；然愛張良娣，任李輔國，殺太子，遷上皇，節度由軍士廢立，何多失德也。

綱　丁酉，二載，（七五七）春正月，上皇以李麟同平章事，（麟，唐宗室。）命崔圓赴彭原。（在今甘肅慶陽縣南。）

安慶緒殺祿山

綱　安慶緒殺祿山。

目　祿山自起兵以來，目漸昏，至是不復睹物；又病疽，性益躁暴，左右使令，小不如意，動加箠撻，或時殺之。嚴莊雖貴用事，亦不免箠撻，閹豎李豬兒被撻尤多，左右人不自保。既而嬖妾生子慶恩，欲以代慶緒。慶緒懼，莊謂之曰：「事有不得已者，時不可失。」慶緒從之。又謂豬兒曰：「汝不行大事，死無日矣！」豬兒亦許諾。莊與慶緒夜持兵立帳外，豬兒執刀直入帳中，斫祿山腹，斫，刀斬也。遂死。莊宣言祿山疾亟，立慶緒爲太子，襲僞號，然後發喪。

殺建寧王倓

綱　殺建寧王倓。

目　李輔國本飛龍小兒，（飛龍，廐名。李輔國以宦官爲飛龍廐小兒，小兒即供役使者。）粗閑書計，上委信之。輔國外恭謹而內狡險，見張良娣有寵，陰附之。建寧王倓數於上前詆訐二人罪惡，二人譖之曰：「倓恨不得爲元帥，（玄宗不用倓爲元帥，見卷五十至德元載九月。）謀害廣平王。」上怒，賜倓死。於是廣平王俶內懼，謀去輔國及良娣。李泌曰：「王不見建寧之禍乎？但盡人子之孝。良娣婦人，委曲順之，亦何能爲！」

綱　帝如保定。（即涇州，治安定縣，在今甘肅涇川縣北。）

綱　賊將尹子奇寇睢陽。（即宋州，治宋城縣，在今河南商丘市南。）張巡入睢陽，與許遠拒却之。

目　安慶緒以子奇爲河南節度使。子奇以兵十三萬趣睢陽，許遠告急於張巡，巡自寧陵引兵入睢陽。（寧陵縣，在今河南寧陵縣南。）巡有兵三千人，與遠兵合，合六千八百人。賊悉衆逼城，巡督勵將士，晝夜苦戰，一日或二十合。凡十六日，擒賊將六十餘人，殺士卒二萬餘，衆氣自倍。遠謂巡曰：「遠懦不習兵，公智勇兼濟；遠請爲公守，公請爲遠戰。」自是之後，遠但調軍糧，脩戰具，居中應接而已，戰鬭籌畫，一出於巡；賊遂夜遁。

綱　郭子儀平河東。（即并州，治太原縣，在今山西太原市西南。）賊將崔乾祐敗走。

綱　二月，帝至鳳翔。（去年改扶風爲鳳翔郡，亦即岐州，治雍縣，在今陝西鳳翔縣南。）

目　上至鳳翔旬日，隴右、河西、安西、西域兵皆會，（隴右節度使治鄯州，即今青海樂都縣。河西

郭子儀平河東

節度使治涼州城，卽今甘肅武威縣。安西節度使治龜茲城，卽伊邏盧城，在今新疆庫車、沙雅兩縣間。）江、淮庸、調亦至。長安人聞車駕至，從賊中自拔而來者，日夜不絕。李泌請如前策，遣安西、西域之衆並塞東北，取范陽。（范陽節度使治幽州城，卽今河北薊縣。）上曰：「朕切於晨昏之戀，（晨昏之戀，謂急欲收復兩京，迎上皇還，以便晨昏省侍也。）不能待此決矣。」

綱 慶緒使史思明守范陽。

目 慶緒以史思明爲范陽節度使。先是安祿山得兩京珍貨，（兩京，西京長安，東京洛陽。）悉輸范陽。思明擁彊兵，據富資，益驕橫，浸不用慶緒之命；慶緒不能制。

綱 三月，韋見素、裴冕罷，徵苗晉卿爲左相。

綱 上皇遣中使祭始興文獻公張九齡。（始興卽今廣東韶關市，亦卽曲江縣。）

目 上皇思張九齡之先見，（開元二十二年，張九齡亟陳安祿山反狀。）爲之流涕，遣中使至曲江祭之，厚恤其家。

綱 尹子奇復寇睢陽，張巡擊走之。

目 尹子奇復引兵攻睢陽。張巡謂將士曰：「吾受國恩，所守，正死耳。但念諸君捐軀力戰而賞不酬勳，以此痛心耳。」將士皆激勵請奮。巡乃椎牛饗士，盡軍出戰。賊望見兵少，笑之。巡執旗，帥諸將直衝賊陣，賊乃大潰。明日，賊又合軍至城下，巡出戰，晝夜數十合，屢摧其鋒，而賊攻圍益急。巡於城中夜鳴鼓嚴隊，若將出擊者；賊聞之，達旦儆備。既

玄宗遣使祭張九齡

張巡擊走尹子奇

明,巡乃寢兵絕鼓。賊以飛樓瞰城中,(瞰,俯視也。)無所見,遂解甲休息。巡與南霽雲、雷萬春等十餘將各將五十騎開門突出，直衝賊營，斬賊將五十餘人，殺士卒五千餘人。巡欲射子奇而不識，剡蒿爲矢，（剡，削也。）中者喜謂巡矢盡，走白子奇，乃得其狀。使霽雲射之，中其左目，幾獲之，子奇乃走。

郭子儀爲副元帥

【綱】夏四月，以郭子儀爲司空、天下兵馬副元帥，與賊戰于清渠，（卽清渠，在今陝西咸陽市東，爲豐水所出。）敗績。

【目】初，關內節度使王思禮軍武功，（關內節度使治西京城，原以京官領之。武功縣，在今陝西興平縣西。）賊安守忠等攻之。兵馬使郭英乂戰不利，思禮退軍扶風，（卽鳳翔，見上。）賊游兵至大和關，去鳳翔五十里，鳳翔大駭。上以子儀爲司空、副元帥。子儀將兵赴鳳翔，賊李歸仁以鐵騎五千邀之；子儀使其將僕固懷恩等伏兵擊之，殺傷略盡。安守忠僞遁，子儀悉師逐之。賊以驍騎九千爲長蛇陣，官軍擊之，首尾爲兩翼，夾擊，官軍大潰。子儀退保武功。

是時，府庫無蓄積，朝廷專以官爵賞功，諸將出征，皆給空名告身，（告身，見卷四十五高宗總章二年「唐之選法」注。）聽臨事注名，（注謂銓注。）有至開府、特進、異姓王者。諸軍但以職任相統攝，不復計官爵高下。及是，復以官爵收散卒，由是官爵輕而貨重，大將軍告身一通，纔易一醉。凡應募入軍者，一切衣金紫，（金紫，見卷四十九天寶七載「賜釗紫衣金魚」注。）名器之濫，至是而極焉。

張鎬相

貶郭子儀左僕射

綱 房琯罷，以張鎬同平章事。

目 琯性高簡，時國家多難，而琯不以職事爲意，日與劉秩、李揖高談釋、老，或聽門客董庭蘭鼓琴，庭蘭因是大招權利。御史劾之，罷爲太子少師。以鎬同平章事。上常使僧數百人爲道場於內，鎬諫曰：「帝王當脩德以弭亂，弭音米，止也。未聞飯僧可致太平也！」上然之。

綱 貶郭子儀爲左僕射。

目 子儀詣闕請自貶，以爲左僕射。

綱 秋七月，尹子奇復寇睢陽。

目 子奇復徵兵數萬，攻睢陽。城中食盡，將士人稟米日一合，稟，給也。雜以茶紙、樹皮爲食。士卒消耗至千六百人，皆飢病不堪鬭，遂爲賊所圍。時許叔冀在譙郡，（即亳州，治譙縣，即今安徽亳縣。）尚衡在彭城，（彭城郡即徐州，治彭城縣，即今江蘇徐州市。）賀蘭進明在臨淮，（臨淮郡即泗州，治臨淮縣，在今安徽泗縣東北。）皆擁兵不救。城中日蹙，巡乃令南霽雲犯圍而出，告急於臨淮。進明愛霽雲勇壯，具食延之，霽雲泣曰：「睢陽之人不食月餘矣！霽雲雖欲獨食，且不下咽。大夫坐擁彊兵，曾無分災救患之意，豈忠臣義士之所爲乎！」因齧落一指，以示進明曰：「霽雲既不能達主將之意，請留一指以示信歸報。」座中皆爲泣下。霽雲去至寧陵，與城使廉坦同將步騎三千人，且戰且行，至城下，大戰，壞賊營，死傷之外，僅得千人入城。城中將吏知無救，皆慟哭。賊圍益急。

初，房琯爲相，惡進明，以爲河南節度使，而以許叔冀爲之都知兵馬使，俱兼御史大夫，叔冀遂不受其節制。故進明不敢分兵，非惟疾巡、遠功名，亦懼爲叔冀所襲也。

收復西京

綱　九月，廣平王俶、郭子儀收復西京。

目　上勞饗諸將，遣攻長安，謂郭子儀曰：「事之濟否，在此行也！」對曰：「此行不捷，臣必死之。」回紇懷仁可汗遣其子葉護等將精兵四千餘人來至鳳翔；廣平王俶將朔方等軍及回紇、西域之衆十五萬，（朔方節度使治靈州城，即今寧夏回族自治區靈武縣。）發鳳翔。俶見葉護，約爲兄弟，葉護大喜，謂俶爲兄。至長安城西，陳於香積寺北灃水之東。（灃水出今陝西西安市南秦嶺，北流至西安市入渭水。）李嗣業爲前軍，郭子儀爲中軍，王思禮爲後軍。賊將十萬陳於其北，李歸仁出挑戰，官軍逐之，逼於其陳；賊軍齊進，官軍却。李嗣業帥前軍各執長刀，如牆而進，身先士卒，所向摧靡。賊伏精騎於陳東，欲襲官軍之後，偵者知之，僕固懷恩引回紇就擊，盡殺之。李嗣業又與回紇出賊陳後，與大軍夾擊，自午至酉，斬首六萬級，賊遂大潰。安守忠、李歸仁與張通儒、田乾眞等皆遁。大軍入西京。

初，上欲速得京師，與回紇約曰：「克城之日，土地、士庶歸唐，金帛、子女歸回紇。」至是，葉護欲如約。廣平王俶拜於葉護馬前曰：「今始得西京，若遽俘掠，係其人曰俘。則東京之人皆爲賊固守，不可復取矣，願至東京乃如約。」葉護驚躍下馬答拜，曰：「當爲殿下徑取東

遣使請上皇還京師

五不可留

李泌不可留之意在建寧

京。」即與僕固懷恩引回紇、西域之兵自城南過，營於滻水之東。（滻水出今陝西藍田縣，西北流會灞水入渭。）軍、民、胡虜見俶拜者皆泣曰：「廣平王眞華、夷之主！」上聞之喜曰：「朕不及也！」俶整衆入城，百姓老幼夾道歡呼悲泣。俶留長安，鎮撫三日，引大軍東出。

綱 遣使請上皇還京師。

目 捷書至鳳翔，上即日遣中使啖庭瑤奏上皇。召李泌曰：「朕已表請上皇東歸，朕當還東宮，復脩人子之職。」泌曰：「表可追乎？」上曰：「已遠矣。」泌曰：「上皇不來矣。」上驚，問故。泌曰：「理勢自然。」上曰：「爲之奈何？」泌曰：「今請更爲羣臣賀表，言自馬嵬請留，靈武勸進，及今成功，聖上思戀晨昏，請速還京師就孝養之意，則可矣。」上即使泌草表。立命中使奉以入蜀，因就泌飲酒，同榻而寢。泌曰：「臣今報德足矣，復爲閒人，何樂如之！」上曰：「朕與先生久同憂慮，今方同樂，奈何遽去！」泌曰：「臣有五不可留，願陛下聽臣去，免臣於死。」上曰：「何謂也？」對曰：「臣遇陛下太早，陛下任臣太重，寵臣太深，臣功太高，亦太奇。此其所以不可留也。」上曰：「且眠矣，異日議之。」對曰：「陛下不聽臣去，是殺臣也。」上曰：「不意卿疑朕如此，豈朕而辦殺卿邪！」對曰：「陛下不辦殺臣，故臣求歸；若其既辦，臣安得復言！且殺臣者，非陛下也，乃『五不可』也。陛下曏日待臣如此，臣於事猶有不敢言者，況天下既安，臣敢言乎！」上良久曰：「卿以朕不從卿北伐之謀乎！」對曰：「非也，乃建寧耳。」曰：「建寧爲小人所教，欲害其兄，圖繼嗣，朕以社稷大計，不得已而除之，卿不知邪？」對曰：「若有此心，廣平當怨之。廣平每與臣言其冤，輒流涕嗚咽。煙，入聲。且陛下昔欲用建寧爲元帥，臣請用廣平。建寧若有此心，當深憾臣；而以臣爲忠，益相親善，陛下以此可察其心矣。」上乃泣下曰：「先生言是也。然既往不咎，朕不欲聞之。」泌曰：「臣非咎既往，乃欲陛下愼將來耳。昔天后有四子，天后即武后。長曰太子弘，天后方圖稱制，惡其聰明，酖殺之，立次子賢。賢內憂懼，作黃臺瓜辭，冀以感悟天后。天后不聽，賢亦廢死。其辭曰：『種瓜黃臺下，瓜熟子離離。離離，垂貌。一摘使瓜好，再摘使瓜稀，三摘猶爲可，四摘抱蔓歸！』今陛下已一摘矣，愼無再摘！」上愕然曰：「安有是哉！朕當書紳。」對曰：「陛下但識之於心，識音志。何必形於外也！」是時廣平王有大功，良娣忌而譖之，故泌言及之。泌復固請歸山，上曰：「俟將發此議之。」其後成都使還，言上皇初得上表，彷徨不能食，欲不歸；及羣臣表至，乃大喜，命食作樂，下誥定行日。上召李泌告之曰：「皆卿力也。」

李泌誦黃臺瓜辭

綱　冬十月，尹子奇陷睢陽，張巡、許遠死之。

尹子奇陷睢陽

目　尹子奇久圍睢陽，城中食盡，議棄城東走。張巡、許遠謀曰：「睢陽，江、淮之保障，若棄之去，賊必乘勝長驅，是無江、淮也。且我衆飢羸，走必不達。古者戰國諸侯，尚相救恤，況密邇羣帥乎！不如堅守以待之。」茶紙既盡，遂食馬；馬盡，羅雀掘鼠；雀鼠又盡，巡出愛妾，殺以食士。城中知必死，莫有叛者，所餘纔四百人。賊登城，將士病，不能戰。巡西向再拜曰：「臣力竭矣，生既無以報陛下，死當爲厲鬼以殺賊！」城遂陷，巡、遠俱被執。

張巡許遠被執

子奇問曰：「聞君每戰眥裂齒碎，眥音恣，目際。何也？」巡曰：「吾志吞逆賊，但力不能耳。」子奇以刀抉視之，抉音淵，入聲，挑也。所餘纔三四。幷南霽雲、雷萬春等三十六人皆被殺。巡且死，顔色不亂。生致許遠於洛陽。

眥裂齒碎

巡初守睢陽時，卒僅萬人，城中居人亦且數萬，巡一見問姓名，其後無不識者。前後大小戰凡四百餘，殺賊卒十二萬人。巡行兵不依古法，教戰陳，令本將各以其意教之。人或問其故，巡曰：「今與胡虜戰，雲合鳥散，變態不恆，數步之閒，勢有同異。臨期應猝，在於呼吸之閒，而動詢大將，事不相及，非知兵之變者也。故吾使兵識將意，將識士情，投之而往，如手之使指。兵將相習，人自爲戰，不亦可乎！」器械、甲仗皆取之於敵，未嘗自脩。推誠待人，無所疑慮；臨危應變，出奇無窮；號令明，賞罰信，與衆共甘苦寒暑，故下爭致死力。

張巡將略

張鎬聞睢陽圍急，鎬時兼河南節度使。倍道亟進，且檄譙郡太守閭丘曉救之；閭丘，複姓。曉不受命。鎬至睢陽，城已陷三日矣。鎬召曉，杖殺之。

綱 廣平王俶、郭子儀等收復東京。

收復東京

目 張通儒等收餘衆走保陝，（卽陝州，治陝縣，今河南陝縣。）安慶緒悉發洛陽兵，使嚴莊將之，就通儒以拒官軍。子儀等與賊遇於新店，（在今河南陝縣西。）賊依山而陳，子儀等初與之戰，不利。回紇自南山襲其背，於黄埃中發十餘矢。賊驚顧曰：「回紇至矣！」遂潰。官軍與回紇夾擊之，賊大敗走。僕固懷恩等分道追之。慶緒帥其黨走河北；殺所獲唐將哥舒

安慶緒走河北

翰、程千里等三十餘人而去。許遠死於偃師。（卽今河南偃師縣。）廣平王俶入東京。回紇縱兵大掠，意猶未厭，俶患之。父老請率羅錦萬匹以賂回紇，回紇乃止。

【綱】李泌歸衡山。（卽南岳，在今湖南衡山縣西北。）

【目】泌求歸山不已，上固留之，不能得，乃聽歸衡山。敕郡縣爲築室於山中，給三品料。料，俸也。

【綱】帝發鳳翔，遣韋見素奉迎上皇。

【綱】嚴莊來降，以爲司農卿。

【綱】陳留人殺尹子奇，（陳留縣，卽今河南開封市東南陳留鎮。）舉城降。

【綱】帝入西京。上皇發蜀郡。

【綱】安慶緒走保鄴郡。（卽相州，治安陽縣，卽今河南安陽市。）

【綱】以甄濟爲祕書郎，蘇源明知制誥。

【目】初，汲郡甄濟有操行，（汲郡卽衛州，治汲縣，卽今河南汲縣。）隱居青巖山，安祿山爲採訪使，奏掌書記。濟察祿山有異志，詐得風疾，舁歸家。舁音預，對舉也。祿山反，使蔡希德引行刑者二人，封刀召之，濟引首待刃；希德以實病白祿山，乃免。後慶緒亦使彊舁至洛陽，會官軍平東京，濟起，詣軍門上謁。俶遣詣京師，上命館之於三司，令受賊官爵者列拜以愧其

李泌歸衡山

陳留人殺尹子奇降

甄濟引首待刃

心，以濟爲祕書郎。

國子司業蘇源明亦稱病不受祿山官，上擢爲考功郎中、知制誥。

玄宗還西京

綱 十二月，上皇還西京。

目 上皇至鳳翔，命悉以兵甲輸郡庫。上發精騎三千奉迎。上皇至咸陽，上備法駕迎於望賢宮。上皇發行宮，上乘馬前引，不敢當馳道。上皇入御含元殿，慰撫百官；乃詣長樂殿謝九廟主，慟哭久之；即日出居興慶宮。上累表請避位還東宮，上皇不許。

綱 立廣平王俶爲楚王。加郭子儀司徒，李光弼司空，功臣進階賜爵有差。

綱 追贈死節之士。

李翰作張巡傳

目 李憕、盧奕、顏杲卿、袁履謙、許遠、張巡、張介然、蔣清、龐堅等皆加追贈官，其子孫、戰亡之家，給復三載。復，除其賦役。

議者或罪張巡以守睢陽不去，與其食人，曷若全人。其友人李翰爲之作傳，表上之，曰：「巡以寡擊衆，以弱制彊，保江、淮以待陛下之師，其功大矣。且巡所以固守者，以待諸軍之救也。救不至而食盡，既盡而及人，豈其素志哉！設使守城之初已有食人之計，損數百人以全天下，臣猶曰功過相掩，況非其素志乎！」衆議由是始息。

復郡名官名

綱 復郡名、官名。

張良娣爲淑妃
史思明高秀巖來降
制陷賊官以六等定罪
肅宗欲免張均張垍死

綱　以良娣張氏爲淑妃。

綱　史思明、高秀巖各以所部來降。

目　安慶緒忌思明之彊，遣阿史那承慶、安守忠往徵兵，因密圖之。承慶、守忠以五千勁騎自隨，至范陽，思明引入內廳樂飲，別遣人收其甲兵。囚承慶等，遣其將竇子昂奉表以所部十三郡及兵八萬來降。河東節度使高秀巖亦以所部來降。（河東節度使治幷州，見上河東郡。）上大喜，以思明爲歸義王、范陽節度使，遣內侍李思敬與烏承恩往宣慰，使將所部兵討慶緒。承恩所至，宣布詔旨，滄、瀛、安、深、德、棣等州皆降，（滄州治清池縣，在今河北滄縣東南。瀛州治河間縣，即今河北河間縣。唐河北道無安州，或謂即莫州文安郡。深州治饒陽縣，在今河北獻縣西北。德州治安德縣，即今山東德州市。棣州治厭次縣，在今山東惠民縣南。）雖相州未下，（相州治安陽縣，即今河南安陽市。）河北率爲唐有矣。

綱　制陷賊官以六等定罪。

目　諸陷賊官以六等定罪，重者刑之於市，次賜自盡，次杖一百，次三等流、貶。斬達奚珣等十八人，陳希烈等七人賜自盡。上欲免張均、張垍死，上皇不可，上叩頭流涕曰：「臣非張說父子，無有今日。若不能活均、垍死，何面目見說於九泉。」上皇曰：「垍，爲汝長流嶺南；（謂今廣東、廣西地。）均爲賊毀吾家事，決不可活。」上泣而從命。

綱　戊戌，乾元元年，（七五八）春正月，上皇加帝尊號，帝復上上皇尊號。

復以載爲年

王璵相

綱 二月，以李輔國兼太僕射。

目 輔國依附張淑妃，勢傾朝野。

綱 賊將能元皓舉所部來降。

綱 大赦，改元。

目 盡免百姓今載租、庸，復以載爲年。

綱 三月，徙楚王俶爲成王。（成卽成州，治上祿縣，在今甘肅徽成縣西北。）立淑妃張氏爲皇后。

綱 夏五月，停採訪使，改黜陟使爲觀察使。

綱 張鎬罷。

目 鎬聞史思明請降，上言：「思明凶險，因亂竊位，人面獸心，難以德懷，願勿假以威權。」又言：「滑州防禦使許叔冀，（滑州治白馬縣，在今河南滑縣東。）狡猾多詐，臨難必變，請徵入宿衞。」上以鎬爲不切事機，罷爲荆州防禦使。（荆州治江陵縣，卽今湖北江陵縣。）

綱 立成王俶爲皇太子，更名豫。

目 張后生興王佋，佋音紹。纔數歲，欲以爲嗣，上疑未決，從容謂知制誥李揆曰：「成王長，且有功，朕欲立爲太子，卿意如何？」揆再拜賀曰：「此社稷之福，臣不勝大慶。」上意始決。

綱 崔圓、李麟罷，以王璵同平章事。上頗好鬼神，璵專依鬼神以求媚，上悅之。

綱　贈顏杲卿太子太保，謚曰忠節。

綱　六月，立太一壇。從王璵之請也。（太一壇，見卷十三漢武帝元光二年「立太一祠」注。）

史思明反

綱　史思明反，殺范陽副使烏承恩。

目　李光弼以史思明終當叛亂，而烏承恩為思明所親信，陰使圖之。又勸上以承恩為范陽節度副使，賜阿史那承慶鐵券，鐵券，符契也，以鐵鑴之，朱書字也。令共圖思明。上從之。承恩多以私財募部曲，又數衣婦人服詣諸將說誘之，思明聞而疑之。會承恩入京師，上使內侍李思敬與俱宣慰范陽。謀泄，思明執承恩，索其裝囊，得鐵券及光弼牒，牒，札也。思明遂殺承恩，因思敬表言之。上遣中使慰諭思明曰：「此非朝廷與光弼之意，皆承恩所為，殺之甚善。」思明表求誅光弼。

初鑄大錢

綱　秋七月，初鑄大錢。

目　鑄當十大錢，文曰「乾元重寶」。

綱　郭子儀、李光弼入朝。八月，以子儀為中書令，光弼為侍中。

以魚朝恩為觀軍容使

九節度使討安慶緒

綱　命郭子儀等九節度討安慶緒，以宦官魚朝恩為觀軍容使。

目　安慶緒之初至鄴也，猶據七郡，兵糧豐備，專以繕臺沼、酣飲為事。上命朔方郭子儀及淮西魯炅、興平李奐、滑濮許叔冀、鎮西、北庭李嗣業、鄭蔡季廣琛、河南崔光遠七節度使討之；（淮西節度使治蔡州，即今河南汝南縣。興平節度使治金城，即今陝西興平縣。滑濮節度使治滑州，見上。

郭子儀圍鄴

以侯希逸爲平盧節度副使

節度使由軍士廢立

史思明稱燕王

李嗣業卒

鎭西節度使治河州，即今甘肅臨夏市。北庭節度使治金滿城，即今新疆烏魯木齊市。時李嗣業兼領兩節度。鄭蔡節度使治鄭州，即今河南鄭州市。河南節度使治汴州城，即今河南開封市。）又命河東李光弼、澤潞王思禮二節度使，（澤潞節度使治潞州城，即今山西長治市。）將所部兵助之。上以子儀、光弼皆元帥，難相統屬，故不置元帥，但以宦官魚朝恩爲觀軍容宣慰處置使。觀軍容之名自此始。

綱 冬十月，郭子儀等拔衛州，（治汲縣，即今河南汲縣。）遂圍鄴城。慶緒窘急，遣薛嵩求救於史思明，且請以位讓之。

綱 以侯希逸爲平盧節度副使。

目 平盧節度使王玄志卒，上遣中使往撫慰將士，因就察軍中所欲立者，授以旌節。高麗人李懷玉爲裨將，裨將，偏將也。殺玄志之子，推侯希逸爲軍使。朝廷因以希逸爲節度副使。節度使由軍士廢立自此始。

綱 己亥，二年，（七五九）春正月，史思明自稱燕王。

綱 鎭西節度使李嗣業卒於軍。兵馬使荔非元禮代將其衆。荔非，羌人複姓。

綱 二月，月食既。

目 先是百官請加皇后尊號，上以問中書舍人李揆，對曰：「自古皇后無尊號，惟韋后有之，豈足爲法！」上驚曰：「庸人幾誤我！」會月食，事遂寢。后與李輔國相表裏，干預政事，上頗不悅，而無如之何。

九節度相州之潰

【綱】三月，九節度之兵潰于相州。即鄴郡。

【目】郭子儀等九節度圍鄴城，慶緒堅守以待思明。而官軍無統御，進退無所稟；城久不下，上下解體。思明引大軍直抵城下，刻日決戰。官軍步騎六十萬陳於安陽河北，（安陽河卽洹水，出今河南安陽市西，東流經安陽市北，至內黃縣入衞河。）李光弼、王思禮、許叔冀、魯炅先戰，殺傷相半；郭子儀承其後，未及布陳，大風忽起，吹沙拔木，天地晝晦，咫尺不辨，兩軍大驚，官軍潰而南，賊潰而北，子儀斷河陽橋，（在今河南孟縣南。）保東京。戰馬萬匹，惟有三千；甲仗十萬，遺棄殆盡。諸道兵潰歸。

史思明殺安慶緒

【綱】史思明殺安慶緒，還范陽。留其子朝義守鄴。

李峴李揆等相

【綱】苗晉卿、王璵罷，以李峴、李揆、呂諲、第五琦同平章事。諲音因。

【綱】以郭子儀爲東畿等道元帥。（東畿卽東京畿道。以子儀爲東畿、山東、河東道元帥。）

史思明僭號

【綱】夏四月，史思明僭號。

制停口敕處分

【綱】制停口敕處分。

【目】初，李輔國自上在靈武，侍直帷幄，宣傳詔命。及還京師，制敕必經輔國押署，然後施行，宰相百司皆因輔國關白，口爲制敕，付外施行。御史臺、大理寺重囚，或推斷未畢，輔國一時縱之，莫敢違者。李揆見之，執子弟禮，謂之「五父」。及李峴爲相，於上前叩頭，論制敕應出中書，具陳輔國專權亂政之狀，上感悟，制：「停口敕處分。諸務各歸有司。或

李光弼代郭子儀

賜僕固懷恩爵郡王

更鑄大錢

李光弼河陽之捷

有追攝，須經臺府。」輔國由是忌峴。

綱 五月，貶李峴爲蜀州刺史。（蜀州治崇慶縣，即今四川崇慶縣。）

綱 秋七月，召郭子儀還京師，以李光弼爲朔方節度使、兵馬元帥。

目 魚朝恩惡郭子儀，因其敗，短之於上。上召子儀還京師，以李光弼代之。士卒涕泣，遮中使請留子儀。子儀給之曰：給，誑也。「我餞中使耳，未行也。」因躍馬而去。光弼以騎五百馳赴東都，夜，入其軍。光弼治軍嚴整，始至，號令一施，士卒、壁壘、旌旗、精彩皆變。是時朔方將士樂子儀之寬，憚光弼之嚴。

綱 以王思禮爲河東節度使。

綱 賜僕固懷恩爵太寧郡王。

目 懷恩從郭子儀爲前鋒，勇冠三軍，前後戰功居多，故賞之。

綱 八月，更鑄大錢。鑄「乾元重寶」大錢，加以重輪，一當五十。

綱 冬十月，李光弼與史思明戰于河陽，（在今河南孟縣西。）大敗之。

目 史思明至汴州，節度使許叔冀與戰不勝，遂降之。思明乘勝西攻鄭州，李光弼至洛陽，牒河南尹帥吏民避賊，牒，移文也。而帥軍士詣河陽。光弼夜至河陽，按閱守備，部分士卒，無不嚴辦。思明入洛陽，城空，無所得。遂引兵攻河陽，使騎將劉龍仙挑戰，慢罵光弼。光弼顧諸將曰：「誰能取彼？」僕固懷恩請行。光弼曰：「此非大將所爲。」裨將白孝德請挺身取之。光弼壯其志，因問所須。對曰：「願選五十騎爲後繼，而請大軍鼓譟以增氣。」光弼撫其背而遣之。孝德挾二矛，策馬亂流而進。橫流而渡曰亂。半涉，懷恩賀曰：「克矣。」光弼曰：「何以知之？」對曰：「觀其攬轡安閑，是以知之。」龍仙易之，慢駡如初。孝德瞋目大呼，運矛躍馬搏之。城上鼓譟，五十騎繼進。龍仙走隄上。孝德追及，斬之以歸。

白孝德斬劉龍仙

思明有良馬千餘匹，每日出於河南渚浴之，循環不休。光弼命索軍中牝馬，得五百匹，縶其駒而出之，思明馬見之，悉浮渡河，盡驅入城。

思明屯兵於河清，（在今河南孟津縣西南。）欲絶光弼糧道，光弼軍於野水渡以備之。既夕，還河陽，留兵千人，使將雍希顥守其栅，曰：「賊將高庭暉、李日越皆萬人敵也，至勿與之戰。降，則與之俱來。」諸將莫諭其意，皆竊笑之。既而思明果謂日越曰：「李光弼長於憑城，今出在野，汝以鐵騎宵濟，爲我取之。不得，則勿返。」日越將五百騎晨至栅下，問曰：「司空在乎？」希顥曰：「夜去矣。」日越曰：「失光弼而得希顥，吾死必矣。」遂請降。希顥與之俱見光弼，光弼厚待之，任以心腹。高庭暉聞之，亦降。或問光弼：「降二將，何易也？」光弼曰：「思明常恨不得野戰，聞我在外，以爲必可取。日越不獲我，勢不敢歸。庭暉才勇過於日越，聞日越被寵任，必思奪之矣。」

思明復攻河陽，時光弼屯中潬。潬音但。（中潬城，在今河南孟縣西南。）賊將周摯攻之，光弼以

李光弼中潬之戰

短刀置鞾中，曰：「戰，危事。吾，國之三公，不可死賊手，萬一不利，諸君死敵，我自剄，不令諸君獨死也。」郝廷玉、僕固懷恩更前決戰，諸將齊進致死，呼聲動天地，賊衆大潰，思明及摯皆遁去。

綱 庚子，上元元年，（七六〇）春正月，以李光弼爲太尉兼中書令。

綱 夏閏四月，以王思禮爲司空。

綱 五月，以苗晉卿行侍中。行官始此。

目 晉卿練達吏事，而謹身固位，時人比之胡廣。

綱 以劉晏爲戶部侍郎，充度支、鑄錢、鹽鐵等使。晏善治財利，故用之。

綱 六月，敕小錢一當十，其重輪者當三十。

目 三品錢行浸久，初，乾元錢、重輪錢與開元錢，三品並行。屬歲荒，米斗至錢七千，人相食。乃敕開元錢與乾元小錢皆當十，其重輪者當三十。

綱 秋七月，李輔國遷太上皇於西內。（西內即大明宮，又名蓬萊宮，故址在今陝西西安市東北。）

目 上皇愛興慶宮，自蜀歸卽居之。陳玄禮、高力士侍衛。上皇多御長慶樓，父老過者往往瞻拜，呼萬歲，上皇常於樓下置酒食賜之，又嘗召將軍郭英乂等上樓賜宴。李輔國言於上曰：「上皇居興慶宮，日與外人交通，玄禮、力士謀不利於陛下。臣不敢不以聞。」上泣曰：「聖皇慈仁，豈容有此！」對曰：「上皇固無此意，其如羣小何！陛下當爲社稷大計，消

以苗晉卿行侍中

三品錢

遷上皇於西內

亂於未萌，豈得徇匹夫之孝！且興慶淺露，非至尊所宜居。大內深嚴，奉迎居之，有何不可。」上泣不應。會上不豫，輔國矯稱上語，迎上皇遊西內，輔國將射生五百騎，（至德中擇善騎射者千人爲射生手，號英武軍。）露刃遮道，奏曰：「皇帝以興慶宮湫隘，（湫，下溼。隘，偪仄也。）迎上皇遷居西內。」上皇驚，幾墜馬。遂如西內。刑部尚書顏眞卿首帥百寮上表，請問上皇起居；輔國惡之，奏貶蓬州長史。（蓬州治大宣縣，在今四川儀隴縣東南。）高力士流巫州，（治龍標縣，即今湖南黔陽縣。）陳玄禮勒致仕。上皇日以不懌，因不茹葷，（茹，食也。）辟穀，（辟，除也。）浸以成疾。其後上稍悔寤，惡輔國，欲誅之，畏其握兵，竟不能決。

綱　命郭子儀出鎮邠州。（即豳州，治新平縣，即今陝西邠縣。）

綱　制：「郭子儀統諸道兵取范陽，定河北。」不果行。

目　制下旬日，爲魚朝恩所沮，事竟不行。

李光弼邙山之敗

綱　辛丑，二年，（七六一）春二月，李光弼與史思明戰于邙山，（即北邙山，在今河南洛陽市北。）敗績。河陽、懷州皆陷。（懷州治河內縣，即今河南沁陽縣。）

僕固懷恩附魚朝恩

目　或言：「洛中將士皆燕人，（燕謂范陽。）久戍思歸，上下離心，急擊之，可破也。」魚朝恩以爲信然，屢言之，上敕李光弼等進取東京。光弼奏：「賊鋒尚銳，未可輕進。」僕固懷恩勇而愎，麾下皆蕃、漢勁卒，恃功，多不法。光弼一裁之以法，懷恩不悅，乃附朝恩，言東都可取。由是中使相繼督光弼出師，光弼不得已，將兵會朝恩等攻洛陽。陳於邙山，光弼命依險而陳，懷恩陳於平原，光弼曰：「依險則可進可退；若陳平原，戰而不利則盡矣。思明不可忽也。」命移於險，懷恩復止之。史思明乘其未定，薄之，薄，迫也。官軍大敗。走保聞喜，（即今山西聞喜縣。）河陽、懷州皆沒於賊。朝廷聞之，大懼，益兵屯陝。

蕭華相

綱 貶李揆爲袁州長史，（袁州治宜春縣，即今江西宜春縣。）以蕭華同平章事。

史朝義殺史思明

綱 三月，史朝義殺史思明。

目 史思明猜忍好殺，羣下人不自保。朝義，其長子也，無寵。愛少子朝清，使守范陽。常欲殺朝義立朝清爲後。既破李光弼，欲乘勝西入關，使朝義襲陝，自將大軍繼之。朝義數進兵，皆敗。思明詬怒，欲斬之。朝義憂懼，召思明宿衞將曹將軍者與之謀，遂以兵入，射思明，殺之。朝義即僞位，使人至范陽殺朝清。

貶李光弼

綱 貶李光弼爲開府儀同三司。光弼上表求自貶也。

復以李光弼爲太尉

綱 夏四月，復以李光弼爲太尉，統八道行營，鎭臨淮。

綱 秋七月朔，日食既，大星皆見。

綱 八月，加李輔國兵部尚書。

目 輔國求爲宰相，上曰：「以卿之功，何官不可爲，其如朝望未孚何！」輔國乃諷僕射裴冕等使薦己。冕曰：「吾臂可斷，宰相不可得！」上大悅；輔國銜之。銜，恨也。

置道場於三殿

綱 九月，置道場於三殿。

目 上以天成地平節，肅宗生日，九月三日也。虞書大禹謨「地平天成」，言水土既平，萬物得以成遂。於三殿置道場，以宮人爲佛菩薩，北門武士爲金剛神王，左右羽林將軍，掌統北衙禁兵，曰北門武士。召大臣膜拜圍繞。胡人拜稱南膜，長跪拜也。

綱 制去尊號及年號，以建子月爲歲首。

綱 制除五品以上官，令舉一人自代。授官舉人自代始此。

綱 冬建子月，受朝賀，如正旦儀。

綱 以元載爲度支、鹽鐵、轉運等使。

綱 上朝太上皇於西內。

目 先是山人李唐見上，上方抱幼女，謂唐曰：「朕念之，卿勿怪也。」對曰：「太上皇思見陛下，計亦如陛下之念公主也。」上泫然泣下，泫然，涕流貌。然畏張后，不敢詣西內，至是始往朝。

以建子月爲歲首

綱 壬寅，寶應元年，(七六二)春建卯月，河東軍亂，殺其節度使鄧景山。

河東軍殺節度使

目 初，管崇嗣代王思禮爲河東節度使，爲政寬弛。上以鄧景山代之。有裨將抵罪當死，諸將請之，不許；其弟請代之，亦不許；請入一馬以贖罪，乃許之。諸將怒曰：「我輩曾不及一馬乎！」遂殺景山。上以景山撫御失所，以致亂，遣使慰諭以安之。諸將請以兵馬使辛雲京爲節度使，從之。

朔北軍殺節度使

【綱】行營兵殺都統李國貞、節度使荔非元禮。

【目】絳州糧賜不充，（絳州治正平縣，在今山西侯馬市西北。）朔方行營都統李國貞屢以狀聞；朝廷未報，軍中咨怨。又以國貞治軍嚴，突將王元振因謀作亂，帥衆執國貞，殺之。鎮西、北庭行營兵亦殺其節度使荔非元禮，推裨將白孝德爲帥，朝廷因而授之。

賜郭子儀爵汾陽王

【綱】建辰月，賜郭子儀爵汾陽王，（汾陽縣，在今山西太原市西北。）知諸道行營。

【目】絳州諸軍剽掠不已，朝廷憂其與太原亂軍合，非新進諸將所能鎮服，以郭子儀爲汾陽王，知諸道行營，發京師粟帛數萬以給絳軍。時上不豫，羣臣莫得進見。子儀請曰：「老臣受命，將死於外，不見陛下，目不瞑矣。」上召入臥內，謂曰：「河東之事，一以委卿。」子儀至軍，王元振自以爲功。子儀曰：「吾爲宰相，豈受一卒之私邪！」收元振及其黨四十人，皆殺之。辛雲京聞之，亦按誅殺鄧景山者數十人。由是河東諸鎮率皆奉法。

元載相

【綱】蕭華罷，以元載同平章事，領度支、轉運使如故。

楚州得寶玉十三枚

【綱】夏建巳月，楚州得寶玉十三枚。（楚州治山陽縣，即今江蘇淮安縣。）

玄宗崩

【綱】太上皇崩。

【目】太上皇崩，年七十八。上自仲春寢疾，聞上皇登遐，疾轉劇，乃命太子監國。

復以建寅爲正月

【綱】復以建寅爲正月。

肅宗崩

【綱】帝崩，李輔國殺皇后張氏。

張后召越王係李輔國

李輔國殺張后

以李輔國爲司空

郭子儀入朝

目 初，張后與輔國相表裏，專權用事，晚更有隙。內射生使程元振黨於輔國。上疾篤，后召太子謂曰：「輔國久典禁兵，陰與程元振謀作亂，不可不誅。」太子泣曰：「陛下疾甚危，不告而誅，必致震驚，恐不能堪也。」太子出，后召越王係，選宦官授甲，以誅輔國。元振知其謀，密告輔國。以兵迗太子於飛龍廐，勒兵收係，遷后於別殿。明日，上崩。輔國等殺后幷係及兗王僩。

綱 太子卽位。

目 輔國引太子素服與宰相見，遂卽位。輔國恃功益橫，明謂上曰：「大家但居禁中，大家猶言天家，天子無外，以天下爲家，故稱天家，親近侍從官則稱大家。外事聽老奴處分。」上內不平，以其方握禁兵，外尊禮之。號爲「尙父」而不名，事無大小皆咨之，羣臣出入皆先詣輔國，輔國亦晏然處之。

綱 以李輔國爲司空，兼中書令。

綱 敕大小錢皆當一。民始安之。

綱 六月，進李輔國爵博陸王。

綱 秋七月，郭子儀入朝。

目 時程元振用事，忌子儀功高任重，數譖之。子儀不自安，奏請解副元帥、節度使。遂留京師。

以程元振爲大將軍　來瑱相　雍王适取東京　僕固懷恩進克東京

綱　以程元振爲驃騎大將軍。

綱　九月，以來瑱同平章事。瑱音鎮。

綱　貶裴冕爲施州刺史。左僕射裴冕爲山陵使，議事與程元振相違，貶爲刺史。（施州治清江縣，即今湖北恩施縣。）

綱　回紇舉兵入援。冬十月，以雍王适爲天下兵馬元帥，討史朝義。大敗之，取東京及河陽，賊將薛嵩、張忠志以州降。

目　上遣中使劉清潭使回紇，脩舊好，且徵兵討史朝義。回紇登里可汗起兵至三城，（河陽三城，南城、北城、中潭城，俱在今河南孟縣境。）見州縣皆爲丘墟，有輕唐之志，乃困辱清潭。清潭遣使言狀，京師大駭。初，肅宗以僕固懷恩女妻登里。上令懷恩往見之，爲言唐家恩信不可負。可汗悅，自陝州大陽津渡河，與諸道俱進。制以雍王适爲天下兵馬元帥，會諸道節度使及回紇於陝州，進討史朝義。上欲以郭子儀爲适副，程元振、魚朝恩等沮之而止。加僕固懷恩同平章事，領諸軍節度行營以副适。

諸軍發陝州，僕固懷恩與回紇爲前鋒，郭英乂、魚朝恩爲殿，李抱玉自河陽入；李光弼自陳留入，會於洛陽，陳於橫水。懷恩遣驍騎及回紇並南山出賊柵東北，並音傍，依也。表裏合擊，大破之。朝義悉其精兵十萬救之，官軍擊之不動；鎮西節度使馬璘單騎奮擊，大軍乘之而入，賊衆大敗。朝義將輕騎數百東走。懷恩進克東京及河陽城，獲僞中書令許叔冀。

懷恩留回紇營河陽，使其子瑒帥步騎萬餘逐朝義，瑒音唱。至鄭州，再戰皆捷。汴州降。回紇入東京，肆行殺掠。朝義自濮州北渡河，懷恩追敗之於衞州。賊將田承嗣等將兵四萬與朝義合，復來拒戰，僕固瑒擊破之。於是朝義鄴郡節度使薛嵩以四州降於李抱玉，（鄴郡節度使，史朝義置，治鄴郡城，見上。薛嵩以相、衞、洺、邢四州降。）恆陽節度使張忠志以五州降辛雲京。（恆陽節度使，史朝義置，治恆州城，即今河北正定縣。張忠志以恆、趙、深、易、定五州降。）懷恩皆令復位。由是抱玉、雲京各表懷恩有貳心，朝廷宜密爲備。

肅宗遣盜殺李輔國

綱　盜殺李輔國。

目　上在東宮，以李輔國專權，心甚不平；及嗣位，以輔國有殺張后之功，不欲顯誅之，夜遣盜入其室，竊輔國首及一臂而去。敕有司捕盜，遣中使存問其家，仍贈太傅。

綱　十一月，以張忠志爲成德軍節度使，（卽恆陽節度使更名。）賜姓名李寶臣。

綱　以僕固懷恩爲河北副元帥。

綱　諸軍圍史朝義於莫州。（治鄭縣，在今河北任丘縣北。）

綱鑑易知錄卷五二

唐紀

代宗皇帝

名豫，肅宗太子，在位十七年，壽五十三歲而崩。帝平亂守成，足爲中材之王，然藩鎮陸梁，上陵下替，養成亂階，唐之紀綱大壞，不可復振，則肅、代之爲也。

綱　癸卯，代宗皇帝廣德元年，（七六三）春正月，以劉晏同平章事，度支等使如故。

劉晏相

綱　流來瑱於播州，（治遵義縣，即今貴州遵義市。）殺之。

殺來瑱

目　初，來瑱在襄陽，上元中，來瑱爲山南東道節度使，鎮襄陽。（即今湖北襄樊市。）程元振有所請託，不從。及爲相，元振譖瑱言涉不順，與賊合謀。坐削官爵，流播州，賜死。由是藩鎮皆切齒於元振。

綱　賊將田承嗣以莫州降，李懷仙殺史朝義，傳首京師。

李懷仙殺史朝義

目　史朝義屢出戰，皆敗。田承嗣說朝義令往幽州發兵，（幽州節度使治幽州城，即今河北薊縣。）朝義從之。承嗣即以城降。時朝義范陽節度使李懷仙已請降，朝義至，不得入。獨與胡騎數百東奔，欲入奚、契丹，懷仙遣兵追及之；朝義窮蹙，縊於林中，懷仙取其首以獻。僕固懷恩與諸軍皆還。

田承嗣等節度河北諸鎮

【綱】以薛嵩、田承嗣、李懷仙爲河北諸鎮節度使。

【目】以史朝義降將薛嵩爲相、衞、邢、洺、貝、磁六州節度使，(相州治安陽縣，即今河南安陽市。衞州治汲縣，即今河南汲縣。邢州治龍崗縣，在今河北邢臺市西南。洺州治永年縣，在今河北永年縣東南。貝州治清河縣，在今河北南宫縣東南。磁州治滏陽縣，即今河北磁縣。)田承嗣爲魏、博、德、滄、瀛五州都防禦使，(魏州治貴鄉縣，在今河北大名縣東。博州治聊城縣，在今山東聊城市東北。德州治安德縣，即今山東德州市。滄州治清池縣，在今河北滄縣東南。瀛州治河間縣，即今河北河間縣。)李懷仙仍故地爲盧龍節度使。(盧龍即范陽，李懷仙降後改范陽爲幽州，兼領盧龍。)時河北諸州皆已降，嵩等迎僕固懷恩拜於馬首，乞行閒自効；懷恩恐賊平寵衰，故奏留嵩等及李寶臣分帥河北，自爲黨援。朝廷亦厭苦兵革，苟冀無事，因而授之。

回紇歸國

【綱】回紇歸國。

【綱】以梁崇義爲山南東道節度留後。(山南東道治襄州，即今湖北襄樊市。唐藩鎮命帥，未授旌節者，先以爲節度留後。)

【綱】三月，葬泰陵、(明皇墓，在今陝西蒲城縣東北金粟山。)喬陵。唐鑑作建陵，肅宗墓。(在今陝西乾縣東武將山。)

楊綰請置孝廉科

【綱】夏四月，敕議舉孝廉。

【目】禮部侍郎楊綰上疏曰：「古之選士必取行實。自隋煬帝始置進士科，猶試策而已；

至高宗時，考功員外郎劉思立始奏進士加雜文，（試經通而後試文、試賦各一篇，文、賦通而後試策，凡五條，三試皆通者爲第。）明經加帖括，（帖括，見卷四十八開元十七年「主司帖試明經」注。）從此成俗。公卿以此待士，長老以此訓子，其明經則誦帖括以僥倖，又令舉人投牒自應，（牒，札也。）如此，欲其返淳朴，崇廉讓，何可得也！」請置孝廉科，令縣令取行著鄉閭、學知經術者，薦之於州。刺史考試，升之於省。任占一經，問經義二十條，對策三道，上第注官，中第出身，下第罷歸。其道舉亦非理國所資，（明皇尊重道教，玄學依明經舉，即道舉也。）望與明經、進士並停。」上命諸司通議，或以爲：「明經進士，行之已久，不可遽改。」事雖不行，識者是之。

徵僕固懷恩入朝

僕固懷恩上書自訟

綱 秋九月，遣使徵僕固懷恩入朝，不至。

目 初，僕固懷恩受詔，與回紇可汗相見於太原；（在今山西太原市西南，河東節度使治此。）河東節度使辛雲京恐其合謀襲軍府，閉城自守，亦不犒師。懷恩怒，具表其狀，不報。中使駱奉仙至太原，雲京厚結之，使言懷恩反狀已露。懷恩亦奏請誅雲京、奉仙，詔和解之。

懷恩自以兵興已來，所在力戰，一門死王事者四十六人，女嫁絕域，說喩回紇，再收兩京，平定河南、北，功無與比，而爲人構陷，憤怨殊深，上書自訟曰：「臣罪有六：昔同羅叛亂，（同羅，敕勒部之一。）臣爲先帝掃清河曲，（河曲即宥州，在今内蒙古準格爾旗北，當黄河曲而南流處。）一也；男玢陷虜亡歸，臣斬之以令衆士，（天寶末，同羅叛，遣郭子儀討之。僕固懷恩子玢兵敗降虜，既而逃歸，懷恩斬之；將士股栗，無不一當百，遂破同羅。）二也；二女遠嫁，爲國和親，三也；身與男瑒，爲國効命，四

郭子儀擊吐蕃

吐蕃入長安

也;河北新附,撫安反側,五也;說喻回紇,使赴急難,六也。臣既負六罪,誠合萬誅。思得一奉天顏,又以來瑱之死,深畏中官讒口,虛受陛下誅夷。臣奏奉仙,非不摭實,陛下竟無處置,寵任彌深。竊聞四方遣人奏事,陛下皆云與驃騎議之,(程元振爲驃騎大將軍。)遠近無不疑阻。儻不納愚懇,臣實不敢保家,陛下豈能安國!惟陛下圖之。」上遣裴遵慶詣懷恩喻旨,諷令入朝。懷恩竟不奉詔。

綱 冬十月,吐蕃入寇。上如陝州。(治陝縣,即今河南陝縣。)吐蕃入長安,關內副元帥郭子儀擊之,吐蕃遁去。

目 自安祿山反,邊兵精銳者皆徵發入援,謂之行營。留兵單弱,數年之閒,胡虜蠶食,自鳳翔以西,邠州以北,(鳳翔即岐州,今陝西鳳翔縣南。邠州,今陝西邠縣。鳳翔西邠州北,謂今甘肅、寧夏等地。)皆爲左衽矣。至是,吐蕃入大震關,(即隴關,在今陝西隴縣西。)盡取河西、隴右之地。邊將告急,程元振皆不以聞。十月,虜至奉天、武功,(奉天縣,即今陝西乾縣。武功縣,在今陝西興平縣西北。)京師震駭。詔以雍王适爲關內元帥,郭子儀副之,出鎮咸陽以禦之。

子儀閑廢日久,部曲離散,至是召募,得二千騎而行,至咸陽,吐蕃帥吐谷渾、党項、氐、羌三十餘萬衆渡渭。子儀使判官王延昌入奏,請益兵,程元振遏之,竟不召見。吐蕃渡便橋,(在今陝西西安市西北長安故城便門外,即西渭橋。)上倉猝不知所爲,出幸陝州,官吏六軍逃散。子儀遽自咸陽歸長安。吐蕃入長安,縱兵焚掠,長安中蕭然一空。子儀引三十騎,自御宿川循山而東。（御宿川，在今陝西西安市西北。）謂王延昌曰：「六軍逃潰，多在商州，（治上洛縣，即今陝西商縣。）速往收之。」延昌巡入商州撫諭之。諸將方縱兵暴掠，聞子儀至，皆大喜聽命。得四千人，軍勢稍振。子儀乃泣諭將士以共雪國恥，取長安，皆感激受約束。子儀使羽林大將軍長孫全緒將二百騎出藍田，（即今陝西藍田縣。）全緒至韓公堆，晝則擊鼓張旗幟，夜則多然火以疑吐蕃。吐蕃懼，百姓又紿之曰：紿，誑也。「郭令公自商州將大軍至矣！」子儀嘗爲中書令，故稱令公。吐蕃惶駭，悉衆遁去。詔以子儀爲西京留守。

削程元振官爵

綱　十一月，削程元振官爵，放歸田里。

目　驃騎大將軍程元振專權自恣，人畏之甚於李輔國。諸將有大功者，元振皆忌嫉欲害之。吐蕃入寇，元振不以時奏，致上狼狽出幸。上發詔徵諸道兵，李光弼等皆忌元振，莫有至者，中外切齒，莫敢言。

柳伉請斬程元振

太常博士柳伉上疏曰：「犬戎犯關度隴，（謂隴關，即上大震關。）不血刃而入京師，劫宮闈，焚陵寢，武士無一人力戰者，此將帥叛陛下也；陛下疏元功，委近習，日引月長，以成大禍，羣臣在庭，無一人犯顔回慮者，此公卿叛陛下也；陛下始出都，百姓塡然，奪府庫，相殺戮，此三輔叛陛下也；自十月朔召諸道兵，盡四十日，無隻輪入關，此四方叛陛下也。陛下必欲存宗廟，安社稷，獨斬程元振首，馳告天下，然後削尊號，是年羣臣上帝尊號。下詔引咎。如此，而兵不至，人不感，天下不服，臣請闔門寸斬以謝陛下。」上猶以元振嘗有保護功，削官爵，放歸田里。

綱　十二月，上還長安。

目　車駕發陝州，左丞顏眞卿請上先謁陵廟，然後還宮，元載不從，眞卿怒曰：「朝廷豈堪相公再壞邪！」載由是銜之。銜，恨也。上至長安，郭子儀帥百官諸軍奉迎，伏地待罪。上勞之曰：「用卿不早，故及於此。」

以魚朝恩總禁兵

綱　以魚朝恩爲天下觀軍容宣慰處置使，總禁兵。

李峴相

綱　苗晉卿、裴遵慶罷，以李峴同平章事。

綱　甲辰，二年，（七六四）春正月，流程元振於溱州。（治榮懿縣，在今四川綦江縣南。）

綱　立雍王适爲皇太子。

綱　以魏博爲天雄軍。從田承嗣之請也。（魏博節度使治魏州城，見上。）

僕固懷恩反

綱　僕固懷恩反，寇太原。

目　懷恩謀取太原；辛雲京覺之，乘城設備。懷恩使其子瑒攻之，大敗而還。

綱　以郭子儀爲河中節度等使。（河中府即蒲州，開元九年更名，治河東縣，在今山西芮城縣西北。）

目　上謂子儀曰：「懷恩父子負罪實深。聞朔方將士思公如枯旱之望雨，（朔方節度使治靈州城，即今寧夏靈武縣。）公爲朕鎭撫河東，（河東節度使治太原，在今山西太原市西南。）汾上之師必不爲變。」（汾上即汾水之上，汾水在今太原市西。）乃以子儀爲關內、河東副元帥、河中節度等使。懷恩將士聞之，皆曰：「吾輩從懷恩爲不義，何面目見汾陽王。」（子儀寶應元年封汾陽王，汾陽在今山西太原市西北。）

綱 僕固瑒爲其下所殺。懷恩走雲州。（治大利縣，在今山西朔縣平魯城西北。）

目 僕固瑒圍榆次，（卽今山西榆次市。）其將焦暉、白玉攻殺之。懷恩聞之，入告其母。母曰：「吾語汝勿反，國家待汝不薄，今衆心旣變，禍必及我，將如之何！」懷恩不對而出。母提刀逐之曰：「吾爲國家殺此賊，取其心以謝三軍。」懷恩疾走，得免，遂與麾下三百渡河，北走雲州。都虞候張維嶽聞懷恩去，乘傳至汾州，（治隰城縣，卽今山西汾陽縣。）撫定其衆，殺焦暉、白玉而竊其功，以告子儀。子儀奏維嶽殺瑒，傳首詣闕。羣臣入賀，上慘然不悅，曰：「朕信不及人，致勳臣顚越，深用爲愧，又何賀焉！」命輦懷恩母至長安，（人步挽車曰輦。）給待優厚，月餘，以壽終；以禮葬之，功臣皆感歎。子儀如汾州，懷恩之衆數萬悉歸之，咸鼓舞涕泣，喜其來而悲其晚也。

綱 劉晏、李峴罷。以王縉、杜鴻漸同平章事。

綱 三月，以劉晏爲河南、江、淮轉運使。

目 自喪亂以來，汴水堙廢，（汴水故道由河南商丘市南，歷安徽宿縣、靈壁、泗縣入淮，唐時漕東南粟入京師皆由此道。）漕運者自江、漢抵梁、洋，（謂由長江入漢水，循漢水上行而達陝西漢中市及洋縣。梁，梁州。洋，洋州。）迂險勞費。兵火之後，中外艱食，關中米斗千錢，百姓挼穗以給禁軍，（挼音鸞，入聲。穗音

僕固懷恩母

王縉杜鴻漸相

遂，禾穎。官廚無兼時之積。晏乃疏浚汴水，疏，通也。浚，深也。遣元載書，具陳漕運利害，令中外相應。自是每歲運米數十萬石以給關中。唐世稱漕運之能者，推晏爲首，後來者皆遵其法度云。

唐世漕運推劉晏爲首

綱　秋七月，稅青苗錢，給百官俸。唐租、庸、調之法壞，代宗以畝定稅，斂以夏秋；時又以國用急，不及秋，苗方青卽征之，號青苗錢。

青苗錢

綱　臨淮武穆王李光弼卒。（臨淮縣，在今安徽泗縣東南。）

李光弼卒

目　上之幸陝也，李光弼竟遷延不至；上恐遂成嫌隙，以其母在河中，數遣中使存問之。吐蕃退，除光弼東都留守；光弼辭以就江、淮糧運，引兵歸徐州。（卽今江蘇徐州市。）上迎其母至長安，厚加供給，使其弟光進掌禁兵，遇之加厚。

光弼治軍嚴整，指顧號令，諸將莫敢仰視，謀定而後戰，能以少制衆，與郭子儀齊名。及在徐州，擁兵不朝，諸將田神功等不復稟畏，光弼愧恨成疾而卒。詔以王縉都統諸道行營。

李郭齊名

綱　僕固懷恩引回紇、吐蕃入寇，詔郭子儀出鎮奉天。

僕固懷恩回紇吐蕃入寇

目　懷恩至靈武，收合散亡，其衆復振。上厚撫其家。下詔曰：「懷恩勳勞，著於帝室，疑隙之端，起自羣小；君臣之義，情實如初。但當詣闕，更勿有疑。」懷恩竟不從，遂引回紇、吐蕃十萬衆入寇，京師震駭。會郭子儀自河中入朝，詔子儀出鎮奉天。召問方略，對

郭子儀料僕固懷恩

曰：「懷恩勇而少恩，士心不附，所以能入寇者，因思歸之士耳。懷恩本臣偏裨，其麾下皆臣部曲，必不忍以鋒刃相向，無能爲也。」

綱 冬十月，懷恩逼奉天。郭子儀出兵，懷恩退。

目 懷恩與回紇、吐蕃進逼奉天，諸將請戰，郭子儀曰：「虜深入，利速戰，吾堅壁以待之，彼必以吾爲怯而不戒，乃可破也。若遽戰而不利，則衆心離矣。敢言戰者斬！」既而夜出，陳於乾陵之南，（乾陵，在今陝西乾縣北。）虜始以子儀爲無備，欲襲之，忽見大軍，驚愕，遂不戰而退。

綱 十二月，加郭子儀尚書令，不受。

目 子儀以太宗爲此官，近皇太子亦爲之，不敢當。遂不受，還鎭河中。

澤潞步兵

綱 乙巳，永泰元年，（七六五）春正月，以李抱眞爲澤潞節度副使。（澤潞節度使治潞州上黨縣，即今山西長治市。）

目 抱眞以山東有變，上黨爲兵衝，而荒亂之餘，土瘠民困，無以贍軍，乃籍民每三丁選一壯者，免其租、徭，給弓矢，使農隙習射，歲暮都試，謂總閱試習武備也。行其賞罰。比二年，得精兵二萬，既不費廩給，府庫充實，遂雄視山東，步兵爲諸道最。

綱 三月，命文武之臣十三人於集賢殿待制。命僕射裴冕、郭英乂等十三人於集賢殿待制，左拾遺獨孤及上疏言時事，上不能用。

裴諝不對權酤

嚴武卒

田十畝稅一

綱 旱。米斗千錢。

綱 夏四月，以裴諝爲左司郎中。

目 河東租庸使裴諝入奏事，上問：「榷酤之利，（榷酤，見卷十四漢武帝天漢三年「初榷酒酤」注。）歲入幾何？」諝不對。復問，對曰：「臣自河東來，所過見菽粟未種，農夫怨愁，臣以爲陛下見臣，必先問人之疾苦，乃責臣以營利，臣是以未敢對也。」上謝之，拜左司郎中。

綱 劍南節度使嚴武卒。（劍南節度使治益州城，即今四川成都市。）

目 武三鎮劍南，厚賦斂，窮奢侈，專殺戮，母數戒之，武不從。及死，母曰：「吾今始免爲官婢矣！」然吐蕃畏之，不敢犯其境。

綱 畿內麥稔。

目 京兆尹第五琦請稅百姓田，十畝收其一，曰：「此古什一之法也。」上從之。

綱 平盧將李懷玉逐其節度使侯希逸，詔以懷玉爲留後，賜名正己。

目 平盧節度使侯希逸，（平盧節度使治營州城，即今遼寧朝陽市。）好遊畋，營塔寺。兵馬使李懷玉得衆心，希逸忌之，因事解其軍職。希逸宿於城外，軍士閉門，奉懷玉爲帥。希逸奔滑州，（治白馬縣，在今河南滑縣東。）召還京師。以鄭王邈爲節度使，懷玉知留後，賜名正己。時成德李寶臣、魏博田承嗣、相衞薛嵩、盧龍李懷仙收安、史餘黨，（成德節度使治恆州城，即今河北正定縣。相衞節度使治相州城，見上。）各擁勁卒數萬，治兵完城，自署將吏，不供貢賦，與山南東道梁崇義及正己皆結爲婚姻，（山南東道節度使治襄州，即今湖北襄樊市。）互相表裏。朝廷專事姑息，不能復制。

綱 秋九月，置百高座，講仁王經。

目 內出仁王經二寶輿，以七寶飾輿也。以人爲菩薩、鬼神之狀，導以音樂鹵簿，天子儀衞曰鹵簿。百官迎，從至資聖、西明寺講之。

綱 僕固懷恩誘回紇、吐蕃雜虜入寇，懷恩道死。召郭子儀屯涇陽。（涇陽縣，在今陝西三原縣西南。）冬十月，回紇受盟而還，吐蕃夜遁。

目 僕固懷恩誘回紇、吐蕃、吐谷渾、党項、奴剌數十萬衆俱入寇，奴剌，渾奴剌也，吐谷渾自稱渾主，故以渾奴剌名之。令吐蕃趣奉天，党項趣同州，（治馮翊縣，即今陝西大荔縣。）吐谷渾、奴剌趣盩厔，（即今陝西盩厔縣。）回紇繼吐蕃之後，懷恩又以朔方兵繼之。

子儀奏：「請使諸道節度各出兵以阨其衝要。」上從之。諸道多不時出兵，淮西李忠臣得詔，（淮西節度使治蔡州城，即今河南汝南縣。）亟命治行。諸將請擇日，忠臣怒曰：「父母有急，豈可擇日而後救邪！」即日就道。

懷恩中塗遇暴疾死，大將范志誠領其衆。懷恩拒命三年，再引胡寇，爲國大患，上猶爲之隱，曰：「懷恩不反，爲左右所誤耳！」

吐蕃十萬至奉天，京師聞之，始罷百高座講；召郭子儀使屯涇陽。會大雨旬日，虜不

置百高座講仁王經

僕固懷恩死

始罷百高座講

復講經

郭子儀單騎說回紇

能進，大掠而去。十月，復講經。

吐蕃退至邠州，遇回紇，復相與入寇，合兵圍涇陽，子儀嚴備不戰。時二虜聞懷恩死，已爭長，不相睦。子儀使牙將李光瓚說回紇，欲與共擊吐蕃。回紇不信，曰：「郭公在此，可得見乎？」光瓚還報，子儀曰：「今衆寡不敵，難以力勝。昔與回紇契約甚厚，不若挺身說之，可不戰而下也。」諸將請選鐵騎五百衞從，子儀曰：「此適足爲害耳。」郭晞扣馬諫曰：（郭晞，子儀子。）「大人，國之元帥，奈何以身爲虜餌！」子儀曰：「今戰，則父子俱死而國家危；往以至誠與之言，或幸而見從，則四海之福也！不然，則身沒而家全。」以鞭擊其手曰：「去！」遂與數騎出，使人傳呼曰：「令公來！」回紇大驚。太師藥葛羅執弓注矢立於陳前。（藥葛羅，回紇可汗之弟。）子儀免冑釋甲投鎗而進，諸酋長相顧曰：「是也！」皆下馬羅拜。子儀亦下馬，前執藥葛羅手，讓之曰：「汝回紇有大功於唐，唐之報汝亦不薄，奈何負約，深入吾地，棄前功，結後怨，背恩德而助叛臣乎！且懷恩叛君棄母，於汝何有！今吾挺身而來，聽汝殺之，我之將士必致死與汝戰矣。」藥葛羅曰：「懷恩欺我，言天可汗已晏駕，（貞觀四年，四夷君長尊太宗爲天可汗，後卽稱唐天子。）令公亦捐館，（捐，棄也。館，舍也，不欲斥言死，故云。）中國無主，我是以來。今皆不然，懷恩又爲天所殺，我曹豈肯與令公戰乎！」子儀因說之曰：「吐蕃無道，所掠之財不可勝載，馬牛雜畜長數百里，此天之賜汝也。全師而繼好，破敵以取富，爲汝之計，孰便於此？不可失也。」藥葛羅曰：「吾爲懷恩所誤，負公誠深，今請爲公盡力以謝過。然懷恩之

酹酒爲誓

子，可敎兄弟也，（回紇號其妻曰可敦，猶漢言皇后。回紇登里可汗妻，懷恩女也。）願勿殺之。」子儀許之。回紇觀者爲兩翼，稍前，子儀麾下亦進，子儀揮手却之，因取酒與其酋長共飲。藥葛羅使子儀先執酒爲誓，子儀酹地曰：（酹音類，以酒沃地也。）「大唐天子萬歲！回紇可汗亦萬歲！兩國將相亦萬歲！有負約者，身隕陳前，家族滅絕。」盃至藥葛羅，亦酹地曰：「如令公誓！」於是諸酋長大喜曰：「軍中巫言，此行安穩，不與唐戰，見一大人而還，今果然矣。」遂與定約而還。吐蕃聞之，夜遁。

綱　閏月，郭子儀還河中。

郭子儀自耕百畝

目　子儀在河中，以軍食常乏，乃自耕百畝，將校以是爲差。於是士卒皆不勸而耕，野無曠土，軍有餘糧。

復補國子學生

綱　丙午，大曆元年，（七六六）春正月，敕復補國子學生。

目　自安、史之亂，（安、史，安祿山、史思明。）國子監室堂頹壞，軍士多借居之。祭酒蕭昕上言：「學校不可遂廢。」故有是詔。

綱　二月，貶顏眞卿爲峽州別駕。（峽一作硤。峽州治夷陵縣，在今湖北宜昌市東。）

顏眞卿諫論事白宰相疏

目　元載專權，恐奏事者攻訐其私，乃請：「百官論事，皆先白宰相，然後奏聞。」眞卿上疏曰：「諫官、御史，陛下之耳目。今使論事者先白宰相，是自掩其耳目也。太宗著司門式云：『其無門籍人，（籍者，爲三尺竹牒，記其年紀、名字、物色，懸之宮門禁省，相應乃通出入。）有急奏者，皆令門司與仗家引奏，門司，司門之官。（仗家，見卷四十五永徽五年「或仗下面陳」注。）無得關礙。』所以防壅蔽也。李林甫爲相，相玄宗。深疾言者，下情不通，卒成幸蜀之禍。陵夷至於今日，夷，平也；言王道頹替，若丘陵之漸平也。其所從來者漸矣。夫人主大開不諱之路，羣臣猶莫敢盡言，況今宰相大臣裁而抑之，則陛下所聞見者不過三數人耳。天下之士從此鉗口結舌，陛下見無復言者，以爲天下無事可論，是林甫復起於今日也！陛下儻不早寤，漸成孤立，後雖悔之，亦無及矣！」載以爲誹謗，貶之。

馬璘兼領邠寧

綱　以馬璘兼邠寧節度使。（邠寧節度使治寧州城，在今甘肅寧縣東南。）

目　以四鎮、北庭行營節度使馬璘兼領邠寧。（四鎮節度使撫西域龜茲、于闐、焉耆、疏勒四國，治龜茲城，在今新疆庫車、沙雅兩縣間。北庭節度使治庭州城，即今新疆烏魯木齊市。）璘以段秀實爲都虞候，卒有能引弓重二百四十斤者，犯盜當死，璘欲生之，秀實曰：「將有愛憎而法不一，雖韓、彭不能爲理。」韓，彭，韓信、彭越。璘善其議，竟殺之。璘處事或不中理，秀實爭之。璘或怒甚，秀實曰：「秀實罪若可殺，何以怒爲！無罪殺人，恐涉非道。」璘攝衣起，良久，置酒召秀實謝之。自是事皆咨秀實而後行，聲稱甚美。

以魚朝恩判國子監事

綱　秋八月，以魚朝恩判國子監事。

目　命魚朝恩判國子監。中書舍人常袞言：「成均之任，五帝太學名成均。（武后垂拱元年，改國子監名成均。）當用名儒，不宜以宦者領之。」不聽，命宰相百官送上。朝恩執易升高座，講

「鼎折足」，易鼎卦九四：「鼎折足，覆公餗。」言大臣用非其人，以敗乃公事，猶鼎折其足，以覆公家之餗也。餗音速，鼎實也。以譏宰相。王縉怒，元載怡然。朝恩曰：「怒者常情，笑者不可測也。」

綱 冬十月，上生日，諸道節度使上壽。

目 上生日，諸道節度使獻金帛、器服、珍玩、駿馬爲壽，共直緡錢二十四萬。緡，錢貫也。常袞上言：「節度使非能男耕女織，必取之於人。斂怨求媚，不可長也。請却之。」上不聽。

綱 丁未，二年，（七六七）春二月，郭子儀入朝。

目 上禮重子儀，常謂之大臣而不名。其子曖尚昇平公主，（昇平公主，代宗女。昇平縣，在今陝西銅川市西北。）嘗與爭言，曖曰：「汝倚乃父爲天子邪？乃亦汝也。我父薄天子不爲！」公主恚，恚音惠，怒恨也。奔車奏之。上曰：「此非汝所知。彼誠如是，彼欲爲天子，天下豈汝家所有邪！」慰諭令歸。子儀聞之，囚曖，入待罪。上曰：「鄙諺有之：『不癡不聾，不爲家翁。』家同姑。兒女子閨房之言，何足聽也！」子儀歸，杖曖數十。

綱 秋七月，魚朝恩作章敬寺。

目 魚朝恩以賜莊爲章敬寺，（賜莊，帝所賜之莊園。）以資太后冥福，窮壯極麗，奏毀曲江及華清宮館以給之。（曲江，在今陝西西安市東南，漢武帝所鑿，流水屈曲，因名，唐開元中疏鑿爲勝境，都人遊賞於此。華清宮，在今陝西臨潼縣驪山下。）衢州進士高郢上書曰：「先太后聖德，不必以一寺增輝。國家

笑者不可測

不癡不聾不爲家翁

高郢諫作章敬寺

永圖，無寧以百姓爲本。捨人就寺，何福之爲！且古之明主，積善以致福，不費財以求福；脩德以消禍，不勞人以禳禍。今徇左右之過計，傷皇王之大猷，臣竊爲陛下惜之！」不報。

綱　冬十二月，郭子儀入朝。

目　時盜發子儀父冢，捕之，不獲。人以魚朝恩素惡子儀，疑其使之。子儀入朝，朝廷疑其爲變；及見上，上語及之，子儀流涕曰：「臣久將兵，不能禁暴，軍士多發人冢。今日及此，乃天譴，非人事也。」朝廷乃安。

子儀禁無故軍中走馬。南陽夫人乳母之子犯禁，（郭子儀妻封南陽夫人。）都虞候杖殺之。諸子泣訴，子儀叱遣之。明日，以事語僚佐而歎息曰：「子儀諸子，皆奴材也。不賞父之都虞候，而惜母之乳母子，非奴材而何？」

綱　戊申，三年，（七六八）春正月，上幸章敬寺，度僧尼千人。

綱　夏四月，徵李泌於衡山。（在今湖南衡山縣西北。）

目　泌既至，復賜金紫，爲之作書院於蓬萊殿側。（蓬萊殿在西內蓬萊宮。）上時過之，除拜方鎮、給、舍以上，方鎮，方面鎮守之官，如節度使之類。給、舍，給事中及中書舍人。軍國大事皆與之議。欲以泌爲相，泌固辭。

綱　秋七月，內出盂蘭盆，釋經云：「目連以母生餓鬼中，佛令作盂蘭盆會，於七月十五日，以百味五果著盆中，供養十方大德，而後母得食也。」釋氏要覽曰：「梵語盂蘭，猶華言救倒懸也，盆則中華器也。」賜章敬寺。

徵李泌於衡山

盂蘭盆

郭子儀輕遊章敬寺

郭子儀徙鎭邠州

裴冕相

目　內出盂蘭盆，賜章敬寺。設七廟神座，書尊號於旛上，百官迎謁於光順門。自是歲以爲常。

綱　八月，以王縉領河東節度使。

綱　冬十二月，以馬璘爲涇原節度使。（涇原節度使治涇州城，在今甘肅涇川縣北。）

綱　己酉，四年，（七六九）春正月，郭子儀入朝。

目　子儀入朝，魚朝恩邀之遊章敬寺。元載恐其相結，密使告子儀曰：「朝恩謀不利於公。」子儀不聽。將士請束甲以從者三百人，子儀曰：「我國之大臣，彼無天子之命，安敢害我！若受命而來，汝曹欲何爲！」乃從家僮數人而往。朝恩驚問其故。子儀以所聞告，且曰：「恐煩公經營耳。」朝恩撫膺流涕曰：「非公長者，能無疑乎！」

綱　夏五月，以僕固懷恩女嫁回紇。初，懷恩死，上憐其有功，置其女宮中，養以爲女。回紇請以爲可敦，册以爲崇徽公主，遣兵部侍郎李涵、祠部郎中董晉送之。

綱　六月，郭子儀徙鎭邠州。

目　子儀還邠州，其精兵皆自隨，餘兵使裨將將之，分守河中。

綱　冬十月，杜鴻漸卒。

目　鴻漸病甚，令僧削髮，遺令爲塔以葬。

綱　以裴冕同平章事，十二月卒。

目　元載以晃老病，易制，故舉以爲相。受命之際，蹈舞仆地，未幾而卒。

元載謀誅魚朝恩

綱　庚戌，五年，（七七〇）春三月，魚朝恩伏誅。

目　朝恩專典禁兵，勢傾朝野，陵侮宰相。每奏事，以必允爲期；朝廷政事有不預者，輒怒曰：「天下事，有不由我者邪！」上聞之，不懌。元載乘閒奏朝恩專恣不軌，（乘閒，乘空閒處。）請除之；上令載爲方略。朝恩入朝，常使射生將周皓將百人自衞，（射生，見卷五十一上元元年「輔國將射生」注。）又使陝州節度使皇甫溫握兵於外以爲援；載皆以重賂結之。徙溫爲鳳翔節度使，外重其權，實內溫以自助也。溫至京師，載留之，因與溫、皓密謀誅朝恩。既定計，白上。上曰：「善圖之，勿反受禍！」上以寒食宴貴近於禁中。（寒食，淸明節前三日也。幷州俗以冬至後一百五日爲介子推斷火，冷食三日，作乾粥食之，是爲寒食。）宴罷，朝恩將出，上責其異圖，皓與左右縊殺之，以尸還其家，賜錢以葬。

綱　以楊綰爲國子祭酒，徐浩爲吏部侍郞。

元載權威

目　元載既誅魚朝恩，上寵任益厚，載遂志氣驕溢；自謂有文武才略，弄權舞智，政以賄成。吏部侍郞楊綰典選平允，性介直，不附載。嶺南節度使徐浩貪佞，（嶺南節度使治廣州城，卽今廣東廣州市。）傾南方珍貨以賂載。載以綰爲國子祭酒，引浩代之。

載有丈人來從載求官，但贈河北一書而遣之。丈人不悅，行至幽州，私發書視之，無一言，惟署名而已。丈人不得已試謁，判官聞有載書，大驚，立白節度使，遣大校以箱受書，大校，軍校也。館之上舍，贈絹千匹。其威權動人如此。

【綱】秋七月，以李泌爲江西觀察判官。（江西觀察，卽江南西道觀察使，治洪州城，在今江西進賢縣西北。）

【目】上悉知元載所爲，以其任政日久，欲全始終，因獨見，深戒之；載猶不悛，悛音詮，改也。上由是稍惡之。載以李泌有寵於上，忌之。會江西觀察使魏少遊求參佐，上謂泌曰：「元載不容卿，朕今匿卿於魏少遊所，俟朕決意除載，當有信報卿，可束裝來。」乃以泌爲江西判官，且屬少遊使善待之。

【綱】辛亥，六年，（七七一）秋八月，以李栖筠爲御史大夫。栖筠音西云。

【目】元載所擬官多非法，恐爲有司所駁，奏：凡別敕除六品以下官，乞令吏部、兵部無得檢勘，上亦從之。然益厭其所爲，思得士大夫之不阿附者爲腹心，漸收載權。內出制書，以栖筠爲御史大夫，宰相不知，載由是稍絀。

【綱】壬子，七年，（七七二）秋七月，盧龍將吏殺其節度使朱希彩；冬十月，詔以朱泚代之。泚音妻，上聲。經略副使朱泚弟滔，潛使衆推泚權知留後，遣使言狀；詔以泚爲節度使。

【綱】癸丑，八年，（七七三）秋九月，召郇模入見。

【目】晉州男子郇模，以麻辮髮，持竹筐葦席，哭於東市。人問其故，對曰：「願獻三十字，一字爲一事；若言無所取，請以席裹尸，貯筐中，棄於野。」京兆以聞。上召見，賜新衣，

朱泚爲盧龍節度

郇模獻三十字

館於客省。其言「團」者，請罷諸州團練使也；「監」者，請罷諸道監軍使也。

吐蕃寇涇邠

【綱】冬十月，吐蕃寇涇、邠，郭子儀遣渾瑊拒却之。瑊音斟。

【目】吐蕃寇涇、邠，渾瑊將步騎五千戰於宜祿。（在今陝西邠縣西北。）宿將史抗等不用命；官軍大敗。馬璘亦敗，爲虜所隔。段秀實發城中兵出，陳東原，吐蕃稍却。璘乃得還。郭子儀謂諸將曰：「敗軍之罪在我，不在諸將。然朔方兵精聞天下，初，子儀以朔方節度徙鎮河中，復從河中徙鎮邠州，皆以朔方精兵自隨。今爲虜敗，何以雪恥？」渾瑊曰：「今日之事，惟理瑊罪，不則，再見任。」子儀赦其罪，使將兵趣朝那。（在今甘肅平涼市西北，接寧夏固原縣界。）虜欲掠汧、隴。（汧謂汧水，在今陝西隴縣。隴謂隴山，在今隴縣西北。古以汧、隴並稱，指渭水北甘肅平涼市以南地。）鹽州刺史李國臣曰：（鹽州治五原縣，在今寧夏鹽池縣北。）「虜乘勝必犯郊畿，我掎其後，掎，牽其脚也。虜必返顧。」乃引兵趣秦原，（在今甘肅清水縣東北。）鳴鼓而西。虜聞之，至百城，（即百里城，在今甘肅慶陽縣西南，接陝西隴縣界。）返，渾瑊邀之於隘，盡復得其所掠；馬璘亦出精兵襲虜輜重，載衣物車。殺數千人，虜遂遁去。

元載奏請城原州

【綱】元載奏請城原州。（治平高縣，即今寧夏固原縣。）

【目】初，元載嘗爲西州刺史，（西州即漢車師前王庭，治交河城，在今新疆吐魯番縣西。）知河西、隴右山川形勢。言於上曰：「四鎮、北庭既治涇州，無險要可守。隴山高峻，南連秦嶺，（在今陝西西安市南。）北抵大河。今國家西境盡潘原，（縣名，在今甘肅平涼市東。）而吐蕃戍摧沙堡，（在今寧夏固

朱泚入朝

郭子儀入朝

田承嗣反

原縣西北。）原州居其中閒，當隴山之口，其西皆監牧故地，草肥水美，平涼在其東，獨耕一縣，可給軍食，故壘尙存，吐蕃棄而不居。每歲夏，吐蕃畜牧青海，（卽今青海青海，在西寧市西。）去塞甚遠，若乘閒築之，二旬可畢。移京西軍戍原州，移郭子儀軍戍涇州，爲之根本，分兵守石門、木峽，（石門、木峽兩關，皆在今寧夏固原縣西，爲隴山之口。）漸開隴右，進達安西，據吐蕃腹心，則朝廷可高枕矣。」幷圖地形獻之。會田神功入朝，（田神功爲汴州節度。）上問之，對曰：「行軍料敵，宿將所難，陛下奈何用一書生語，欲舉國從之乎！」載尋得罪，事遂寢。

綱 甲寅，九年，（七七四）春二月，郭子儀入朝。

綱 秋九月，盧龍節度使朱泚入朝。

目 初，朱泚遣弟滔奉表請入朝；上喜，爲築第京師以待之。泚至蔚州，（治靈丘縣，卽今山西靈丘縣。）有疾，諸將請還，泚曰：「死則輿尸而前！」至京師，宴犒甚盛。泚請留闕下，以弟滔知留後；許之。

綱 乙卯，十年，（七七五）春正月，田承嗣反，陷相州。

綱 郭子儀入朝。

目 子儀嘗奏除州縣官一人，不報，僚佐以爲言。子儀謂曰：「兵興以來，方鎭跋扈，凡有所求，朝廷必委曲從之；蓋疑之也。今子儀所奏，朝廷以其不可行而置之，是不以武臣相待而親厚之也；諸君可賀矣，又何怪焉！」聞者皆服。

討田承嗣

綱　田承嗣陷洺、衞州。

綱　夏四月，敕貶田承嗣，發諸道兵討之。

目　初，李寶臣、李正己皆爲田承嗣所輕。及承嗣拒命，寶臣、正己皆表討之；於是貶承嗣永州刺史，（永州治零陵縣，即今湖南零陵縣。）命諸道進兵討之。時朱滔方恭順，與寶臣及河東節度使薛兼訓攻其北，正己與淮西節度使李忠臣等攻其南。承嗣以諸道兵四合，懼，請束身歸朝。寶臣與朱滔攻滄州，不克。承嗣將盧子期攻磁州，城幾陷；寶臣與昭義節度使李承昭共擊，（昭義節度使治相州，相州見上。）擒子期送京師，斬之。

李寶臣襲盧龍

綱　冬十月，李正己按兵不進。李寶臣襲盧龍軍。

王武俊說李寶臣

目　初，李正己遣使至魏州，田承嗣囚之，至是，禮而遣之，籍境內戶口、甲兵、穀帛之數以與正己，曰：「承嗣老矣，溘死無日，（溘音堪，入聲，奄忽也。莊子：「溘然而死。」）諸子不肖，今爲公守耳，豈足以辱師乎！」正己遂按兵不進。於是諸道兵皆不敢進。上嘉李寶臣之功，遣中使馬承倩齎詔勞之；寶臣遺之百縑，（縑音兼，幷絲絹也。）承倩詬詈，擲出道中。王武俊說寶臣曰：「今公在軍中新立功，豎子尚爾，況寇平之後，召歸闕下，一匹夫耳，不如釋承嗣以爲己資。」寶臣遂有玩寇之志。

田承嗣紿李寶臣

承嗣知范陽寶臣鄉里，（李寶臣本范陽內屬奚，爲范陽將張瑣高假子，因姓張，歸唐後賜姓李。）心常欲之，因刻石云：「二帝同功勢萬全，將田爲侶入幽、燕，」（幽、燕即范陽。）密令瘞寶臣境內，（瘞，埋

馬璘卒

誅元載

楊綰常袞相

也。使望氣者言彼有王氣，寶臣掘而得之。又令客說之曰：「公與朱滔共取滄州，得之，則地歸國，非公所有。公能捨承嗣之罪，請以滄州歸公，而從公取范陽以自效。」寶臣喜，謂事合符讖，遂與承嗣通謀。選精騎二千，夜襲盧龍軍，滔不虞有變，戰敗，走免。承嗣聞之，引軍南還，使謂寶臣曰：「河內有警，不暇從公，石上讖文，吾戲爲之耳！」寶臣慚懼而退。

綱 十一月，田承嗣將吳希光以瀛州降。

綱 丙辰，十一年，（七七六）冬十二月，涇原節度使馬璘卒。璘疾亟，以行軍司馬段秀實知節度事；秀實嚴兵以備非常，璘卒，軍中奔哭者數千人。

綱 丁巳，十二年，（七七七）春三月，誅元載，貶王縉爲括州刺史。（括州治括蒼縣，在今浙江麗水縣東南括蒼山下。）

目 元載、王縉俱納賄賂，又以政事委羣吏。上欲誅之，獨與元舅金吾大將軍吳湊謀之。會有告載、縉夜醮圖不軌者，醮，祭也，謂奏章以達其情悃於天也。上命湊收之。命吏部尚書劉晏與御史大夫李涵等同鞫之，皆伏罪，賜自盡。劉晏謂李涵曰：「故事，重刑覆奏，況大臣乎！且法有首從，宜更稟進止。」涵等從之。上乃誅載而貶縉。載妻子皆伏誅，有司籍載家財，胡椒至八百石，他物稱是。遣中使發載祖父墓，斲棺棄尸，毀其廟主。

綱 夏四月，以楊綰、常袞同平章事。

目 綰性清簡儉素，制下之日，朝野相賀。郭子儀方宴客，聞之，減坐中聲樂五分之四。京兆尹黎幹騶從甚盛，騶從，輿馬、僕從。即日省之，止存十騎。中丞崔寬第舍宏侈，亟毁撤之。

增京官俸

初，元載以仕進者多樂京師，惡其逼己，乃薄其俸，於是京官不能自給，常從外官乞貸。至是，縮、衮乃奏增之。

堂封

開元中，開元，玄宗年號。詔宰相共食實封三百户，謂之堂封。及載、縉爲相，日賜御饌可食十人，遂爲故事。衮奏停之。又欲辭堂封，同列不可而止。時人譏衮，以爲「朝廷厚禄，所以養賢；不能，當辭位，不當辭禄。」

綱　秋七月，司徒、文簡公楊綰卒。

目　上方倚楊綰，使釐革弊政，會綰有疾，卒，上痛悼之甚，謂羣臣曰：「天不欲朕致太平，何奪朕楊綰之速也！」

綱　以顔眞卿爲刑部尚書。楊綰、常衮薦之也。

段秀實爲涇原節度

綱　九月，以段秀實爲涇原節度使。

目　秀實軍令簡約，有威惠，奉身清儉，室無姬妾，非公會，未嘗飲酒聽樂。

韓滉奏瑞鹽

綱　霖雨，度支奏河中有瑞鹽。（河中謂河中府，卽蒲州，見上。）

目　先是，秋霖，河中府池鹽多敗。户部侍郎韓滉奏雨不害鹽，仍有瑞鹽。上疑其不然，遣諫議大夫蔣鎭往視之。京兆尹黎幹奏秋霖損稼，滉奏幹言不實；上命御史按視，還奏，「所損凡三萬餘頃。」渭南令劉澡附滉，（渭南縣，即今陝西渭南縣。）稱縣境不損；御史趙計奏與澡同。上曰：「霖雨溥博，豈得渭南獨無！」更命御史朱敖視之，損三千餘頃。上歎息久之，曰：「縣令，字人之官，（字，撫也。）不損猶應言損，乃不仁如是乎！」貶澡南浦尉，（南浦，縣名，即今四川萬縣市。）計澧州司戶，（澧州治澧陽縣，即今湖南澧縣。）而下問滉。蔣鎭還奏「瑞鹽如滉言」，仍上表賀，請置神祠。上從之，賜號寶應靈慶池，時人醜之。

綱 戊午，十三年，（七七八）春正月，敕毀白渠碾磑。水所居曰渠。漢武帝時，趙中大夫白公穿渠引涇水漑田，故曰白渠。（在今陝西三原縣西南。）

目 敕毀白渠支流碾磑以漑田。漑，灌也。昇平公主有二磑，請存之。上曰：「吾欲利蒼生，汝識吾意，當爲衆先。」公主即日毀之。

綱 夏六月，隴右獻猫鼠同乳。謂鼠子亦飲猫乳也。

目 隴右節度使朱泚獻猫鼠同乳不相害者以爲瑞；常袞帥百官賀。中書舍人崔祐甫不賀，曰：「物反常爲妖。猫捕鼠，乃其職也，今同乳，妖也。何以賀爲！宜戒法吏之不察姦、邊吏之不禦寇者，以承天意。」上嘉之。祐甫知選事，數以公事與常袞爭，袞由是惡之。

綱 冬十二月，郭子儀入朝。自寶應元年至是，子儀凡七入朝。

目 子儀入朝，命判官杜黃裳主留務。李懷光陰謀代子儀，矯爲詔書，欲誅大將溫儒雅等。黃裳察其詐，以詰懷光；懷光伏罪。於是諸將之難制者，黃裳矯子儀之命，皆出之

敕毀白渠碾磑

猫鼠同乳

郭子儀入朝

於外，軍府乃安。

子儀嘗以副使張曇剛率輕己，孔目官吳曜因而構之。奏曇扇動軍衆，誅之。掌書記高郢力爭，子儀不聽，奏貶郢。（郢今湖北鍾祥縣。）既而僚佐多以病求去，子儀悔之，悉薦於朝，曰：「吳曜誤我。」遂逐之。

李泌說代宗不罪路嗣恭

【綱】以路嗣恭爲兵部尚書。

【目】上召李泌入見，語以元載事，曰：「與卿別八年，乃能除此賊。不然，幾不見卿。」對曰：「陛下知羣臣有不善，則去之；含容太過，故至於此。」上因言：「路嗣恭初平嶺南，嗣恭時爲嶺南節度使。大曆八年循州刺史哥舒晃反，十年路嗣恭討斬之。獻琉璃盤，徑九寸，朕以爲至寶。及破載家，得嗣恭所遺載盤，徑尺。當議罪之。」泌曰：「嗣恭爲人，小心，善事人，精勤吏事而不知大體。昔爲縣令，有能名；陛下未暇知之，而爲載所用，故爲之盡力。陛下誠知而用之，彼亦爲陛下盡力矣。且嗣恭新立大功，陛下豈得以一琉璃盤罪之邪！」上意乃解，以嗣恭爲兵部尚書。